基金项目：本书是国家社科基金青年项目"小流域治理法治化赋能农村生态文明建设研究"（24CFX059）的阶段性研究成果之一。

# 流域治理法律规制研究

LIUYUZHILI FALÜ
GUIZHI YANJIU

朱艳丽 著

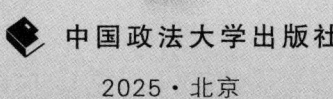

中国政法大学出版社

2025·北京

**图书在版编目（ＣＩＰ）数据**

流域治理法律规制研究 / 朱艳丽著. -- 北京 ：中国政法大学出版社，2025. 6. -- ISBN 978-7-5764-2188-0

Ⅰ．D922.664

中国国家版本馆 CIP 数据核字第 2025HE9133 号

------------------------------------------------------------------------------------

出 版 者　　中国政法大学出版社

地　　址　　北京市海淀区西土城路 25 号

邮寄地址　　北京 100088 信箱 8034 分箱　 邮编 100088

网　　址　　http://www.cuplpress.com (网络实名：中国政法大学出版社)

电　　话　　010-58908586(编辑部) 58908334(邮购部)

编辑邮箱　　zhengfadch@126.com

承　　印　　固安华明印业有限公司

开　　本　　720mm×960mm　　1/16

印　　张　　15.75

字　　数　　270 千字

版　　次　　2025 年 6 月第 1 版

印　　次　　2025 年 6 月第 1 次印刷

定　　价　　69.00 元

# 前　言

　　随着水资源治理成为全球话语，越来越多的国家认识到，只有以流域为单元进行一体化水资源治理，才能在水资源保护和经济社会发展的双重压力中实现基于水资源可持续利用路径的可持续发展。我国水问题尤其突出，并已出现了一定程度的水资源危机，水治理虽然在局部取得了一定成效，但流域水环境整体恶化的形势并没有得到完全遏制。流域问题表面上看是水资源危机，实质上体现为政府责任落实问题。现行"流域管理与行政区域管理相结合"的水资源管理体制在中央政府、地方政府和流域管理机构之间形成多重委托代理关系，由于不同主体之间存在着利益差异与信息不对称，导致流域治理过程中呈现"地区分割、条块分割、部门分割"的碎片化特征，出现政府责任偏差。市场失灵虽然是流域问题产生的主要原因，但政府宏观调控不充分是流域问题长期得不到有效治理的根本症结。因此，流域治理本质上属于政府治理，是责任政府的建立和政府责任的落实问题。流域治理的过程，需要以治理和善治为理念，以法治为原则，以法治政府的建立为手段，进而实现政府的流域善治责任。

　　本书所研究的学术问题是，为了实现以政府为主导性主体的流域善治，如何对政府在流域治理中履行其公共服务责任进行基于法治原则、利用自然规律、尊重市场规律的法律规制。本书首先厘清所研究问题的基本范畴和理论基础，通过对我国流域治理政府责任法律规制现状以及国际视野下流域治理与政府责任的关系进行评述，并综合运用文献分析、比较分析和跨学科分析等研究方法，结合法学、管理学、环境科学等多学科知识，对我国流域治理中政府责任的问题进行深入研究，最后从三个层面对流域治理政府责任的实现进行论证：（1）在理念层面，本书认为政府主导下的流域治理，需要以流域善治为基本出发点和落脚点。生态文明和可持续发展对流域管理提出了新的要求，使其不再是单纯的水资源开发、利用与保护，而应该综合考虑生态环境与经济社会的关系以及人与人、人与自然的关系，从而实现现代意义上的流域治理。治理和管理的关键区别在于政府行为的选择以及政府责任实现的方式，将治理和善治作为流域管理的基本理念，是实现从流域管理向流域善治转变的客观要求。（2）在制度层面，本书认为要优化我国流域立法与流域治理体制，实现其对政府责任的良好回应。鉴于市场存在失灵现象，不能完全依赖市场资源配置进行流域治理，而需要在制度层面上优化突出政府主导地位的流域立法与流域治理体制，使其区别于传统政府在社会治理中的全能型模式。突出政府主导性地位但又不至于让政府陷入传统行政管理困境，需要通过流域立法的适应性选择和流域治理体制的优化对政府责任进行回应。（3）在实现方式层面，认为要理顺政府、市场、社会三者之间的关系，在可持续视野下实现流域利益相关者的权益均衡。政府主导并不意味着政府全能，而是表达政府如何作为主导性主体与其他主体之间进行协同治理，并在一体化流域水资源管理方式下实现水资源合理利用、水生态环境保护与流域内经济社会发展的多元目标。

本书以政府责任为视角围绕流域治理法律规制进行研究与思考，希望能够在以下方面引起读者的共鸣或者一定程度的认可：

第一，重新阐释市场经济条件下流域多元治理主体的责任及主体间关系。本书系统提出市场失灵虽然是流域问题产生的主要原因，但政府宏观调控不充分是流域问题长期得不到解决的根本症结这一论断。流域治理的关键在于政府责任，无论治理主体如何向多元化发展，治理目标如何体现多维度，政府始终是流域治理的主导性和第一位主体。

第二，以治理和善治的理论为切入点，本书系统提出政府进行流域治理的过程就是实现流域善治的过程。基于政府责任在流域治理中的关键地位和作用，论证了政府责任与流域善治的关联性要素是政府责任法治化，政府责任法治化是流域治理理念的核心。

第三，在流域治理政府责任法律规制的实现方面，本书全面梳理了政府、市场、社会三者之间的关系，并从内部实现方式和外部实现方式的角度提出流域治理政府责任实现的路径——法律规制。在法治状态下，内部实现表明政府行为满足社会对政府管理效果的期待，外部实现反映主体多元和目标多元的治理本质，从而既突出了流域治理中政府的主导性，又深化和发展了协同治理理念。

潮起正是扬帆时，创新引领新征程。党的十八大以来，以习近平同志为核心的党中央大力推进生态文明法治理论创新、实践创新、制度创新，流域治理作为生态文明建设的重要组成部分，理应护蓝增绿，让制度成为刚性约束。本书写在天更蓝、水更清、山更美之际，寄希望为人与自然和谐共生的现代化新篇章贡献微薄之力。当然，本书仍存在一些短期内难以弥补的缺憾，笔者愿以热诚、勤勉之态度，继续在相关领域探索，不妥之处恳请读者多多指教。

# 目 录

# 引　言

伴随全球气候不断变化，流域水污染、水生态环境破坏严重，诸多环境问题对流域水资源的分布、水质、水量造成了严重影响，致使水资源危机不断出现并呈现愈演愈烈之势。在国家政策以及相关流域立法的推动之下，我国七大水系和浙闽片河流、西北诸河、西南诸河流域的总体状况得到了很大改善，但随着流域内经济不断发展，流域治理的效果与现实需求之间仍存在差距，水危机的出现和流域治理问题的显现，促使水治理成为国际社会的重要话题。第二届世界水资源论坛部长级会议于 2000 年在荷兰海牙召开，会议通过了《部长宣言》并首次提出了"水安全"的概念。2012 年联合国发布《世界水资源开发报告》，指出管理不善是全球水危机产生的根本原因，世界各国必须对此高度重视。2021 年《世界水发展报告》指出，目前水资源状况突出，有必要改进水资源管理，认识、衡量和表达水价值，并将其纳入决策，其对于实现可持续和公平的水资源管理以及联合国《2030 年可持续发展议程》的可持续发展目标至关重要。2022 年联合国水机制报告称，2001 年至 2018 年，74% 的自然灾害都与水有关。《联合国气候变化框架公约》第二十七次缔约方大会（COP27）敦促各国政府进一步将"水"纳入适应工作中，其成果中首次提及了水资源，进一步彰显了水资源的重要性。水资源的整体性和不可分割性，客观上要求将水资源的治理放在流域内进行考量。政府作为公共治理的主体，在流域治理过程中始终发挥着主导作用，政府责任是流域治理和水资源状况改善的关键。

我国人均水资源量较少，据不完全统计，我国人均水资源量约占全球人均水资源量的三分之一。《2019 中国生态环境状况公报》显示，七大流域和闽浙片河流、西北诸河、西南诸河的 1610 个国控断面中，劣 V 类水质断面占 3.0%，比 2018 年相比有所下降，污染主要集中在黄河、松花江、淮河、辽河和海河流域。重点流域的劣 V 类水质监测断面，黄河占 8.8%，主要支流为轻度污染；辽河占 8.7%，干流、大辽河水系和大凌河水系为轻度污染，主要支流为中度污染。据 2020 年生态环境部环境状况公报显示，全国 112 个重要湖泊（水库）中，太湖整体为轻度污染，但西部沿岸区仍为中度污染；从干支流的污染数据对比来看，支流情况明显劣于干流。如何在控制流域污染的前提下合理利用水资源，运用流域管理方法，发挥政府主体功能加强流域治理成为我国水资源管理的迫切问题。《2021 中国生态环境状况公报》显示，全国加大流域治理力度，大江大河干流水质稳步改善，地表水优良水质断面比例提升。然而，Ⅰ类水质断面比例仅占 7.2%，部分流域的支流仍处于轻度污染状态。此外，我国水土流失面积约占国土面积的 27.86%。我国河流大多数是跨区域河流，流经两个及两个以上行政区，有些是全国性甚至国际性河流，这些河流的水资源数量和质量无疑对我国经济社会的可持续发展具有重要影响。近年来，流域治理的不规范化和经济的粗放式发展，为水治理带来了巨大的隐患。因此，充分发挥政府的水资源治理作用，解决水资源短缺和水污染等问题已经刻不容缓。

党的十八大以来，为深入贯彻习近平生态文明思想，我国通过河长制等一系列综合流域治理措施持续强化生态文明建设的重要成果。《长江保护法》和《黄河保护法》作为流域专门立法的典范，均强调建立流域协调机制，统一指导、统筹协调流域保护工作，审议流域保护重大政策、重大规划，协调跨地区跨部门重大事项，督促检查流域保护重要工作的落实情况。该两部法律不仅开启了流域专门立法的新纪元，而且充分凸显了流域综合治理和统筹管理将成为水资源治理的主流趋势。流域管理与行政区域管理相结合的水资源管理体制实施以来，我国流域治理取得了一定成效，但是流域水环境恶化的总体形势并未得到遏制。流域问题表面上看是水危机，实质上体现为政府责任问题，政府在流域治理中出现责任弱化、异化和虚化等问题，进而导致地方政府目标与全国整体性目标相脱节。从社会治理的角度来看，流域治理问题属于社会公共治理的重要内容，市场失灵是流域问题产生的主要原因。但是，如果政府宏观调控足够有效，政府责任落实得足够到位，流域治理便会取得良好的效果。换言之，我国流域问题长期得不到解决，流域治理存在缺陷，根本上需要政府在流域治理中高效发挥其职能。治理和善治是现代社会管理的理念，对政府流域治理责任的实现至关重要，政府在流域治理中履行其公共治理责任的过程也是实现流域善治的过程。

流域治理中的利益兼顾与平衡问题、成本分担问题，决定了现代国家政府是流域治理的最主要主体。流域治理与市场和政府均具有密切关联性。经过长期实践，我国水法律已形成相对稳定的框架结构，有关流域治理的法律体系逐渐趋于完善，并主要表现在流域水资源规划、流域防汛、流域水量分配和调度、污染防治、水功能区划以及流域、区域管理体制、流域管理机构等领域。然而，尽管法律制度渐趋完善，政府责任偏差等问题仍然制约着流域治理效能。从市场机制的角度来看，水资源的公共物品属性容易引起外部不经济性，但是市场失灵可以通过政府干预得以解决，市场失灵虽然是流域问题产生的原因，但不是流域问题长期得不到解决的根本原因。从政府角度来看，我国流域治理中存在着中央政府、流域管理机构、地方政府之间的多重委托代理关系，政府责任出现偏差与多元主体利益差异以及信息不对称的关系密切。功能性政府失灵和制度性政府失灵使政府容易脱离社会公共性，从而在价值选择和守法选择上出现偏差。

鉴于此，本书围绕流域治理中政府如何充分发挥公共服务职能进而实现以政府为主导性主体的流域善治这一学术问题，通过对所研究问题的理论基础和法律规制现状进行分析，比较国际水法律和非法律文件对流域治理政府的相关规定以及美国田纳西河、英国泰晤士河、澳大利亚墨累-达令河流域治理的理论与实践，获得诸多流域治理政府责任理论方面的启示。基于流域治理政府责任理论基础和法律规制现状，本书以国际文件和域外流域治理政府责任的理论与实践为借鉴，结合我国流域治理的现状，从善治理念、制度完善和责任实现方式等方面提出实现以政府为主导性主体的流域善治框架体系，并结合一体化流域治理中存在的具体问题，从三个层面对流域治理政府责任的实现进行论证：（1）在理念层面，认为政府主导下的流域治理，需要以流域善治为基本出发点和落脚点。生态文明和可持续发展对流域管理提出了新的要求，使其不再是单纯的水资源开发、利用与保护，而应该综合考虑生态环境与经济社会的关系以及人与人、人与自然的关系，从而实现现代意义上的流域治理。治理和管理的关键区别在于政府行为的选择以及政府责任实现的方式，将治理和善治作为流域管理的基本理念，是实现从流域管理向流域善治转变的客观要求。（2）在制度层面，认为要优化我国流域立法与流域治理体制，实现其对政府责任的良好回应。鉴于市场存在失灵现象，不能完全依赖市场资源配置进行流域治理，而需要在制度层面优化突出政府主导地位的流域立法与流域治理体制，使其区别于传统政府在社会治理中的全能型模式。突出政府主导性地位但又不至于让政府陷入传统行政管理困境，需要通过流域立法的适应性选择和流域治理体制的优化对政府责任进行回应。（3）在实现方式层面，认为要理顺政府、市场、社会三者之间的关系，在可持续视野下实现流域利益相关者的权益均衡。政府主导并不意味着政府全能，而是表达政府如何作为主导性主体与其他主体之间进行协同治理，并在一体化流域水资源管理方式下实现水资源合理利用、水生态环境保护与流域内经济社会发展的多元目标。一体化流域治理是水资源治理的主流趋势，其内在地包含了主体协同与目标协同。主体协同的关键是政府从发展的视角出发，进行适当程度的放权，融合多种力量形成制度合力，构筑以政府为主体的多元主体治理结构。本书重点论述了政府与市场互补的治理和政府与社会的合作治理。目标包括协同关注流域水量、水质和水生态环境的耦合，以及根据流域内经济社会发展程度和需求进行适度调整。多元化流域治理目标与一体化流域管理之间是目的和手段的逻辑，维持这种逻辑关系的稳定性需要政府在发展与可持续之间做出合理选择，并加强政府水行政机构的反射性能力建设。

# 第一章 绪 论

## 第一节 研究问题及背景

### 一、研究问题

以流域为单元进行流域治理是水资源管理的国际主流趋势，在国内外受到了广泛关注和倡导。在 2023 年联合国水事会议中，联合国秘书长古特雷斯表示，近 3/4 的自然灾害与水有关，全球 1/4 的人口无法获取安全管理的水服务或清洁饮用水[1]。我国人均水资源量约占全球人均水资源量的 1/3[2]，而且水污染、水生态环境破坏仍然较为严重，水资源危机不断出现并呈现愈演愈烈之势，充分表明我国流域治理的效果不尽如人意。尽管伴随治理主体、治理方式的多元化，流域治理不再是政府的专项活动，但是无论治理理念如何深入，治理主体如何向多元化发展，都无法淡化政府始终是治理的主导性和第一位主体的事实。我国流域治理中的诸多问题，根本上是政府作为治理主体的责任并未充分发挥，在流域治理这一公共事务上，政府对社会需求的

---

〔1〕 《全球近四分之三的自然灾害与水有关》，载《中国应急管理报》2023 年 3 月 25 日。

〔2〕 国内官方文件和学术文献通常认为，我国人均水资源量不足世界平均水平的 1/4；但是都缺乏世界平均水平的数据。例如，汪恕诚：《关于〈中华人民共和国水法（修订草案）〉的说明》，载《全国人民代表大会常务委员会公报》2002 年第 5 期，第 371~374 页。世界银行《世界发展指标（2011年）》中的统计数据表明，世界人均水资源量为 6624 立方米。而我国人均水资源量约为 2040 立方米。根据这两个数据，认为我国人均水资源量约占全球人均水资源量的三分之一。

回应性不足。

基于我国流域治理现状以及政府责任偏差的现实情况，本书所研究的学术问题是，为了实现以政府为主导性主体的流域善治，如何对政府在流域治理中履行其公共服务责任进行基于法治原则、利用自然规律、尊重市场规律的法律规制。本书在阐明基本概念范畴和理论基础上，立足于我国国情的同时关注国外理论与实践动态，进而从理念层面、制度层面和实现方式层面探求流域善治与政府责任的逻辑关联，针对每个层面的核心要素提出政府为实现流域善治而需要进行的政策法律回应。

## 二、研究背景

本书对流域治理政府责任的研究，是基于对治理和善治理念的认识，认为治理已成为当今国际社会最热门的话题之一，以及伴随全球水危机的出现，水治理成为全球治理的重要内容。水资源的整体性和不可分割性，客观上要求对水资源需要以流域为单元实行流域治理，政府作为公共治理主体，在流域治理中始终发挥着主导性作用，政府责任缺失构成流域治理的关键约束。

（1）治理与善治是国际社会热门的话题之一。治理理论是当今国际社会最热门的话题之一，其被广泛地运用到各个领域。"治理"一词首次出现在人们的视野是以"治理危机"（Crisis in Governance）的组合形式，即 1989 年世界银行在对当时非洲的情况进行描述时首次使用了"治理危机"。至此之后，治理被广泛地运用到各种形式的政治发展研究中，尤其是用来描述殖民地和广大发展中国家的政治状况，有关治理的理念迅速引起学术界的普遍关注。基于治理的合理性和有效性，治理逐渐被学者引入到各种经济发展领域、行政管理领域、社会变革领域，治理理论也越来越丰富和饱满。治理的产生有着深厚的社会背景，信息技术和交通技术帮助人们克服了地域限制，各政治实体与经济实体之间的交往越来越紧密，彼此成为利益共享机制建立的合作伙伴。正如恩格斯强调：仅是工业文明建立世界市场这一现象而言，就把全世界各国人民紧密地联系起来，从而使得一国人民非常容易受到其他国家的影响[1]，这种影响既有政治的、经济的，也有文化的、资源环境的。然而，各国政府在应对外界影响时却表现出力不从心，故而开始关注各种组织、社会力量参与本国经济社会发展的重要性，于是推进了治理理论的发展。治理具有主体多样性，是政府与社会之间协商、互动、交流的过程。

"善治"是治理的目标和追求，从治理到善治的过程就是摒弃"无效治理"并达到社会公共利益最大化的管理过程，政治国家与民主社会的最佳状态就是善治。政府治理虽然最早在西方社会兴起，但是在政治多元化和经济全球化的背景下，中国政府无疑会受到全球治理的影响，如何实现善治已经成为中国政府公共服务方式改革的最大机遇和挑战。

（2）水治理是全球治理的重要内容。伴随全球水危机的出现，水治理成了国际社会的重要话语。联合国教科文组织与联合国环境规划署对世界水资源状况高度重视，曾得出这样的预测：未来将有2400万人至7亿人遭受缺水威胁，到2030年，全球多于1/2的人口将在严重缺水的环境中生存。到2050年，全球将有65%的人口面临淡水危机[2]。世界气象组织于2022年11月29日发布首份《全球水资源状况报告》指出，目前全球有36亿人每年至少有一个月面临供水不足，预计到2050年这一数字将增至50亿人以上。在全球大约600多条主要河流中，已经有超过一半的河流完全枯竭，而且大多数河流都遭到了严重污染，生态系统多样性和稳定性锐减。毫不夸张地说，淡水危机已成为全人类面临的最大威胁，各国必须秉承互助、合作的理念，为实现人类可持续发展而共同努力。2000年第二届世界水资源论坛部长级会议在荷兰海牙召开，会议通过了《部长宣言》并首次提出了"水安全"的概念。同年，欧盟开始实施《水框架指令》，为全球水治理作出了很好的典范。2012年联合国发布《世界水资源开发报告》，指出管理不善是全球水危机产生的根本原因，世界各国必须对此进行高度重视。2022年联合国水机制报告称，2001年至2018年，74%的自然灾害都与水有关。同年，《联合国气候变化框架公约》第二十七次缔约方大会（COP27）敦促各国政府进一步将水纳入适应

---

[1]《马克思恩格斯选集》（第1卷），人民出版社1995年版，第241页。

[2] 黄晶：《对当前全球及我国水资源问题状况及对策的讨论》，载《软科学》2001年第5期，第53~55页。

工作中，进一步彰显了水的重要性[1]。此外，英国、澳大利亚、美国、加拿大等国家也较早地意识到流域危机对本国发展造成的负面影响，于是开始探索流域治理模式，建立流域水资源管理机构、制定流域保护综合性法律框架、充分发挥市场与公众等多元主体的作用，流域治理取得了显著成效。我国作为人均水资源约为世界平均水平1/3的国家，流域水资源状况更是不容乐观，并集中地体现为流域水量减少、水质降低、水生态环境破坏严重。无论基于我国流域现实状况，还是基于我国对全球政治、经济和环境保护的重要影响，水治理均是摆在中国政府及社会面前的紧迫任务，需要给予高度重视。

（3）流域治理是现代水资源管理体制的重要组成部分。水资源具有整体性和不可分割性，客观上要求对水资源的管理要以流域为单元，从全流域的角度进行一体化和综合性的统筹管理。水资源是人类社会发展的基础性资源，保护水资源、维持水生态系统的稳定性、促进社会经济与生态环境的协调发展，是水科学、水法律研究的重要内容。随着人们对水的自然属性、经济属性和社会属性的认识增强，关于水资源的研究也扩展至多个领域，水资源管理内容变得丰富，既包括水资源评价、规划，还包括对水资源进行合理开发利用与保护。人们逐渐认识到只有遵循水资源客观规律和自然特性，才能对水资源进行有效治理，流域治理就是在此基础上产生的。现如今，流域治理不仅是一门新兴学科，而且基于流域是淡水资源的主要存在载体，流域治理也因此构成了水资源管理体制的重要组成部分。我国对流域问题给予高度重视，《水法》规定了我国实行流域管理与行政区域管理相结合的管理体制，可见，流域管理已上升到我国高位阶法律层面。2011年中央一号文件和重要水利工作会议明确提出要完善我国水资源管理制度，健全水资源管理工作机制，并且首次提出要实行最严格水资源管理制度，从用水总量控制制度、用水效率控制制度、水功能区限制纳污制度、水资源管理责任和考核制度四个方面加强水资源管理。此后，针对最严格水资源管理制度的实行意见和考核办法，国务院分别于2012年1月12日和2013年1月2日颁布了《关于实行最严格

---

[1] 世界气象组织：《全球水资源状况报告》，载 https://www.cma.gov.cn/2011xwzx/2011xqxxw/2011xqxyw/202212/t20221213_5221887.html? from＝singlemessage，2024年3月6日访问。

水资源管理制度的意见》和《实行最严格水资源管理制度考核办法》。最严格
水资源管理制度既体现了流域管理的要求，又对水资源管理部门的责任提出
了考核要求，在此基础上研究流域治理与政府责任的关系，也是对最严格水
资源管理制度的进一步有效落实进行的基础性研究。目前，我国大多数水资
源问题仍然是由于对水资源进行人为的分区域管理造成的，考察 2019 年至
2021 年的水资源公报和中国生态环境状况公报，我国七大江河流域面临的水
量少、水污染严重、水生态系统不稳定等问题，无疑对我国经济社会的可持
续发展造成了重要影响（我国流域现状和主要问题详见本书第三章第一节的
讨论或者介绍）。因此，需要进一步加强以流域为单元的水资源治理，顺应全
球流域治理的趋势解决或减少我国流域水资源的现实问题。

（4）政府如何进行流域治理，本质上是政府责任如何在流域治理中有效
落实的问题。政府责任是对社会的回应，而且这种回应与法治政府和民主政
府的核心内容关系密切。从 20 世纪 70 年代末 80 年代初开始，伴随全球化、
信息化、市场化的来临，整个世界发生了根本性变化。就水资源管理而言，
一些国家不仅没有能力解决全球化带来的跨国境水资源问题，而且面对本国
境内不断恶化的流域状况也束手无策。于是，各国开始对政府管理体制、社
会责任、权力构成等问题进行思考，并且逐渐产生了有关政府与市场关系的
讨论。虽然政府与市场均会产生失灵现象，但是由理性人组成的政府在社会
治理中始终发挥着重要作用，而且市场经济发达的国家在实践中逐渐发展并
检验出有效的政府行为能够对市场失灵起到良好干预的理论。至此，政府在
社会治理中的作用得以凸显。治理具有主体多样性的特征，其中国家是其最
重要的主体。基于国家的抽象性存在，国家治理在现实中就集中地表现为政
府治理，并且无论治理理论如何深入，治理主体如何向多元化发展，政府治
理始终是社会治理的重要内容与核心组成部分。随着科技进步和经济发展方
式转变，社会对公共行政的要求越来越高，政府作为公共行政的主体，将在
更多领域、更大范围发挥更重要的功能。流域治理虽然是多元治理主体共同
作用的结果，但是政府始终占有主要的和决定性地位，政府作用发挥得是否
充分，政府责任落实得是否有效，根本上决定着流域治理的结果。

# 第二节 研究意义

## 一、理论意义

通过对流域治理政府责任进行深入研究,不仅可以增强我国流域水资源管理的理论基础,而且运用多学科知识和突出政府责任以实现流域善治的研究思路和方法,能够为流域水资源管理提供新的学术研究视角。

(1) 为流域管理补充更加可靠的理论基础。本书以治理、流域善治、责任政府等理论为基础对流域治理政府责任进行研究,不仅充分吸收了治理理论主体多元性、治理方式多样性的核心思想,而且将政府作为流域治理主体并有效落实其责任的最终目的定义为流域善治,在很大程度上丰富了水资源治理理论,为我国水资源管理中的一体化管理理论、协同治理理论等补充了新的理论元素。

(2) 为流域水资源治理提供新的研究视角。流域水资源问题不仅是我国面临的重要环境问题,同时也是全球环境治理的共同难题。本书通过对我国流域治理中政府责任现状、偏差以及国外流域治理理论与实践进行分析,从三个层面提出实现流域治理政府责任法律规制的相关建议。从公共治理和国家治理层面来看,这种突出政府责任与责任政府并将政府作为流域治理最重要主体的思路,无疑为我国流域水资源管理提供了新的研究视角。

(3) 为学科知识之间的融合开辟了新的方向。现有许多关于流域水资源问题的研究表现出很强的研究视域的局限性,即单纯地从管理的角度、技术的角度、法律的角度或行政的角度进行研究,难免会出现研究成果向现实转化的不确定性。所以,通过对流域水资源治理的政府责任进行研究,结合法学、经济学、管理学、政治学等多学科知识,有利于实现学科之间的融合,拓宽学术研究的视域。

## 二、实践意义

在流域水资源及水生态环境对我国经济社会发展的重要性日益凸显、国际上一些国家已经针对流域治理采取了多种方法并取得了良好成效、我国调整流域水资源合理开发与保护的法律尚处于发展阶段的背景下，对流域治理政府责任这一既关乎水治理又关乎责任政府与法治政府建设的问题进行系统深入地研究，具有重要的实践意义。

（1）寻求流域治理政府责任落实的途径或方案。城镇化和工业化进程的加快使得资源和环境约束成为国民经济发展和社会进步首先需要突破的问题。流域水资源的基础性和战略性功能使之在环境保护和资源管理中的重要地位日益凸显。2015年10月29日，"十三五"规划正式出台，规定要重点提高水资源等其他自然资源和安全的风险防控能力，加快发展水能等清洁能源；实行最严格的水资源管理制度，以水定产、以水定城，建设节水型社会；加强水生态保护，系统整治江河流域，促进水土综合治理。此外，"十三五"规划还强调了要健全更好发挥政府作用的制度体系，推广政府和社会资本合作模式，推动政府职能从研发管理向创新服务转变，提高政府效能，加大环境资源治理力度，形成以政府为主导的政府、企业、公众共治的环境治理体系。2017年，中共十九大报告指出，要实施国家节水行动，加快水污染防治，开展水土流失综合治理。2020年7月30日，"十四五"规划出台，规定要深入打好污染防治攻坚战，建立健全环境治理体系，推进精准、科学、依法、系统治污，协同推进减污降碳，不断改善空气、水环境质量，有效管控土壤污染风险。此外，"十四五"规划还强调，完善水污染防治流域协同机制，加强重点流域、重点湖泊、城市水体和近岸海域综合治理，推进美丽河湖保护与建设。2022年，中共二十大报告指出，要统筹水资源、水环境、水生态治理，推动重要江河湖库生态保护治理，基本消除城市黑臭水体。

环境治理与经济发展处于同等重要的地位，放弃经济发展的环境治理是不现实的，同样，忽视环境治理的经济发展也是不可能的。我国高度重视水资源开发、利用与保护，突显了水资源在支撑我国经济社会可持续发展方面发挥的至关重要的作用。然而，尽管党和国家高度重视水资源治理，同时也对政府在水资源管理领域的作用提出了高要求，但是现有水资源和水环境等政策法律并没有为流域治理提供系统稳定的制度环境，政府如何发挥其治理责任存在许多不确定性和模糊性。就目前情况来看，流域治理效果不明显，流域水量减少、水质恶化和水生态系统失衡的局面并未改变，流域治理工作依然任重道远。因此，鉴于我国一方面面临着经济社会发展对流域水资源的需求增长，另一方面又面临着公民在国家治理体系和治理能力现代化背景下对法治政府和责任政府的期待，如何在流域治理中充分实现政府责任以达到流域善治将是一项重要的研究课题。本书从流域水资源的现实情况出发，通过对流域治理的主导性主体即政府的责任进行分析，探索流域治理政府责任的实现方式，以期从政府和法律层面为我国解决流域问题提供解决路径或方案。

（2）有利于推进我国绿色丝绸之路经济带建设。2015 年 3 月，国家发改委、外交部、商务部联合发布《推动共建丝绸之路经济带和 21 世纪海上丝绸之路的愿景与行动》，强调要坚持生态文明理念，注重生态环境保护，推进绿色丝绸之路建设。同年，中国-上海合作组织环境保护合作中心发布《"一带一路"生态环境蓝皮书——沿线重点国家生态环境状况报告（2015）》指出，"一带一路"沿线的生态环境问题较为突出，具体表现在三个方面：其一，生态系统非常脆弱，有些地区处于干旱、半干旱气候区，森林覆盖率低，沙漠化和荒漠化问题越来越严重；其二，"一带一路"大型项目和经济开发活动容易对沿线流域的水资源和水环境造成危害，尤其是能源资源项目的危害可能性更大；其三，包括水资源在内的自然资源和环境问题对经济发展产生的约束趋势增强。2017 年 4 月，环境保护部等部门发布的《关于推进绿色"一带一路"建设的指导意见》提出，推进绿色"一带一路"建设是分享生态文明、参与全球环境治理、推动绿色发展理念的重要实践，要加强对水、大气、土壤、生物多样性等领域的环境保护，强化生态环境质量保障。同年 5 月 15 日，"一带一路"国际合作高峰论坛举行圆桌会议，会议形成的联合公报也明确提出要决心阻止地球退化，加强对环境、淡水资源、生态系统的保护。2022 年国家发改委等部门发布的《关于推进共建"一带一路"绿色发展的意见》提出，推进共建"一带一路"绿色发展，是践行绿色发展理念、推进生态文明建设的内在要求，是积极应对气候变化、维护全球生态安全的重大举措，是推进共建"一带一路"高质量发展、构建人与自然生命共同体的重要载体。

"一带一路"是我国应对国际形势、统筹国际与国内两个大局、探索全球治理新模式的重大战略决策，其涉及的范围广、规模大、影响深远，在推进发展的过程中，需要重视生态环境保护与绿色发展，形成绿色丝绸之路。从根本上讲，绿色丝绸之路就是将生态文明的理念融入其中，突出包括流域水资源在内的生态资源的基础性地位。流域治理作为生态文明建设的重要内容，对我国当前"一带一路"倡议的实施具有重要意义。因此，为应对"一带一路"建设中水资源问题的挑战，有必要通过建立责任政府和法治政府以加强我国流域治理，使其成为"一带一路"建设的有益补充。另外，我国国情、水情特殊，水资源问题极其严重，解决好我国的流域问题既是对世界应对水危机做出贡献，同时可以为全球流域治理提供可资借鉴的思路和方案。

## 第三节　国内外研究动态

### 一、国内研究动态

近年来，我国水利事业取得了很大成就，有关水资源管理、水污染防治、水生态保护的科学研究工作也在不断深入，不同学科的学者围绕流域管理展开了非常多的分析与讨论。但是，对于流域管理与政府关系的研究并不多见，很少有关于流域治理政府责任的文献。虽然有许多关于政府环境责任的研究，但毕竟水资源治理与普遍意义上的环境治理相比更需要针对性，不可以简单套用。通过对国内相关学术资料的搜集与分析，笔者将有关流域治理和政府责任法律规制的学术研究现状总结如下：

（1）关于流域管理的研究。水是生命之源，是经济社会发展的物质基础。近年来，随着水资源短缺与经济社会持续发展之间的矛盾不断凸显，理论界对水资源的研究也越来越深入。从法学的角度来看，学者们不断开辟新的领域，研究探索新的水资源管理思路与模式，产生了不少关于流域水资源管理的学术研究成果，并主要表现在：

第一，关于流域水资源立法方面的研究。陈嘉健等（2023 年）对我国水资源法律颁布的时空分布特征进行分析，并得出以下结论：在时间上，水资源国家性法律的立法数变化主要与其法律效力有关，表现为法律效力越高，更新速率越快，但其立法数相应越少，且变化也更稳定。水资源地方性法规因其效力比地方部门规章高，在 2005 年后逐渐成为地方水资源立法的首选，特别是 2015 年后《立法法》赋予市级地方政府立法权，其立法数迎来爆发式增长。在空间上，胡焕庸线东侧地区的水资源立法数显著大于西侧，且更新速率也更快，但二者的比值随着立法基数的增加已趋于稳定。区域国内生产总值（GDP）和水资源综合协调度的交互作用是我国水资源地方立法的主要驱动力，其中胡焕庸线东侧立法主要与区域 GDP 有关，表现为"法律助推经济"；而其西侧立法主要与水资源综合协调度有关，表现为"问题催生法律"[1]。陈金木等（2022 年）通过分析《内蒙古自治区地下水保护和管理条例》在总量控制与水位控制、地下水取水管理、取水许可限批以及地下水计量等方面的立法创新，提出该条例对于水利部开展地下水配套立法、指导地方开展地下水配套立法以及推进《水法》和《取水条例》等修改工作具有启示和借鉴意义[2]。熊敏瑞、李昭阳（2020 年）基于长江流域问题研究的热点，立足于目前长江流域立法面临的水资源开发利用与保护之间存在权利冲突、管理秩序紊乱等多方面的问题，从六方面展开长江流域单独立法思路：一是以"共抓大保护，不搞大开发"为立法理念；二是建立横向与纵向相结合的立法模式，在原有的"直线"上截取流域这个"横切面"，进行专项立法；三是革新流域管理体制，强化流域统一管理；四是完善公众参与机制，提升决策民主化；五是建立与长江流域生态系统和资源、环境承载能力相适应的经济结构和发展模式，保障流域经济社会持续发展；六是对于其他法律已经涉及的流域共性的问题，长江保护法的立法内容应当与其他法律相协调[3]；高明侠（2013 年）基于流域水生态系统的整体性特点，建议我国应制定高位阶流域水空间管理立法，并提出了三项具体建议：一是完善用水总量控制和水位控制制度的缺失内容，建立流域水空间规划、流域环境影响评价制度、流域水空间评价标准、流域预警系统以及流域功能恢复制度；二是充分运用经济手段，完善流域生态补偿制度，将"受益者补偿"原则和"谁保护、谁受益、获补偿"原则，从基本原则的层面细化为具有可操作性的各项措施；三是设

---

〔1〕 陈嘉健等：《中国水资源法律颁布的时空分布特征及影响因素分析》，载《水利水电技术》2023 年第 4 期，第 87～96 页。

〔2〕 陈金木、王海珍、李政：《内蒙古地下水管理立法创新与启示》，载《人民黄河》2022 年第 A2 期，第 57～59 页。

〔3〕 熊敏瑞、李昭阳：《长江流域生态环境立法问题研究——以长江大保护为背景》，载《生态经济》2020 年第 10 期，第 185～189 页。

置足够的程序规定，确保水空间管理法的执行和落实。此外，还需要界定各类利益相关者的权利义务和责任，科学而明确地规定补偿内容、补偿方式和补偿标准，以及运用经济杠杆对违法行为人实施按期限制裁机制，确保"违法收益<违法成本"[1]。徐林（2013 年）通过对黄河上中游水行政执法工作进行研究，认为该流域段水行政执法工作中的法律制度不完善，水行政机构的执法主体资格、权责划分、执法权威等方面存在问题。针对这些问题提出了如下立法建议：加快流域立法，完善流域水事法制体系；授予基层水行政机构执法主体资格，切实履行水行政执法职责；明确划分流域与行政区域的执法事权，加强流域管理与区域管理相结合；组织水法律政策宣传，提高公众的水法治意识[2]。刘志仁（2013 年）认为西北内陆河流域具有特殊的自然环境、经济社会和文化背景，对流域水资源与水生态系统的保护是该地区经济社会可持续发展的重大挑战，因此需要针对该地区进行专门立法，并从立法目的、立法原则和具体法律制度等方面进行明确规定[3]。王国永（2011年）认为流域法律应该着眼于调整跨行政区涉水利益关系，在较高的流域层面上进行制度安排，以解决流域水资源对我国经济社会发展造成的瓶颈问题。流域立法需要完善的目标体系，并且要遵循流域管理体制的继承与创新相结合、流域管理制度的合法性与合理性相结合、流域立法资源的合理分配与充分挖掘的原则，进而构建"两体两翼型"流域管理法律体系[4]。此外，刘文等（2010 年）也对流域立法进行了相关思考和研究[5]。

第二，关于流域管理体制创新和管理模式变革。胡德胜（2013 年）认为，为了破解重点流域治理难题，需要执行绿色 GDP 评价标准，从成本和效益的角度分析企业的发展状况。而且要重视生活污染和农业污染的严重性，促使城镇生活和农业生产之间建立良好的循环互补关系。此外，需要采取一定

---

〔1〕　高明侠：《我国流域水空间管理的立法完善》，载《江西社会科学》2013 年第 12 期，第 162~166 页。

〔2〕　徐林：《黄河上中游流域水行政执法存在问题及对策》，载《人民黄河》2013 年第 7 期，第 15~17 页。

〔3〕　刘志仁：《西北内陆河流域水资源保护立法研究》，载《兰州大学学报（社会科学版）》2013 年第 5 期，第 103~108 页。

〔4〕　王国永：《流域管理立法的调整范围和目标》，载《生态经济》2011 年第 9 期，第 185~187 页。

〔5〕　刘文等：《关于推进流域立法的思考》，载《水利发展研究》2010 年第 1 期，第 1~5 页。

措施消除或者改变流域生态补偿实践中存在的影响流域可持续发展的行为[1]。针对珠江、辽河、长江三大流域的水资源治理，张菊梅（2014年）深入分析了流域治理中以"平等协商""统一集中"和"有选择性集中"方式实现流域管理与区域行政管理相结合的体制改革特色，并针对这些改革总结出了如下经验或趋势：因地制宜制定流域管理体制、完善配套法制、提升流域管理机构的作用与地位、搭建多方参与的平台机制[2]。唐纯喜（2014年）在我国流域管理体制状况的基础上，结合国外流域管理的发展历史和特点，对如何推进长江流域管理进行了研究[3]。应力文等（2014年）结合我国现行流域管理方式，对欧盟、美国和日本等发达国家的流域管理体制进行了综述，总结出中国现行流域管理与监督存在法律机制不健全、管理部门不协调、公众参与程度低下、流域规划不合理以及专业素质有待加强等问题。进而提出解决我国流域治理问题的可行性建议和对策：对流域管理和维护进行投保，将保险行业纳入流域管理之中；以发达的互联网技术等为依托，在物联网层面上建立流域预警机制，及时预警并提供改进和治理决策。郑晓等（2014年）认为，由于我国流域系统的多功能性和复杂性，需要采取高效、科学的治理模式。从目前存在的三种主要的治理模式，即直接管制治理模式、市场治理模式、协商治理模式来看，这些治理模式各自都有不可避免的缺陷，因此，我国应该从实际情况出发，基于生态文明导向，选择综合治理模式。在流域治理的路径选择方面，建立流域间内域协调与合作制度、完全由市场主导的水权交易制度、流域生态补偿制度和自愿性激励措施。在政策选择方面，要对流域管理机构进行创新、充分发挥流域立法的作用、创新流域规划体系以及发挥公众参与机制和市场机制的优势[4]。郑晓等（2014年）还通过对现有流域管理体制和框架进行充分调查研究，总结出我国流域治理机制存在

---

〔1〕 胡德胜：《围绕可持续发展 破解重点流域治理难题》，载《环境保护》2013年第13期，第24~26页。

〔2〕 张菊梅：《中国江河流域管理体制的改革模式及其比较》，载《重庆大学学报（社会科学版）》2014年第1期，第18~22页。

〔3〕 唐纯喜：《关于推进长江流域综合管理的思考》，载《人民长江》2014年第23期，第22~26页。

〔4〕 郑晓、郑垂勇、冯云飞：《基于生态文明的流域治理模式与路径研究》，载《南京社会科学》2014年第4期，第75~79页。

的主要缺陷在于流域治理功能碎片化、治理主体单边化、缺乏有效的协调机制以及流域治理没有充分考虑环境友好因素。为应对这些问题,需要以生态文明、环境友好和流域可持续发展为价值取向,促进流域治理主体多元化、手段多样化、目标综合化、分层治理和伙伴治理相结合,从而形成流域治理的基本框架[1]。黄锡生、王国萍(2014年)论述了目前我国流域管理方面存在的诸多问题,比如流域管理主体不健全、流域管理呈现浓厚的行政色彩、流域管理机构错综混乱以及流域管理立法有待完善;认为流域管理的理想状态是流域善治,即在流域管理过程中强调公众参与,形成融合行政手段、市场力量和公民参与的多元共治模式;结合流域管理善治的原理,分析了流域管理善治的价值功能,指出我国流域管理善治的制度规范应该着眼于构筑产业主体制度、完善公众参与制度、建立统一的水资源战略规划制度和健全流域管理立法体系[2]。陈红卫、陈蓉(2014年)结合最严格水资源管理制度的要求,通过分析我国水资源管理体制的薄弱环节,从法制建设、运行体制、事权划分、监控能力和保障机制等方面提出完善我国流域水资源管理体制的思考[3]。李正升(2014年)认为我国现行行政体制的分割性和流域水污染属地化治理的特征与流域水环境的整体性存在矛盾,使得地方政府在流域治理的过程中表现出明显的个体理性,进而突出对本地区利益的追求,造成流域水污染治理的失效。实现集体理性的同时满足流域各级政府的个体理性,需要打破流域水污染治理的行政分割,进行政府间协同治理。关于流域水污染协同治理的政策选择,一是要强化流域管理机构的权威,二是要建立科学的地方政府绩效评估体系,三是要构建流域水污染治理生态补偿机制[4]。王建华(2019年)以经济社会用水需求为出发点,从水资源量、水环境容量、水域空间、水能资源、水热容量五个维度系统梳理了水的资源属性。在此基

〔1〕 郑晓、黄涛珍、冯云飞:《基于生态文明的流域治理机制研究》,载《河海大学学报(哲学社会科学版)》2014年第4期,第37~40页。

〔2〕 黄锡生、王国萍:《流域管理的善治逻辑与制度安排》,载《学海》2014年第4期,第54~57页。

〔3〕 陈红卫、陈蓉:《完善我国流域水资源管理的对策思考》,载《人民长江》2013年第S1期,第44~48页。

〔4〕 李正升:《从行政分割到协同治理:我国流域水污染治理机制创新》,载《学术探索》2014年第9期,第57~61页。

础上，立足于"自然-社会"二元水循环全过程，聚焦陆域生态和水域生态两大主体，提出了包含陆域"产水侵蚀-用水效率-限制排污"三大过程管控和水域"量-质-域-流-温"五大属性管控的流域水资源"3＋5"综合管理模式，并在长江流域进行了应用探讨。[1]陈俊红（2019 年）认为我国实行的流域管理和行政区域管理相结合的管理模式对我国水资源管理产生了积极的作用，但是在实践过程中仍存在着一些不足。为了强化水资源的管理，可采取如下的管理对策：一是认真落实最严格的水资源管理制度，大力保护水资源；二是对水资源管理加强调研分析，增强水资源管理行为的科学性与系统性；三是创新水资源管理模式，努力推进流域管理的新模式；四是加大公众对水资源管理的参与程度。[2]李加林等（2019 年）主要从国内外水资源管理的模式与制度、研究模型、研究重点领域以及研究热点四方面进行归纳综述，选取水资源管理模型包括评价、模拟、综合三个主要类型进行说明。对水资源管理的研究提出四点展望：一是要完善水资源管理的模式与制度；二是要科学运用水资源管理模型；三是要掌握水资源管理的重点领域；四是要把握水资源管理的研究热点。[3]罗育池等（2020 年）全面梳理 20 世纪 90 年代以来广东省推行的一系列治水模式和积累的治水经验。通过分析 2004—2018 年全省水质变化趋势，总结治水取得的成效以及存在的短板。结合新时期水污染防治总体要求，从"依法治水、协同治水、科技治水、智慧治水和多元治水"五个方面创新思路，提出了健全水污染防治法制与执法监管体系、健全水环境治理区域协调与绩效评估机制、构建水环境治理科技创新和产业化平台、实现污染源监管和污染治理过程信息化、推动"城水共治"和污染第三方治理等治水关键对策[4]。刘佳奇（2021 年）认为无论是传统的"分部门、分级实施模式"，还是现行的"流域与区域相结合实施模式"，均难以充分适应

---

〔1〕 王建华：《生态大保护背景下长江流域水资源综合管理思考》，载《人民长江》2019 年第 10 期，第 1~6 页。

〔2〕 陈俊红：《水资源管理模式与管理对策探讨》，载《技术与市场》2019 年第 1 期，第 186~187 页。

〔3〕 李加林等：《水资源管理研究进展》，载《浙江大学学报（理学版）》2019 年第 2 期，第 248~260 页。

〔4〕 罗育池等：《水环境治理模式创新与关键对策——以广东省为例》，载《环境保护科学》2020 年第 1 期，第 25~29 页。

流域空间对实施机制的特殊需求。以流域综合管理为内容、以强化流域层级管理和地方各级政府统筹为重点的"分级、分区域综合实施模式"，是对现行实施机制的"升级"，可作为未来流域管理法律制度实施机制的发展目标。具体可通过重塑流域管理机构、强化地方各级政府责任、以部门间整合式执法代替单一式等方式执法加以实现[1]。

第三，针对具体流域管理的研究。邱秋（2023年）认为《黄河保护法》的流域管理体制特色鲜明，形成了中央层面黄河流域统筹协调机制"统筹协调"流域性重大事项 + 流域层面黄河流域管理机构及其所属管理机构"统管"流域重点事项 + 地方层面拓宽省内省际协调相关事项的管理体制。[2] 张君明（2022年）认为有必要借鉴国外流域水资源保护的先进经验，完善黄河流域水生态保护与修复的法律机制。树立绿色发展的生态文明法治理念，构建完备的黄河流域水生态保护与修复法律规范体系，加大黄河流域水生态保护与修复的行政执法和司法保护力度，实现全流域的生态保护法治化和绿色发展。[3] 吴迪、韩凌月（2022年）认为"河长制"是流域长效综合治理的一种创新模式，为实施黄河流域综合管理提供了体制机制保障。但黄河流域综合管理与"河长制"的交叉融合、协同推进，尚无可参考的模式。应强化"河长制"的队伍建设，建立省级"河长"参与的黄河流域综合管理体制机制，以权威的黄河流域管理协调机构为依托，明确黄河"河长"的监督考核机制，将"河长制"与黄河流域生态保护补偿机制相嵌套，进而形成黄河流域长期有效的管理模式，依法保护和治理黄河。[4] 左其亭等（2022年）认为美国田纳西河、法国罗纳河、澳大利亚墨累-达令河、日本琵琶湖，以及我国的长江、黄河、淮河、太湖等流域，都探索出各具特色的管理模式。基于对流域水资源协同管理及模式的认识，从组织体系、内容体系、制度体系三方面构建了流域水资源协同管理体系。立足于沁河流域实际情况，提出了沁河

〔1〕　刘佳奇：《论流域管理法律制度的实施机制》，载《湖南师范大学社会科学学报》2021年第2期，第51~59页。

〔2〕　邱秋：《〈黄河保护法〉的管理体制创新》，载《水利发展研究》2023年第3期，第18~21页。

〔3〕　张君明：《黄河流域水生态保护与修复法律机制研究》，载《人民论坛（学术前沿）》2022年第2期，第106~108页。

〔4〕　吴迪、韩凌月：《基于"河长制"的黄河流域综合管理模式再思考》，载《延边大学学报（社会科学版）》2022年第4期，第133~139，144页。

流域的水资源协同管理体系。[1]朱艳丽（2021年）认为《长江保护法》规定了流域协调机制的框架。在"共抓大保护、不搞大开发"和"高质量发展"的时代要求下，长江流域生态保护和经济发展需要依赖于流域协调机制的创新性落实。以流域资源为基础的网络型协调机制框架、以政府为主导的利益分配机制、以制度为基础的法律硬约束机制，能够突破传统行政区划障碍，促进流域协调发展。基于对国际流域治理协调机制的客观理性以及我国长江流域协调机制的供给性约束和体制性约束的分析，对长江流域协调机制落实的法律路径进行了探索性思考[2]。邱秋（2021年）指出《长江保护法》立足国情，超越既有立法中的"部门"与"地方"结构，在保留既有管理体制的基础上，创造性地提出多重流域统筹协调，推动了我国流域管理体制从"条块分割"到"统筹协调"的重大变革。《长江保护法》以国家和地方流域协调机制"统筹协调"长江流域横向管理关系，以综合管理"统筹协调"长江流域自然地理空间和法律管理空间，以规范政府职能"统筹协调"长江流域权力配置之重叠、冲突和空白。在中央层面，国家长江流域协调机制"统筹协调"流域性重大事项；在地方层面，长江流域地方协调机制"统筹协调"地方协同合作。[3]董战峰等（2020年）分析了位于黄河下游河南省、山东省的生态环境保护进展，黄河下游生态保护与高质量发展面临的水资源衰减与用水刚性增长矛盾突出、生态功能持续退化、部分地区环境污染严重、滩区治理压力大等问题，提出了黄河下游生态保护与高质量发展的基本思路与重点任务，建立健全黄河下游生态保护与发展长效机制，包括加大对黄河下游的投入力度、建立健全生态补偿机制、严格生态环境监管与执法、打通信息共享平台和健全地方立法与标准[4]。黄馨娴、胡宝清（2018年）指出，南流江流域存在着水文灾害多发、环境污染较严重、地下水超采、水土流失

---

〔1〕 左其亭等：《流域水资源协同管理模式及体系》，载《水资源与水工程学报》2022年第1期，第1~7页。

〔2〕 朱艳丽：《长江流域协调机制创新性落实的法律路径研究》，载《中国软科学》2021年第6期，第91~102页。

〔3〕 邱秋：《多重流域统筹协调：〈长江保护法〉的流域管理体制创新》，载《环境保护》2021年C1期，第30~35页。

〔4〕 董战峰、璩爱玉、冀云卿：《高质量发展战略下黄河下游生态环境保护》，载《科技导报》2020年第14期，第109~115页。

等一些自然问题以及法律法规不健全、流域管理机构单薄、规划不完善、忽视公众力量和缺乏新技术支撑等社会管理方面的问题，基于五大发展理念，提出以下完善建议：一是落实创新发展，建立健全法律法规；二是落实协调发展，强化流域管理机构与机制；三是落实绿色发展，编制总体规划与生态规划；四是落实开放发展，建立公众参与机制；五是落实共享发展，建设"数字南流江"[1]。刘琛璨（2016 年）指出，黄河上游地区经济发展水平落后，基础设施建设滞后，水资源供需矛盾突出，水事关系错综复杂而且水事矛盾与水事纠纷频发。受制于现行的水行政管理体制，黄河上游的河道管理尚未建立起良好的管理制度，为水行政管理与执法带来一定难度。为此，需要从以下方面建立黄河上游河道管理制度：完善黄河上游法律法规的配套管理制度；强化黄河上游水行政执法；明确流域水行政机构和地方水行政主管部门的事权划分[2]。覃新闻等（2014 年）对塔里木河流域近期综合治理中水资源统一管理工作的经验和问题进行了总结，并主要介绍了流域体制与机制的建立过程、水量统一调度的经验和问题、水量调度信息平台的建立及塔里木河流域水权市场的构想等内容[3]。丰云（2015 年）指出，湘江流域地方政府间的合作治理在治理理念、权力分配、组织权威、激励机制等方面存在碎片化倾向，导致合作治理难以取得实质性效果。整体性治理理论在价值取向、治理结构、运行机制及治理方式等方面与湘江流域合作治理中地方政府关系的协调具有内在耦合性。因此，改变湘江流域地方政府合作中的碎片化现状，需要树立整体性治理思想，形成多元化的网络治理结构和垂直统一的治理体制[4]。胡早萍、陈立立（2014 年）认为长江水利委员会水行政许可工作在管理机制、工作方式和配套制度等方面存在问题，需要进一步清理和调整工作事项、建立联合审批机制、加强许可项目后续监管以及充实相关配套

---

〔1〕 黄馨娴、胡宝清：《五大发展理念视角下的南流江流域综合管理研究》，载《人民长江》2018 年第 15 期，第 30~35、84 页。

〔2〕 刘琛璨：《黄河上游河道管理制度研究》，载《人民黄河》2016 年第 5 期，第 41~44 页。

〔3〕 覃新闻等编著：《塔里木河流域水资源统一管理与调度实践》，中国水利水电出版社 2014 年版。

〔4〕 丰云：《从碎片化到整体性：基于整体性治理的湘江流域合作治理研究》，载《行政与法》2015 年第 8 期，第 14~23 页。

制度[1]。为贯彻实施大部制改革的基本精神和要求，构建一套"统一管理、垂直领导"的流域管理体制，实现各流域的综合治理。薛刚凌、邓勇（2012年）选取辽宁省辽河流域作为个案分析对象，通过集体座谈会、文献调查和实地考察的方法，掌握了辽河管理体制改革的基本情况，通过分析辽河管理体制改革面临的主要问题，提出辽河流域管理体制改革的完善方案，并对其进行了综合论证。建议将辽河流域管理机构定位为"大部制"的执行部门，设计具体的改革操作方案，使流域管理大部制改革经验能在全国得以一定程度的推广，从而服务于流域管理大部制改革的需要[2]。钟玉秀等（2013年）以海河流域为例，对流域水资源与水环境综合管理制度进行了研究，并从三个方面提出了具体建议。政策建议方面：建立健全水资源与水环境综合管理的相关制度；加强取水、耗用水、排水管理并实现三者的有机结合或一体化管理；加强海河流域水资源与水环境监测信息综合统筹；提高海河流域管理政策的有效性；增强监管的有效性。法规框架建议方面：尽快完善现行水资源与水环境管理的法律法规体系、尽快制定并颁布海河流域水资源综合管理的法规性文件、制定有利于海河流域水资源与水环境综合管理的部门规章。体制框架建议方面：开展流域水资源与水环境综合管理体制改革，建立一个由相关方面参与的民主、协调、权威、高效的流域综合管理决策机构。近期工作以制度建设和机制建设为主，中期工作以建立海河流域水资源与水环境综合管理省部际联席会议制度为重点，远期工作以建立海河流域水资源与水环境综合管理协调委员会为重点[3]。

第四，针对国外流域管理的研究。肖文燕（2010年）考察了20世纪国外具有代表性的美国田纳西河流域管理、英国泰晤士河流域管理、日本琵琶湖流域管理以及澳大利亚墨累-达令河流域管理，在借鉴这些流域管理成功经验的基础上，认为鄱阳湖流域管理应该建立强有力的流域管理机构，制定流

---

〔1〕 胡早萍、陈立立：《长江委实施水行政许可工作的实践与思考》，载《人民长江》2014年第4期，第5~8页。

〔2〕 薛刚凌、邓勇：《流域管理大部制改革探索——以辽河管理体制改革为例》，载《中国行政管理》2012年第3期，第7~12页。

〔3〕 钟玉秀等：《流域水资源与水环境综合管理制度建设研究——以海河流域为例》，中国水利水电出版社2013年版。

域协调机制；加强流域管理的法制建设，完善法律法规体系；鼓励社会公众参与，提升公众环保意识[1]。此外，还有些学者也对美国、澳大利亚和英国典型流域管理模式进行了研究，在研究的过程中发现国外在流域管理中的许多共同之处，比如注重流域管理机构的作用、充分发挥公众和非政府组织的作用、有完善的流域法律依据等，这些对加强我国雅砻江流域管理具有非常重要的意义[2]。鲍淑君等（2013 年）认为欧盟在流域管理中十分注重依法管理、综合管理、规划管理、协调管理和实践管理，而且针对这些重点形成了完整的水法规框架体系、覆盖主要河流的流域规划体系、完整的水管理目标体系、可操作性强的约束监督机制。加拿大流域管理政策和法律具有明显的特点：一是突显水的生态价值和水生态系统的可持续发展；二是利用生态系统管理方法来管理流域水资源；三是联邦和各州在管理和保护流域生态系统时进行充分协作；四是采取了高效的流域管理体制。这些均对我国流域管理具有较好的启示作用[3]。宗世荣等（2016 年）分析了日本琵琶湖、北美五大湖、欧洲佩普西湖、美国田纳西河、澳大利亚墨累—达令河、法国和英国水资源管理的理论和实践，认为这些国家在思想方面非常重视以流域为单元进行统一管理，在治理主体方面突出政府的主导性作用，在科学研究方面注重创造良好的条件以及在治理方式方面将市场和公众参与机制引入流域管理。李占伟（2016 年）认为世界各国对流域水资源管理进行了踊跃的探索，通过成立流域管理机构来增强流域水资源的统一管理，积累了丰硕的流域治理经验。漳河上游水资源管理机制正在不断完善，通过剖析国际上有代表性的田纳西河流域水资源管理模式、墨累-达令河流域水资源管理模式和尼罗河流域水资源管理模式，提出在漳河上游明确流域机构和行政区域的管理职责，形成流域管理与行政区域管理等相关利益方相结合的机制。[4]杨朝晖等

---

[1] 肖文燕：《20 世纪国外流域管理经验及对鄱阳湖流域管理的启示》，载《江西财经大学学报》2010 年第 6 期，第 83~88 页。

[2] 席酉民等：《国外流域管理的成功经验对雅砻江流域管理的启示》，载《长江流域资源与环境》2009 年第 7 期，第 635 页。

[3] 王莉：《加拿大流域管理法律制度解析》，载《郑州大学学报（哲学社会科学版）》2014 年第 6 期，第 55~58 页。

[4] 李占伟：《国外流域水资源管理模式对漳河上游的启示》，载《地下水》2016 年第 2 期，第 118~119 页。

（2016 年）对国外流域水资源综合管理的先进经验进行总结、提炼和分析，认为各国先进的流域水资源综合管理经验虽不尽相同，但具有一些共性：一是普遍注重立法革新，使得流域管理机构行使水管理权有法可依；二是都建立了有效的流域管理机构，探求权利与民主的适宜均衡；三是都注重公众参与，明确监督机构的责权。[1]李奇伟（2019 年）分析了美国、日本、法国和英国等国的水污染防治和生态环境保护立法，抽象出流域综合管理法治发展的基本规律。我国不仅需要基于一体化治理理念推进流域综合管理立法，亦需要以流域共同体建设为中心重构综合管理体制，围绕司法专门化建设提升司法保障能力。[2]顾向一、曾丽渲（2020 年）分析了美国"集成化"治理模式与田纳西河流"集权与统一"治理模式、澳大利亚"整体流域开发管理"模式，借鉴域外综合、集中、多元的治理经验，以"协商共治"为主导理念，综合考虑长江流域生态要素间的关联性、环境治理开发保护的一体性以及流域管理的独特性，从完善长江流域生态环境保护综合性法律体系、重塑以流域为核心的管理体制、促进各方权利竞争性成长、推动企业自治、明确社会公众参与的权利义务这几个方面出发，对长江流域特殊的区位特征和复杂的利益需求予以回应。[3]韩雪莹（2021 年）分析了日本的中央政府集中协调与分部门行政相结合、美国的权力相对集中与统一领导、法国的中央集权式的流域管理的共性，结合白洋淀流域的生态特质，提出了以设立综合性的流域管理机构为"内核"，以完善法律法规、健全法律制度与机制为"两翼"的水资源管理建议。[4]

（2）关于政府责任的研究。国内对政府责任的研究开始较早，因此出现了许多有关政府责任的学术成果，尤其对政府责任基本内涵的讨论最多。另外，从政府责任所涉及的具体领域来看，环境治理中的政府责任占有很大比

---

[1] 杨朝晖等：《国外典型流域水资源综合管理的经验与启示》，载《水资源保护》2016 年第 3 期，第 33~37，110 页。

[2] 李奇伟：《流域综合管理法治的历史逻辑与现实启示》，载《华侨大学学报（哲学社会科学版）》2019 年第 3 期，第 92~101 页。

[3] 顾向一、曾丽渲：《从"单一主导"走向"协商共治"——长江流域生态环境治理模式之变》，载《南京工业大学学报（社会科学版）》2020 年第 5 期，第 24~36，115 页。

[4] 韩雪莹：《白洋淀流域生态环境治理的实现机制研究》，载《河北环境工程学院学报》2021 年第 3 期，第 86~89，94 页。

重，并主要集中于政府环境责任的性质、类型、责任考核等方面。

第一，政府责任内涵方面。陈建先、王春利（2007年）认为，"政府""责任""政府责任"等词语不仅表明了其自身所指代的对象，而且能够反映特定时代背景下的特殊含义，因此，有必要对"政府责任"的语义进行分析[1]。殷峰、胡冰冰（2021年）认为，政府的生态伦理建构责任是政府行政责任在生态伦理领域的扩展和延伸，其生成依据主要包括：应对全球生态危机的现实依据、纠补生态管理失职的道德依据和掌握权威支配能力的能力依据。生态伦理要义的凝练责任、生态伦理关系的厘定责任、生态伦理制度的创制责任、生态伦理实践的引领责任和生态伦理失范的矫治责任，共同构成政府生态伦理建构责任的逻辑内涵。[2]政府责任是现代民主政治发展首先需要考虑的内容，世界各国在进行政府改革时都非常重视政府责任的内涵。政府责任包括两层涵义，一是政府组织及其公职人员的社会义务或职能，二是以上主体在违反法律时应该承担的不利后果。政府承担责任不仅是政府提高其行政管理绩效的方法，而且是增强社会公信力、保障公民权益的手段。权力的委托-代理关系是政府责任存在的基础，权责一致原则是政府责任存在的内在要求也是政府责任实现的保证。通过对政府责任存在基础进行了解有助于加深对政府存在的合法性及必要性的认识[3]。责任、责任意识、责任理念是发展着的概念体系，在不同的时期有不同的涵义。从治理的视角审视责任、责任意识和责任理念，有助于构建政府责任体系[4]。关于政府责任的起源，一般认为政府责任的产生与现代民主政治的发展密切相关，政府责任是责任政府的实现方式，且在发展上呈现动态性。从类型上看，政府责任有政治责任、经济责任、法律责任、道德责任和社会责任之分，但无论哪种类型，政府责任均应该体现政府对人民负责和对法律负责。西方公共管理模式下政府责任，其核心价值取向经历了从侧重"秩序与效率"到追求"公平与正义"再到"服

---

〔1〕　陈建先、王春利：《"政府责任"的语义辨析》，载《探索》2007年第4期，第76~79页。

〔2〕　殷峰、胡冰冰：《政府的生态伦理建构责任：生成依据、逻辑内涵和实践路径》，载《唐都学刊》2021年第6期，第34~40页。

〔3〕　李蔬君：《政府责任的逻辑前提分析》，载《云南行政学院学报》2006年第1期，第96~99页。

〔4〕　涂春元：《治理理论视角下"责任·责任意识·责任理念"辨析》，载《行政论坛》2006年第6期，第8~10页。

务与竞争"的发展过程[1]。

第二，政府环境责任。学者们从不同角度对政府环境责任进行了大量研究，其中，从法学角度进行的研究更有针对性。

在环境立法方面，蔡守秋（2008 年）认为政府环境责任存在的缺陷与政府失灵和环境法律失灵密切相关，而政府在环境中的失灵本质上是环境法律失灵，环境执法相关立法存在缺陷导致环境执法不利。因此，解决政府环境失灵就需要从法律上健全政府环境责任[2]。刘志仁、王嘉奇（2022 年）认为，政府是多元化治理中最为关键的主体，政府责任的规定和践行对于黄河流域生态环境保护和高质量发展至关重要。面对黄河流域生态环境治理中政府责任践行的诸多制约，不仅需要在生态价值优先引导下转变政府管理理念，重点进行生态经济建设，而且要发挥法律的促进和保障作用，着力提升黄河流域政府生态环境责任相关立法质量。基于流域一体化管理的要求及黄河流域的跨区域性，还需要在协调与合作的基础上建立流域内政府间的协调治理机制，形成合作、评价、监督的治理模式，真正从流域层面实现黄河大保护。[3]周孜予、迟旭笛（2023 年）认为，《环境保护法》规定的统一监管与专门监管相结合的管理体制越来越难以应对日益复杂的环境公共管理需要。比如对于跨行政区域环境污染问题，由于条块状管理模式下各相应部门的管理权限和范围相对模糊，实现有效的协调和高效的行动相当困难，需要依靠共同的上级机关的领导和协调（如一级人民政府），或是依靠相互之间的协商与对话（包括各种联席会议制度在内的部门协调机制）。[4]关于政府环境责任的理论基础，有学者认为理论界往往对其认识不够准确。公众环境利益应该是政府环境责任的基础，而从本质上来看，公众环境利益又属于社会利益的范畴，具有主体共同性、客体整体性和救济彻底性等特征，需要以法益的形式被法律所确认和保护。美国环境法治的实践也表明了公众环境利益是政府环境责

〔1〕唐志君：《政府责任核心价值取向的嬗变及其启示》，载《吉首大学学报（社会科学版）》2009 年第 5 期，第 54～59 页。

〔2〕蔡守秋：《论政府环境责任的缺陷与健全》，载《河北法学》2008 年第 3 期，第 17～25 页。

〔3〕刘志仁、王嘉奇：《黄河流域政府生态环境保护责任的立法规定与践行研究》，载《中国软科学》2022 年第 3 期，第 47～57 页。

〔4〕周孜予、迟旭笛：《论新时代地方政府环境责任的完善路径》，载《大庆师范学院学报》2023 年第 2 期，第 10～18 页。

任乃至整个现代环境法的基石。然而，我国现有立法在此方面规定地不够明确，应加以补充完善[1]。

　　在环境责任考核方面，胡德胜、王涛（2013 年）通过对最严格水资源管理制度进行研究，认为只有科学考核政府管理责任，才能有效提高其行政效率，为"三条红线"的落实提供制度保障。在充分比较美国、澳大利亚和我国的水资源管理考核责任制度及实施效果后，得出我国与美澳两国在考核周期方面具有共性且做法合理，但是在考核形式、机构建设、公众参与等方面还有必要借鉴美澳两国经验的结论[2]。马波（2014 年）对政府环境责任考核体系进行了研究，认为政府环境责任考核指标体系的科学性、合理设计对促进政府积极履行环境保护责任、保障环境法律的有效性与实效性具有重要价值。政府环境责任考核体系的设定需要考虑两种类型，即数字化管理和环境绩效考核要素量化指标。但是，政府环境责任考核指标体系仅仅是"社会技术"层面上的工具，只是用来对政府履行环境职责的考量和对政府环境管理效能的评估，而政府环境责任法制化才是确保"法治中国"得以实现的根本保证[3]。韩康宁（2023 年）认为，将绿色经济产业纳入区域经济发展考核评级体系中需要完善考核评价体系，将生态产值、环境破坏、资源消耗等各项与绿色产能相关的指标纳入其中，建立起一套以绿色发展为中心、倒逼经济全面协调发展的评价体系。把市场机制引入生态补偿制度，充分发挥市场的监督职能，激发市场活力；发挥环保部门的权威作用，将生态产品的产权固定化，便于统一管理；扩大生态补偿主体范围，由政府、企业、消费者共同承担，适当提高生态补偿标准。[4]

　　在理念转变方面，张建伟（2008 年）注意到理念转变对环境责任落实的重要性，认为实现政府环境责任需要由管理向治理转变以追求环境善治。同时，还要看到环境立法的根本问题是政府环境责任不完善，完善政府环境责

　　〔1〕　巩固：《政府环境责任理论基础探析》，载《中国地质大学学报（社会科学版）》2008 年第 2 期，第 31~36 页。

　　〔2〕　胡德胜、王涛：《中美澳水资源管理责任考核制度的比较研究》，载《中国地质大学学报（社会科学版）》2013 年第 3 期，第 49~56 页。

　　〔3〕　马波：《政府环境责任考核指标体系探析》，载《河北法学》2014 年第 12 期，第 104~114 页。

　　〔4〕　韩康宁：《黄河流域生态环境保护的政府责任及其实现》，载《鲁东大学学报（哲学社会科学版）》2023 年第 1 期，第 29~35 页。

任需要严格落实环境民主，重视公众参与环境立法，将环境立法体制由行政主导变为立法主导[1]。陈晓永、张云（2015年）认为环境公共产品是一种具有正外部性的公共产品，其具有的非营利性、非市场性以及非私人性等特征涉及众多利益相关者，使得单一维度、缺乏多元参与的公共管理机制与模式显然不能达到帕累托最优。"参与逻辑"集体利益的存在，意味着环境公共产品的政府责任不是中央集权，而是权利的分解。政府明确自身的责任主体地位与边界，才能完成从全能型政府到公共服务提供者的嬗变[2]。曹树青（2020年）认为我国环境治理从数量过程型管控阶段进入以质量改善为目标的结果导向型的环境治理阶段，政府环境责任制度发生了重大变化，而传统的政府环境责任存在诸多问题，因此需要重构以质量改善为结果导向的政府环境责任制度体系，包括政府环境决策责任、环境执法责任、环境保障责任、环境监督责任以及政府环境责任追究制度等。为落实政府环境责任体系，必须建立政府环境责任的实现制度、目标考核制度、责任追究制度、责任监督制度等。[3]杨小虎、魏淑艳（2023年）认为，地方政府生态环境治理受到内部驱动和外在监督的双重影响，因此不能将研究局限在解决某一个矛盾上面，而需要从多方面因素着手。基于此，需要从目标管理角度出发构建地方政府生态环境治理的分析框架[4]。

在政策体制方面，李胜、陈晓春（2010年）认为，受流域自然整体性和流动性的影响，某一行政区的污染通常可以通过水体向另一个或多个行政区转移。基于对传统理论的认识，人们普遍认为造成跨行政区流域水污染治理困境的主要原因是经济增长方式、产业结构、环境执法效率和管理体制的障碍。事实上，跨行政区流域水污染治理必须建立在对政府角色和行为的正确理解的基础上。尤其是中央政府需要加强政策的执行权威，防止地方政府与企业之间

〔1〕 张建伟：《完善政府环境责任的若干思考》，载《河北法学》2008年第3期，第26~33页。

〔2〕 陈晓永、张云：《环境公共产品的政府责任主体地位和边界辨析》，载《河北经贸大学学报》2015年第2期，第41~45页。

〔3〕 曹树青：《结果导向型的政府环境责任建构》，载《南京林业大学学报（人文社会科学版）》2020年第6期，第117~128页。

〔4〕 杨小虎、魏淑艳：《中国地方政府生态环境治理失效的多种组态及纠偏路径———基于15个警示案例的模糊集定性比较分析》，载《东北大学学报（社会科学版）》2023年第1期，第64~73页。

形成利益同盟，并通过重复博弈建立跨区域流域污染治理的合作机制[1]。还有学者对日本的环境政策体制进行了研究，认为日本在环境治理中的成功经验，不仅表现在官产学界顺应环境治理理念和政策形势的变化，而且突出对环境管理体制的设计。日本环境治理实践是伴随环境哲学与环境伦理、环境权理论与运动、环境社会学的发展而持续推进的。就环境治理的政策而言，日本环境政策经历了从单一简单到复合多样的过程，经济激励手段和社会管理手段在环境政策中的作用越来越明显。就环境治理的体制机制而言，健全的环境管理机构、合理划分环境管理责任与支出责任、公众参与环境治理是重要的保障[2]。

### 二、国外研究动态

国外许多国家较早地开始流域管理的理论研究和实践探索，取得了非常丰富的学术研究成果。目前，国外对于流域管理的研究主要集中于对其概念的阐述和发展、政策法律体系安排、一体化流域管理体制的运行及其现实运行效果评估等四个方面。由于政府责任的抽象性，国外对于流域治理政府责任基本没有单独研究，而是在具体的流域管理中突出政府的作用。

（1）流域管理相关理论。彼得·W. 唐斯（Peter W. Downs）等认为，土地和水的管理越来越集中于流域，为了澄清相关术语，建议在涉及广泛的组成部分时，应使用"综合流域管理"一词，其可以表示各组成部分之间的相互作用以及某些组成部分在特定地区的主导地位。[3]安娜·舒尔茨（Anna Schulz）从治理的角度研究了从流域管理向良好水治理转变的机理。由于水资源分配不均、气候变化以及地区之间发展不平衡，使得水资源管理成为人类面临的严峻挑战。专家预测，到2025年非洲将会有11亿人生活在严重缺水的条件下。而且，在超过250个国际水道中，争夺跨界水资源很可能成为流域各国之间发生摩擦的主要原因。当然，即使流域内不发生冲突，水资源管

---

〔1〕　李胜、陈晓春：《跨行政区流域水污染治理的政策博弈及启示》，载《湖南大学学报（社会科学版）》2010年第1期，第45~49页。

〔2〕　卢洪友、祁毓：《日本的环境治理与政府责任问题研究》，载《现代日本经济》2013年第3期，第68~79页。

〔3〕　Downs P W, Gregory K J, Brookes A., "How integrated is river basin management?", *Environmental management*, 1991, 15: 299-309.

理也是一项复杂的、具有挑战性的任务。解决世界水危机的主要机制是法律和治理,因为其提供了在人类社会系统中分配有限资源的基本机制,而良好治理是防止共享水资源冲突的一项重要手段。在发展对话的推动下,治理是决定发展活动成果的关键因素,但是基于治理和良好治理的特征很难量化,需要全面的法律框架为其提供坚实的基础[1]。米格尔·马里诺(Miguel Marino)和斯洛博丹·西蒙诺维奇(Slobodan Simonovic)认为,传统的水资源管理已不再适应新形势下水资源管理的要求,迫切需要对水资源管理体制进行重新思考。实施以流域为单元对水资源进行管理的流域管理体制具有现实可行性和必要性,而这种可行性来自于水资源可持续管理理论的多层次内涵:一是用以维持人类健康的最低数量的水方面的人权;二是对维护和恢复生态系统用水的承认;三是降低对结构性方案(如增加供应)的依赖程度;四是推行高效用水原则;五是对供水和分配水的制度进行更有效的设计;六是公众、非政府组织等水资源利益相关者可以广泛地参与到水管理过程中[2]。佛朗索瓦·莫勒(Francois Molle)认为综合水资源管理已成为主流的水资源政策的重要原则,其核心理念是综合管理。尽管对综合管理的概念有不同的认识,但是水政策制定者、水工程管理者以及水法律研究者等一致地认同综合管理对流域水资源可持续性的价值。通过对河流流域概念演变过程的梳理,得出河流流域不仅具有生态整体上的相似性,而且关系到政治和意识形态的构造,无论在生态上还是在监管制度和治理方面,其都应该与政治、行政和社会的多层次管理体系相嵌套[3]。兰克福特(Lankford)和赫普沃思(Hepworth)等比较了当代两种河流管理理论。其中一种是中央集权的"监管型流域管理"理论,这种理论认为流域管理的最高权威是在水质和水量分配的决策方面遵循国家认定的标准和程序,其属于传统理论的范畴,在许多流域管理政策中都有体现。另一种是"多中心流域管理"理论,这种理论的最主要

---

〔1〕 Schulz A. "Creating a Legal Framework for Good Transboundary Water Governance in the Zambezi and Incomati River Basins", *Geo. intl Envtl. l. rev*, 2007(2):117-183.

〔2〕 Gleick PH., "Water in Crisis: Paths to Sustainable Water Use", *Ecological Applications*, 2008, 8(3):571-579.

〔3〕 Molle F., "River-basin planning and management: The social life of a concept", *Geoforum*, 2009, 40(3):484-494.

特点是制度、组织和地域都更加分散，强调地方、集体所有制和对当地商定标准的引用。多中心流域管理模式是在流域内建立适当的管理子单元的基础上构建的，重视水文学家、科学家和其他服务提供者作为环境和机构转型的调节者的作用，进而由其负责解决流域子单元内部或流域子单元之间出现的诸如水量分配、生产力提高和冲突解决等问题。值得注意的是，该种模式考虑的是子单元之间的水分配，而不是部门之间的分配，在数据监测有限、流域管理资源受限和监管规划受阻的流域中更容易发挥效用[1]。科菲（Kofi）和 帕特里克·威尔逊（Patrick Wilson）提出了一种有关跨界流域水资源适应性治理的理论。跨界水资源，例如国际河流流域，构成了复杂的而且往往是有争议的水资源管理挑战。为了应对以国家为中心的国际流域治理方法存在的不足之处，过去二十多年来关于跨界水资源管理的讨论主要集中在公众参与上，而这种治理情况其实忽视了对建立抵御能力的需求。在将跨界水资源作为复杂的社会生态系统概念的基础上，需要建立一种适应性治理的统一框架，在日益不可预测的未来为促进跨界水资源保护政策的制定提供信息。适应性治理的关键属性是满足对跨界水资源良好治理的要求，使社会生态系统耦合为一个整体，以应对不可预测的变化因素[2]。弗朗辛·范·登·布兰德勒（Francine van den Brandeler）、乔伊塔·古普塔（Joyeeta Gupta）和米凯拉·霍迪克（Michaela Hordijk）认为，由于快速城市化、人口增长和经济驱动因素，世界各地的特大城市和大都市面临越来越多的水挑战，例如缺水、水资源退化和洪水等与水有关的风险。气候变化预计会给已经紧张的大都市水管理系统带来额外的压力。目前虽然对河流流域管理和城市水管理有相当多的研究，但对大都市水管理几乎没有任何研究。城市水资源管理仍然经常独立于河流流域问题。在大都市和特大城市，实现河流流域管理和可持续综合城市水管理之间的一致性更加困难，因为后者由多个政治-行政单位组成。流域管理和

〔1〕 Lankford B, Hepworth N, Butterworth J, et al., "The cathedral and the bazaar: monocentric and polycentric river basin management", *Water Alternatives*, 2010, 3（1）: 99-113.

〔2〕 Akamani K, Wilson P I., "Toward the adaptive governance of transboundary water resources", *Conservation Letters*, 2011, 4（6）: 409-416.

大都市/特大城市水治理之间的比例失调值得在学术中得到更多关注[1]。詹妮弗·墨菲（Jennifer Murphy）和萝莉·斯普拉格（Lori Sprague）提出了一个概念模型，探讨了美国邻近地区 370 个站点的河流流量趋势与 15 个水质参数之间的关系。分析记录的大部分数据，得出水质趋势更强烈地受到流域管理变化的影响，而不是受河流流量趋势的影响。分析、了解河流流量和管理变化的相对作用有助于隔离污染，控制其对水质的影响，并更清楚地了解在实现水质目标方面取得的进展[2]。

（2）政策法律体系安排。丹尼尔·康奈尔（Daniel Connell）认为澳大利亚墨累-达令流域是流域治理的典范。澳大利亚国家政府曾推行一种国家政策和墨累-达令流域管理框架，该框架得到了超过 120 亿美元的资金支持，其目的是试图取代传统的水资源管理制度安排。这个管理框架不仅使州政府的责任向联邦政府转移（尽管州政府仍然要继续承担责任），而且体现了澳大利亚首次试图从防御的角度进行水资源可持续管理[3]。澳大利亚联邦制度演变的大背景下，墨累-达令河流域的水资源管理逐渐更多地强调固有的、难以加强整合的因素，这也表明，由水法创建的澳大利亚生态环境用水所有者，正在成为墨累-达令河流域的一个强大的新体制力量，尽管这不是一个预期的结果设计。阿里埃尔·迪娜（Ariel Dinar）认为，流域治理中政府责任下放的理论和实践之所以越来越多地受到世界范围内的广泛关注，是因为持续性缺水刺激政府开始审视其权力运行的方式。政府责任下放，是指将决策者的责任转移至更低层级的政府，或者是流域层面上的具体用水户，并且这种责任下放机制还需要争端解决机制的配合，以及区别于传统的依靠政府财政支持的大财团主体的支持[4]。夏春和克劳迪娅·帕尔（Claudia Pahl）通过对美国水资源管理的研究，得出美国水务管理取得成功主要是因为美国政府长期以来

---

〔1〕 Van den Brandeler F, Gupta J, Hordijk M., "Megacities and rivers: Scalar mismatches between urban water management and river basin management", *Journal of Hydrology*, 2019, 573: 1067-1074.

〔2〕 Jennifer Murphy, Lori Sprague, "Water-quality trends in US rivers: Exploring effects from streamflow trends and changes in watershed management", *Science of The Total Environment*, 2019, 656: 645-658.

〔3〕 Daniel Connell., "Catchment management across borders in the Murray-Darling Basin", *International Journal of River Basin Management*, 2012, 11 (2): 167-173.

〔4〕 A Dinar A, Kemper K, Blomquist W, et al., "Whitewater: Decentralization of river basin water resource management", *Journal of Policy Modeling*, 2007, 29 (6): 851-867.

注重从国家战略的高度体现水资源的重要性。1803 年美国从拿破仑手中购得路易斯安纳州，此后，政府开始参与水资源治理，1969 年"国家环境政策法"授权联邦政府作为水体、大气和陆地的"保护者"，并逐渐完善了水资源的综合管理。田纳西河流域开发治理是美国水资源综合管理的成功典范，且与政府的干预和调节分配密切相关。政府通过制定相关的政策条例，组建专门的流域开发管理部门去协调和执行流域开发治理的总体规划，并赋予了流域管理局足够的权限和给予许多优惠政策。所以说美国水利事业和水资源管理取得成效，很大程度上得益于联邦和州政府拨款、公益性用途政府无偿投资、农业灌溉等非营利用途由政府进行政策扶持以及实行"水银行"的水权转让方式[1]。汤普森（R. M. Thompson）等认为，澳大利亚最大的河流系统墨累-达令盆地（MDB）已被广泛开发，并用于航运通道、灌溉、水电开发和供水。20 世纪 MDB 的水资源开发导致了整个流域水资源的过度分配和大规模的环境退化，在严重干旱的压力下，没有足够的水来满足关键的人类、环境和农业需求。作为回应，一项大规模的水资源改革计划得以实施并带来了巨大的制度、社会和经济变革。但是在科学基础缺乏确定性的情况下需要制定基本政策，并以适应性管理为重点[2]。本·恩盖内（Ben U. Ngene）和克里斯蒂娜·恩瓦福尔（ Christiana O. Nwafor）认为，随着对水资源综合管理（IWRM）的支持不断增加，有必要探讨其在尼日利亚的可行性，特别是在尼日利亚许多州面临水资源紧张的情况下。尼日利亚在实施 IWRM 时存在诸多缺陷，其主要原因是该国 IWRM 的框架不明确以及缺乏良好的水治理，从而影响了水立法和机构的质量[3]。

（3）一体化水资源管理。凯瑟琳（Catherine）和阿尔马登（Almaden）认为流域管理在利用传统的技术方案解决环境问题时具有很强的针对性，而且这种策略于近来开始发生改变，逐渐发展为一种和谐的、可持续的流域一

---

[1] Xia C., "The Development of Water Allocation Management in The Yellow River Basin", *Water Resources Management*, 2012, 26（12）：3395-3414.

[2] Thompson R M, Bond N, Poff N L, et al., "Towards a systems approach for river basin management—Lessons from A ustralia's largest river", *River Research and Applications*, 2019, 35（5）：466-475.

[3] Ngene B U, Nwafor C O, Bamigboye G O, et al., "Assessment of water resources development and exploitation in Nigeria：A review of integrated water resources management approach", *Heliyon*, 2021, 7（1）：e05955.

体化管理方法，这种方法在规划和决策过程中充分考虑了人类发展的要素。由于人口压力增大，流域管理更多地注重气候变化和水的经济价值，同时，多方利益相关者和公众参与水资源管理也越来越得到广泛认可[1]。弗兰克·贾斯珀斯（Frank Jaspers）对津巴布韦、南非、坦桑尼亚、土耳其、印度尼西亚、法国和荷兰的情况进行了比较研究，认为不同国家是遵循特定的缘由选择流域一体化管理系统的，而这些影响选择可能性的因素主要有：以水文为边界进行综合管理水资源；使决策能够处于最低适当水平的分散性功能的附加价值；利益相关者参与水资源决策和规划；成本回收和水定价。通过对以上国家流域水资源管理情况的分析，确定了制度安排的共同特征，尤其是在水资源规划方面有明确的代表规则和参与决策制定的利益攸关方平台是最为关键的工具，这尤其对发展中国家建立一体化流域管理系统具有重要的参考价值[2]。皮耶特（Pieter）探讨了水资源一体化管理（IWRM）的概念，并对其与非洲南部地区的相关性进行了分析。一体化流域管理包括三个方面的重要内容：需要多样化的机构进行一体化管理，而这通常属于稀缺资源；一体化流域管理既不是解决方案也不是配方，而是一种看待问题的视角和方法，是通过具有透明度和包容性的决策程序来解决问题；进行一体化流域管理需要解决这样一个问题，即水资源在公众、社区和国家之间产生的不对称关系。一项水资源管理计划的重点既表现在经济发展和可持续性之间的两难困境，以及水作为一种经济利益带来的相关问题，而且还要针对现有供水机构进行相关能力建设[3]。哈桑·阿尔萨法尔（Hassan M. Alsaffar）、道格拉斯·贝特伦（Douglas Bertram）和罗伯特·卡琳（Robert M. Kalin）认为，一个整体的水资源综合管理（IWRM）模型可能很难实施，相关优化问题的复杂性往往迫使决策者缩小此类问题的规模。然而，使用多目标优化算法来解决复杂的大规模问题可以实现以下目标：①增加相关收入；②提高社区福利；③为决策者

---

〔1〕 Almaden C R C., "Management Regimes of River Basin Organisations", *Environmental Policy & Law*, 2016, 45 (3)：156-162.

〔2〕 Jaspers F G W., "Institutional Arrangements for Integrated River Basin Management", *Water Policy*, 2003, 5 (1)：77-90.

〔3〕 Van der Zaag, "Integrated Water Resources Management：Relevant concept or irrelevant buzzword? A capacity building and research agenda for Southern Africa", *Physics & Chemistry of the Earth*, 2005, 30 (11)：867-871.

制定更好的投资政策铺平道路[1]。朱丽叶·卡图西梅（Juliet Katusiime）等认为，水危机也可以被称为治理危机，因此，对良好的水治理的需求日益增长，以确保有效的水资源管理和实现具体的水目标。许多国家同意采用水资源综合管理（IWRM）方法来实现这一目标，水资源综合管理方法旨在确保一个促进流域内水、土地和相关资源协调发展和管理的过程，从而在不损害重要生态系统可持续性的情况下公平地实现经济和社会福利最大化[2]。

（4）流域管理效果评估。马森格（Mathenge）等通过对水务提供商、社区水管理系统、水资源用户协会等制度的运行状况进行调查，评估肯尼亚山区塔纳盆地水资源管理和供水服务的效果。在具体的评估过程中对 165 名农民进行家庭调查和多次深入访谈，采用的主要评估工具是绩效评估和横向（PAE）方法。调查结果显示，社区水管理系统在发展现有水资源功能方面发挥了重要作用，在很大程度上提高了集水区农业用水的利润率。这些社区管理系统通过实现水务部门 30% 的改革目标来确保集水区的通用水安全。如果能够对供水和集水区管理的技术进行创新，水行业改革将会有大的突破[3]。罗默（Roumeau）等对印度金奈地区的流域管理情况进行了效果评估，认为该地区的治理结构分散，缺乏对危险性和社会经济脆弱性因素的综合考虑，是造成水资源缺乏的主要原因。城市的地理位置和地下水枯竭分别是容易发生内涝和海水渗透的原因，使得水资源与气候变化并列成为印度金奈面临的最主要问题，并已成为实现可持续发展的最大瓶颈。"IT"走廊大型项目增加了沿海地区本就脆弱的生态系统遭受破坏的风险，未经处理的污水流入帕拉卡拉奈（Pallikaranai）沼泽地并对其造成极大的破坏。所以，无论是决策者、规划者还是社会公众，都应该对社会经济脆弱性给予足够重视，并在此基础

[1] Al-Jawad J Y, Alsaffar H M, Bertram D, et al., "A comprehensive optimum integrated water resources management approach for multidisciplinary water resources management problems", *Journal of environmental management*, 2019, 239 (JUN. 1): 211-224.

[2] Katusiime J, Schütt B., "Integrated water resources management approaches to improve water resources governance", *Water*, 2020, 12 (12): 3424.

[3] Mathenge JM, Luwesi CN, Shisanya CA, et al., "Community Participation in Water Sector Governance in Kenya: A Performance Based Appraisal of Community Water Management Systems in Ngaciuma-Kinyaritha Catchment, Tana Basin, Mount Kenya Region", *International Journal of Innovative Research & Development*, 2014, 3 (5): 783-792.

上优化流域管理[1]。

## 三、国内外研究评价

当前国内学者对流域管理进行了广泛研究，对政府责任理论和政府环境责任的研究也很多，尤其从法学的视角对政府环境责任进行的研究更有针对性，对我国水资源管理实践和水法律的完善发挥了重要作用。国外学者针对流域管理相关理论、流域管理中政府的重要性以及具体流域管理进行了较为深入地研究，在应对全球水危机和对世界范围内提供理论基础和实践经验借鉴方面具有非常重要的影响。但是，纵观流域管理与政府责任关系的研究现状，可以发现当前研究仍存在以下问题：

（1）流域治理中政府责任研究的针对性不强。从流域治理与政府责任的关系来看，目前针对流域治理中如何充分发挥政府责任的研究较为少见。面对全球水危机的出现，参与全球水治理无疑要最大限度发挥政府作为治理主体的功能和作用，因此，对流域治理政府责任的研究十分必要。尽管目前有许多关于政府环境责任的研究，且政府环境责任与流域治理政府责任密切相关，但是基于水资源的基础性以及水资源治理方法的特殊性，不能完全以执行政府的环境责任来进行流域治理。

（2）缺乏对政府责任在流域治理中价值定位的研究。伴随国家治理体系和治理能力现代化的进程，对建立法治政府、责任政府的要求越来越高，而实现法治政府、责任政府的前提首先是对政府责任的价值认同。目前学术研究中，针对政府责任考核的研究很多，却缺乏对政府责任的价值定位的研究，也就是说在没有充分认识政府责任重要性的情况下，就盲目地对政府行为进行考核，难免会产生价值轮空的现象。

（3）对流域善治缺乏普遍意义上的认同。目前针对流域治理，尽管已经在文字上表现出用"治理"代替"管理"的趋势，但是其并没有真正体现治理层面上的内涵，也未能对流域治理的终极目标即流域善治给予普遍的认同，这成为制约水治理进程的重要因素，对我国实现善治和流域善治（良好水治

---

[1] Roumeau S, Seifelislam A, Jameson S, et al., "Water Governance and Climate Change Issues in Chennai", *USR 3330 "Savoirs et Mondes Indiens" Working papers series no. 8*, 2015.

理）造成极大阻碍。

（4）国外学术成果缺乏对政府流域治理责任本质的研究。国外关于流域治理的研究非常丰富，但是缺乏对政府流域治理责任本质的论述。以流域治理和政府责任作为关键词进行检索，二者同时出现的文献极为有限，并且主要集中在政府责任下放以及责任转移的视角上，真正将政府作为流域治理主体而对政府流域治理责任进行深入研究的文献很少，对政府流域治理责任本质的认识不足。随着流域治理思想在全球范围内深入，以及治理和善治理论的不断完善，政府发挥作用的空间将继续增大，且作用的视角和方式也有明显改变。因此，有必要对流域治理政府责任进行更加深入广泛地研究。

## 第四节　研究方法

法学是关于正义与非正义的学科，而正义指的是"让每个人获得他应该得到的这种坚定而恒久的理想和追求"[1]。那么，如何才能实现每个人的理想和追求，就"需要在科学方法论的指导下适当地运用一种或多种方法进行研究，从而使实在法不断靠近良法之境地，推动社会达到法治之状态，促进社会不断接近正义之理想"[2]。基于流域水资源在经济社会发展中的基础性和战略性地位，对流域治理政府责任法律规制的研究更需要科学的方法论指导并运用恰当的研究方法。本书主要运用了文献分析方法、比较分析方法和跨学科研究方法对流域治理政府责任的相关问题进行研究。

（1）文献分析方法。文献分析方法为本研究奠定了文献资料基础。在流域治理领域，有大量的文献与流域水资源合理开发利用与保护有关。本研究采用文献分析法对与流域水资源及政府责任有关的法律、法规和学术研究成果进行搜集、整理和分析，以说明所研究对象的性质、特点和意义。例如，本书对 1966 年《国际河流水资源利用赫尔辛基规则》、1997 年《国际水道非航行使用法公约》、1986 年《关于跨界地下水的汉城规则》、2004 年《关于水资源法的柏林规则》等具有代表性的国际水法律和非法律文件进行分析和讨

---

〔1〕 这里采用胡德胜的译法。关于这一译法为何不同于张企泰和徐国栋译法的说明，请参见胡德胜主编：《法学研究方法论》，法律出版社 2017 年版，第 18 页。

〔2〕 胡德胜主编：《法学研究方法论》，法律出版社 2017 年版，第 24 页。

论，以及对国内外学者围绕流域治理和政府责任进行研究得出的学术成果进行了梳理。只有对现有的研究内容、研究的程度、研究的现实效果得以清晰、准确地认识之后，才能挖掘新的研究问题和产生新的研究视角。

（2）比较分析方法。比较分析方法是对具有相似性特征或性质的对象，进行对比分析研究，从而获得可供参考和借鉴的内容。世界政治经济一体化的趋势和现实状况，已将各个国家紧密地联系在一起，任何国家脱离对世界的了解而盲目自信或闭门造车，都是不现实的。对于学术研究而言同样如此，需要对比水资源管理法律法规健全的国家的理论和实践经验，扬长避短。本书在研究过程中，通过对美国田纳西河流域治理、英国泰晤士河流域治理、澳大利亚墨累–达令河流域治理的理论与实践进行较为全面的了解，总结这些国家的流域治理成效与政府责任的关联性，进而结合我国流域治理现状和法治政府与责任政府建设的形态，提炼能够为我国借鉴的理论和实践经验。

（3）跨学科研究方法。本书对流域治理政府责任法律规制的研究并不局限于对水法或环境法的相关法律规定和理论的讨论，因为流域水资源治理问题涉及行政管理、经济体制、社会治理方式以及水科学和环境科学等多种学科知识，科学地理解和分析流域治理这一问题不能脱离对相关问题与知识的跨学科分析，否则可能陷入用相似理论进行循环证明的逻辑错误。因此，为了对流域治理与政府责任实现进行准确理解和认识，本书主要运用了行政管理学和经济学与自然资源管理相交叉的跨学科方法，研究水资源对经济社会的可持续性；运用生态学、环境科学与水科学相结合的方法，研究水资源和水环境与整个生态系统稳定性之间的关联，从而突破单一学科视角的局限性，拓展和深化对流域治理政府责任法律规制的研究，加强不同学科知识之间的融会贯通。

## 第五节　研究内容及框架

基于对研究现状和研究背景的梳理和评述，本书的主要研究问题是，为了实现以政府为主导性主体的流域善治，如何对政府在流域治理中履行其公共服务责任进行基于法治原则、利用自然规律、尊重市场规律的法律规制。对这一问题的研究主要遵循分析和构建的研究范式。在整理和分析国内外流域治理及政府责任的研究现状、基本理论和国际视野下流域治理与政府责任关系的基础上，分析目前我国流域治理存在的问题。这些构成了本书内容的重要组成部分和后续研究的切入点。而政府发挥流域治理作用的关键在于政府责任的适当履行和实现，因此，本书的重点在于探索流域治理政府责任的实现路径。运用文献分析、比较分析、跨学科研究方法，本书构建了理念层面、制度层面、实现方式层面政府责任实现的法律规制路径。（研究思路与主要内容如下图所示）

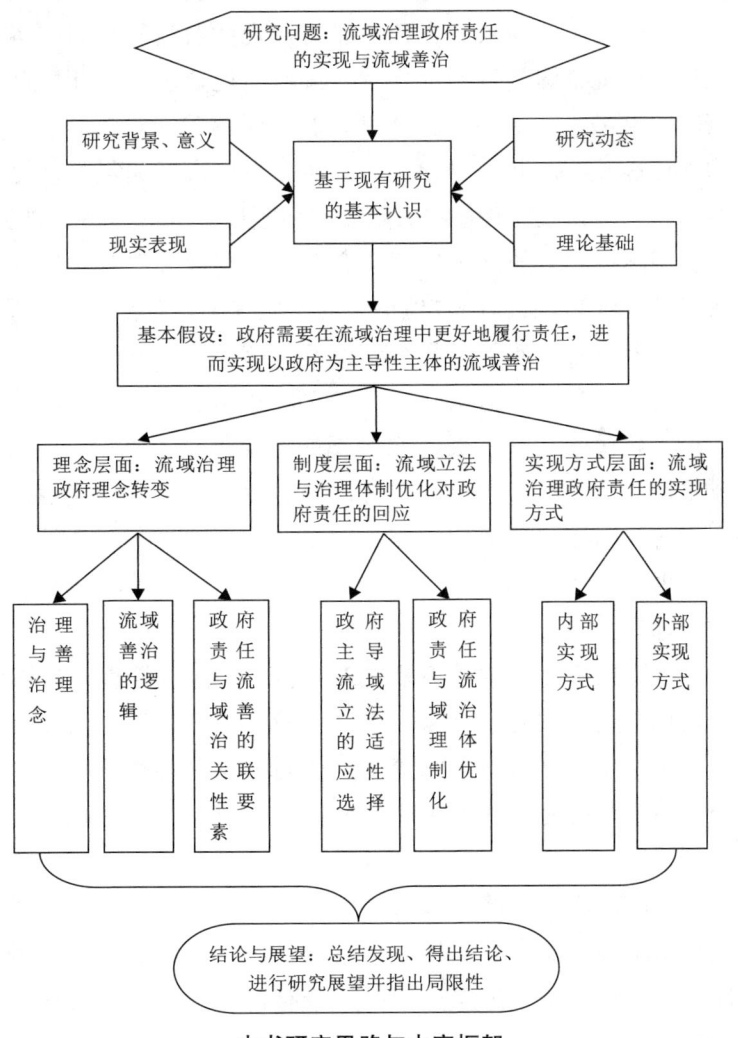

**本书研究思路与内容框架**

本书的章节安排及研究内容如下：

第一章，绪论。概述研究问题、研究背景和研究意义，就流域治理政府责任的国内外研究动态进行评述，识别当前学术研究中存在的问题与不足，概括本书所研究的问题与假设，介绍研究方法、研究思路及主要创新之处。

第二章，流域治理政府责任的理论基础。本章主要就流域治理政府责任的基本范畴与理论基础进行阐述，提出生态整体理论、流域治理理论、责任政府理论。这些构成本书的理论基础，并分别对其进行详细分析。

第三章，我国流域治理政府责任法律规制现状及逻辑分析。本章以水资源善治为视角，审视我国流域治理现状、流域治理政府责任相关问题以及流域问题与政府和市场之间的关系，针对政府责任偏差，对政府责任于流域治理层面上的责任虚化、弱化、异化进行分析，得出市场失灵虽然是流域问题产生的主要原因，但是政府责任缺失是流域问题长期得不到解决的根本症结。

第四章，国际视野下的流域治理政府责任。本章首先对《国际河流水资源利用赫尔辛基规则》《关于跨界地下水的汉城规则》《关于水资源法的柏林规则》《国际水道非航行使用法公约》以及《跨界水道和国际湖泊的保护和利用公约》进行了评述，认为国际水法律文件及非法律文件所涉及的有关政府责任的规定是各国水法律发展和水治理的重要基础；美国、英国、澳大利亚等国家较早地开始关注流域治理，所积累的理论与实践经验值得我国学习借鉴。综合而言，国际视野下的流域治理充分体现了如下三个特征：政府主导进行流域治理法律法规的制定；突出政府协调的流域管理体制模式；多主体参与流域治理作为政府主体的必要补充。

第五章，理念层面：流域治理政府理念转变。流域管理向流域治理转变是治理与善治理念发展的必然结果，也是流域善治的客观要求。本章从理念层面着眼，通过对流域善治与政府责任关系的阐述以及对流域善治逻辑的解读，认为流域治理与政府责任的关联性要素是政府责任法治化，进而对这种关联性进行了论证。

第六章，制度层面：流域立法与治理体制优化对政府责任的回应。本章从制度层面分析了我国流域立法体系与流域治理体制的现状，认为流域治理的法治化路径所强调的是通过立法来设定政府在流域治理中的责任以及采取何种体制来促进责任得以更好地履行。基于政府责任法治化是流域立法与治理体制优化的重要依托，那么对流域立法与治理体制的优化即是对政府责任的良好回应。

第七章，实现方式层面：流域治理政府责任的实现方式。本章从实现方式层面，对流域治理政府责任的内、外部实现方式进行阐述。内部实现方式是通过对政府行为与公众满意度和偏好的测试来激励政府履行责任，以及通过协调政府与其他各级政府之间的关系来促进政府责任的良好履行；外部实现方式体现了主体多元化和目标多元化的双重涵义，需要政府加强其与市场、社会的协商合作，在网络式治理逻辑下实现水资源-水生态环境-经济社会发展的多元目标，进而建立以政府为主导、以政策法律为依据的一体化流域治理体系。

第八章，结论与展望。本章对本书的主要结论进行总结，并对本书的不足之处以及下一步的研究方向进行了讨论。

## 第六节 创新之处

通过运用文献分析、比较分析和跨学科分析等研究方法，本书对流域治理政府责任进行了详细论述，从我国流域治理政府责任现状以及国际视野下流域治理与政府责任关系的视角，深入探讨了责任政府和法治政府对以政府为主导性主体的流域善治的重要作用，进而从理念层面、制度层面和实现方式层面分析了流域治理中政府责任实现的法治路径。本书的创新之处主要体现在以下三个方面：

第一，对市场经济条件下流域多元治理主体的责任及其关系进行新的阐释和理解。提出市场失灵虽然是流域问题产生的主要原因，但政府宏观调控不充分是流域问题长期得不到解决的根本症结。政府责任缺失构成流域治理的关键约束，无论治理主体如何向多元化发展，治理目标如何体现多维度，政府始终是流域治理的主导性和第一位主体。

第二，从治理与善治的视角，系统地提出政府进行流域治理的过程就是实现流域善治的过程。基于政府责任在流域治理中的关键地位和作用，论证了政府责任与流域善治的关联性要素是政府责任法治化，政府责任法治化是流域治理理念的核心。

第三，在流域治理政府责任法律规制的实现方面，全面梳理了政府、市场、社会三者之间的关系，并从内部实现方式和外部实现方式的角度提出流域治理政府责任实现的路径——法律规制。认为在法治状态下，内部实现表明政府行为满足社会对政府管理效果的期待，外部实现反映主体多元和目标多元的治理本质，从而既突出了流域治理中政府的主导性，又深化和发展了协同治理理念。

# 第二章 流域治理政府责任的理论基础

水问题表面上是资源环境问题，实际上也是社会治理问题，流域治理正是在这样的背景下凸显出紧迫性与必要性。流域治理之所以需要多元主体共治并且突出政府的主导性作用，是因为现代社会存在大量的外部性和信息不对称问题，只有加强政府主动监管，才能有效应对市场失灵，从而更好地保护流域水资源〔1〕。强调流域治理，以及流域治理中政府责任的发挥，需要从理论上进行分析，特别是在水资源治理责任不再是一种消极的责任，而是一种积极的责任的情况下，更是如此。流域治理属于环境治理的范畴，传统环境法治需要突出政府宏观指导，流域治理政府责任与政府环境责任的界限不明显，并在理论上形成如下几种认识：

蔡守秋认为，政府环境责任的理论基础不是单一的，而是多元的、混合的，它包括环境法治、政府职责本位、社会公共需求、环境权和环境民主等〔2〕。

张建伟认为，环境法功能定位的调整要求环境立法从重行政相对人责任到重政府责任转变，环境立法要完善政府环境责任，是环境法治的必然要求，所以环境法治理论是政府环境责任的理论基础之一；就政府的本质而言，政府职责是本位，政府权力应依托于政府责任，因此，环境立法必须改变虚化政府环境责任而重政府权力的局面，进而承认政府职责本位理论是政府环境责任的理论基础之二；基于环境法功能定位的调整，政府环境责任在两个方

---

〔1〕 吴敬琏主编：《比较》（第 3 辑），中信出版社 2022 年版，第 133 页。
〔2〕 蔡守秋：《论政府环境责任的缺陷与健全》，载《河北法学》2008 年第 3 期，第 17~25 页。

面发生了很大变化：一是监管责任不仅仍然重要，而且在特定情况下可能还要加强；二是服务责任逐渐成为主流，这说明环境公共需求和环境基本权利理论应该成为政府环境责任的又一理论基础[1]。

邓可祝认为，应该从不同的层次来研究政府环境责任的理论基础，从而形成一个完整的理论体系。所以，他将政府环境责任的理论基础归纳为政治合法性、宪法义务、行政法治理论和环境权理论[2]。

笔者认为，研究流域治理政府责任的理论基础，不应该完全脱离政府环境责任而自成体系，毕竟理论之间的继承性与连贯性对理论的发展和深化尤为重要。同时，也不能简单地将流域治理政府责任等同于政府环境责任，因为流域治理在治理理念、治理方法方面更具有针对性和可识别性。本书研究流域治理中的政府责任，认为流域是构成生态整体的重要组成部分，流域治理需要从生态整体性角度进行。流域治理虽区别于流域管理，但基于管理和治理的关系，使得对流域治理的研究需要以流域管理理论为基础。政府责任问题本质上是责任政府的建立问题，是责任政府理论深入发展必然需要考虑的内容。因此，本书将流域治理政府责任的理论基础归纳为生态整体理论、流域治理理论和责任政府理论，并进行了具体分析。

## 第一节　生态整体理论

党的十八大报告指出，建设生态文明，实质上就是建设以资源环境承载力为基础、以自然规律为准则、以可持续发展为目标的资源节约型、环境友好型社会。党的十九大报告强调，我国"已成为全球生态文明建设的重要参与者、贡献者、引领者"，要坚持节约资源和保护环境的基本国策，用对待生命的态度对待生态环境，实行最严格的生态环境保护制度。党的二十大报告强调，坚持山水林田湖草沙一体化保护和系统治理，统筹产业结构调整、污染治理、生态保护、应对气候变化，协同推进降碳、减污、扩绿、增长，推进生态优先、节约集约、绿色低碳发展。然而，在工业化、城镇化、信息化

---

〔1〕 张建伟：《政府环境责任论》，中国环境科学出版社2008年版，第45、49、52页。
〔2〕 邓可祝：《政府环境责任研究》，知识产权出版社2014年版，第29~30页。

和农业现代化的快速发展过程中，各种生态环境问题接踵而至，并已成为制约我国经济社会可持续发展的瓶颈，对生态文明进程的推进造成了阻碍。流域治理，一方面是资源供给问题，另一方面也是人与生态环境共生关系变革的问题，因此，生态整体性理论首先应该成为流域治理的理论基础。

## 一、生态整体理论的内涵

整体观古已有之，比如中国古代的"天人合一"，古希腊的"万物是一"以及"存在的东西整个连续不断"的观念，都是整体主义的雏形。伴随20世纪工业大革命带来的生态环境破坏，人们在反思技术、工业等人类活动带来的负面影响的同时，逐渐意识到人类之外其他价值的存在，如动物的权利、生态的权益等，于是出现了生物中心主义和生态整体主义的各种思想流派。生物中心主义以施韦泽为代表的敬畏生命论、以彼得·辛格和汤姆·雷根为代表的"动物解放论"和以保尔·泰勒为代表的"生物中心论"最为典型。生物中心主义的核心思想即是承认生物亦有感知能力和追求自我满足和完善的权利，所以，对于生命系统要素中的人而言，应该对除人之外的每一种生命同样敬畏，不允许对其任意践踏和毁灭[1]。生态整体主义是伴随当代生态哲学的发展而逐渐发展起来的，并且先后经历了利奥波特、克里考特和罗尔斯顿的不懈努力和持续完善。利奥波特在大地伦理学中明确指出，"当一切事情趋向于保持生物群落的完整、稳定和美丽时，它就是正确的，反之则是错误的"[2]。利奥波特笔下的完整、稳定和美丽，被认为是当代生态整体理论的早期价值基础。之后，克里考特以此为基础进一步提出了环境伦理的整体主义特征，他认为，环境伦理的最高价值在于生态整体意义上的"善"。最后，罗尔斯顿将生态整体主义演绎到新的境界，同时提出了生态整体主义对一切价值形成的内在驱动作用，认为"自然系统的创造性是价值之母；大自然的所有创造物，就它们是自然创造性的实现而言，都是有价值的"[3]。于

---

　〔1〕　刘卫先：《也论生态整体主义环境法律观》，载《政法论丛》2013年第2期，第35~41页。

　〔2〕　Callicott J B. Introduction, "Zimmerman M E. Environmental Philosophy", *Animal Rights to Radical Ecology*, New Jersey: Prentice-Hall, 1993: 10.

　〔3〕　［美］霍尔姆斯·罗尔斯顿：《环境伦理学：大自然的价值以及人对大自然的义务》，杨通进译，中国社会科学出版社2000年版，第270页。

此，生态整体主义的理论体系基本形成。

生态整体理论还与生态文明理论的发展密切相关。生态文明内涵的发展是一个历史过程，国外虽然很早就出现了"生态文明"的提法，但是一直到2015年在政策法律中才正式出现了"生态文明"。即便是全面体现可持续发展理念的1992年《里约环境与发展宣言》，也未曾明确提出生态文明，只是其体现的生态观有很大突破，非常接近生态文明理念[1]。生态整体思想也是在生态文明的发展过程中不断演绎，才成为一种完整、稳定的理论。生态整体理论强调生态系统的整体性，不仅生物是被关注的对象，而且构成生态系统的整个非生物及其所依从的环境都应该在生态整体主义所包含的价值体系中。正因为如此，笔者不同意一些学者将以上理论称之为"生态中心主义"，认为将其表述为"生态整体理论"更为贴切。作为一种整体论，与生态整体主义对立的不只是人类中心主义，而应该是任何某种"中心"或者"中心主义"[2]。整体论的核心是多元价值的平衡与共存，作为整体的组成部分的各要素之间以互动、联系为作用方式。但是，这并不否认人作为生态系统中的关键要素而与其他要素存在本质上的区别。生态中心主义的表述，似乎在一定程度上否认了人的主观能动性，忽视了人区别于其他任何生物所具有的改造自然和创造自然的能力，在这样的基础上建立起来的理论体系不可能也不应该是稳定的、普适的。因此，本书强调生态整体理论，不仅是将人作为生态整体的要素之一而与其他要素之间进行平等对话、和谐相处，而且要体现对人的尊严、权利、自由和发展的肯定与尊重。

在认识和承认生态整体理论的基础上，不难理解流域治理为何需要以生态整体理论为基础。生态是一个综合性概念，任何影响人类生存和发展的水资源、土地资源、生物资源以及气候资源的数量和质量都是生态的组成要素，水资源作为生态的重要组成部分，实行以流域为单元的水资源治理，即是对生态整体主义理论的分解证明和现实回应。

---

〔1〕 胡德胜：《西方国家生态文明政策法律的演进》，载《国外社会科学》2018年第1期，第81~90页。

〔2〕 薛勇民、路强：《自然价值论与生态整体主义》，载《科学技术哲学研究》2014年第4期，第23~27页。

## 二、环境法的生态整体性之维

生态危机的出现，促使环境法的价值取向开始从个体主义向整体主义转变，这种转变说明了环境伦理的可实践化和普遍化[1]。不是所有的伦理都能转化为法律，原因在于法律是由国家强制力保障实施的社会规范，而伦理是一种软约束，二者存在本质的区别。要使伦理转化为法律，不仅要克服转化过程中的主观因素、客观因素以及法律具体形式要求的限制，更重要的是这种伦理需具备从应然法向实然法转变所要求的可被接受性。伦理是自由选择的结果，与法律相比其并不是天然需要，即其转化为法律并不具有天然合理性，只有那些维持社会基本稳定限度内的伦理才具有法律的可转化性。也就是说，法律只能强制"维持社会有序存在"所必需的"基本层次"的伦理，而无法使"探索和追求最高善的伦理法律化"[2]。

生态整体性理论作为环境伦理的一种，其能够被环境法所接受或者能够转化为环境法制定和适用的合理性在于传统环境法要实现法律超越的现实使然。将生态整体主义的基本原理与环境法的基本要素相结合，并运用到环境法律的立法、执法和司法过程以实现现代法律所追求的可持续发展目标，既是对生态整体理论自身的完善，同时也是生态整体理论在环境法上的合理性说明，这种合理性证明如下：

（1）环境法律的制定目的之证明。法律是调整社会公认之问题的手段，而社会公认的问题与特定社会需求和社会情势变更密切相关，正如有学者认为，"每个特定时空的社会都会面临一些社会控制的重大问题，而法律思想家则试图激励他们同时代的人去关注他们各时空中所存在的那些尖锐且迫切需要解决的问题"[3]。目前，人类面临着来自各个方面的问题，其中生态环境危机尤为严重和紧迫，其不仅关系整个人类生存环境的安全，而且也是其他社会问题得以解决的前提。因此，现代环境法律的制定目的首先应该是恢复

---

〔1〕　黄云、辛敏嘉：《生态整体主义伦理下法律转向之探析》，载《求索》2011年第7期，第171~172页。

〔2〕　曹刚：《法律的道德批判》，江西人民出版社2001年版。

〔3〕　［美］E.博登海默：《法理学：法律哲学与法律方法》，邓正来译，中国政法大学出版社1999年版，第203页。

生态系统的稳定性，维持生态环境的完整性，从而使应对生态危机、维护生态安全与人类安全成为法律变革之必然。正是因为这样的改变，使得环境法律的制定目的从单纯的调整人与人之间的关系延伸至人与自然的关系，从以资源环境为代价的人类利益追求转向对生态安全和生态价值的追求，而这种生态安全和生态价值的满足正是生态整体理论意义上的。因此，从环境法律制定之目的上来看，生态整体理论具有其存在合理性。

（2）环境法律的调整方式之证明。法律的作用不仅在于对自由的保护，而且在于对自由的限制。正如康德认为，法律就是"那些使一个人的意志按照普遍的自由法规能与他们的意志相协调的全部条件的综合"〔1〕。所以，从这个角度来看，真正的法律就是对人的行为进行规制从而形成有序一致的社会状态，调整意义上的法律才具有社会存在价值。传统环境法产生在一个资源相对丰富、生态环境相对完整的背景下，所以存在的意义基本局限于如何更有效地调整人们开发、利用自然资源的行为，以及在开发利用自然资源时不至于对环境造成不必要的破坏。现代环境法是在与资源紧缺、环境破坏、生态失衡等各种不确定性因素相生相伴下产生的，环境治理成为环境法的主要任务，环境法不再仅对人类利用自然之自由进行限制，更多的是对环境问题的积极回应，通过一定的方式实现环境改善。于是，环境法律的调整方式相应地从单纯的限制型转变为回应型和治理型。如果说传统环境法调整的是自然人与社会人的行为，那么现代环境法应在此基础上增加调整生态人，是生态的整体性理论催生了法律的生态化，进而将环境法的调整方式从单一的自由限制型转变为多元治理型。

### 三、生态整体理论与我国国家结构形式的契合

我国是单一制国家，中央和地方国家机构职权的划分，遵循在中央的统一领导下，充分发挥地方的主动性、积极性的原则。就政府层级关系来看，中央政府统一领导全国的行政工作，集中掌握国家的国防、外交、内政和财政等行政职权，是国家最高的行政机关，最高国家权力机关的执行机关。中

---

〔1〕 黄云、辛敏嘉：《生态整体主义伦理下法律转向之探析》，载《求索》2011年第7期，第171~172页。

央政府与地方政府的关系主要是中央与省级政府之间的关系，侧重政府体系的垂直结构层级机制。长期以来，关于中央政府与地方政府的关系的研究，较多地集中于利益关系之上的权力分配关系，这种关系既是利益关系又是权力关系。从博弈的角度来看，中央政府与地方政府之间的关系不是封闭体系，而是开放体系，这种开放的体系同时也为"非零和"博弈创造了良好的环境，更有利于实现中央政府与地方政府之间的"共赢"。

生态整体理论与我国单一制国家结构形式的契合，主要体现在我国中央政府的行政统一性和全国生态环境的整体性上。我国各地方经济社会发展条件不同、发展水平存在差异，尤其是生态环境状况南北不同、东西有别，水资源分布不均衡现象极为明显。基于我国单一制国家结构的特点，全国流域水资源治理需要遵循中央政府的统一部署、安排，各地方政府需要在坚持中央政策的基本原则下实行与本地区所在流域环境资源状况相适应的具体规划、策略。这种将全国生态环境视为统一整体并由中央政府进行全局控制的生态环境治理思路，既是与我国单一制国家结构形式的有效契合，同时也说明了生态整体理论作为我国流域治理政府责任研究的理论基础的科学性与合理性。

## 第二节　流域治理理论

现代管理的基础是专业分工，管理目标和任务在日益精细化的管理实践中体现为职能和地域分工的专业化，正是这种专业化使得组织日益形成了自己的"边界"[1]。然而，对于许多公共事务而言，这种边界化现象并不能有效地满足公众对公共事务结果的期待，因为边界化管理容易形成公共事务中未能被完全覆盖的空缺以及因主体职能交叉造成的效率低下。这种现象在水资源管理中最为典型，同一流域水资源由不同行政区域主体进行管理从而造成的管理碎片化和机构之间的协同失灵是这一问题的关键症结所在，流域治理理论正是在此基础上得以产生和不断发展的，以流域为单元进行水资源治理成为解决因行政区域划分造成的不统一和低效率的重要尝试。

---

〔1〕　任敏：《"河长制"：一个中国政府流域治理跨部门协同的样本研究》，载《北京行政学院学报》2015 年第 3 期，第 25~31 页。

## 一、流域治理的内涵

理解流域治理的内涵首先需要对流域的概念进行了解。当代流域科学的基础主要是水文学、地质学和地理学。法国地图测绘师菲利普·布阿舍（Philippe Buache）在其 1752 年发表的论文《自然地理测绘》中是这样对流域进行界定的：“所有斜坡构成一个整体，这些斜坡上的水都流入同一条河流或者溪流之中。”[1]流域是一个水系的所有干流和支流流经的区域，水量、水质、地表水、地下水等都是流域的组成部分。流域是具有高度功能完整性的地球物理单元，即使上、中、下游的自然地理条件不同以及人类活动的方式不同[2]，但是其内部系统却相对均匀。除了水之外，流域内还有其他地理要素，如土地、植被、地貌等，以及水资源开发利用、土地利用等人类经济社会活动。在流域生态系统内，各要素之间互相影响、制约，每一个组成部分的变化都将会对其他部分产生影响，甚至会引起整个流域生态系统的巨大变化，体现了流域的完整性和统一性。因此，流域水资源开发、利用行为和管理活动，需要以流域为单元，确保流域生态系统的稳定性。

流域治理指的是从流域整体出发，由社会协同、公众参与的多主体合作治理格局[3]，表明对水资源管理已从水量和水体污染控制这一层次上升到寻找一种有效保护和重建水体生态系统以及确保人类代内和代际公平的层次，所以，流域治理不再属于单纯的管理范畴，而应该属于现代社会公共治理范畴。流域治理强调涉水事务中多主体对流域涉水与非涉水事务的综合治理，突出资源整合性、主体开放性、过程协调和协商性以及手段的非制度安排性。水资源治理中需要保证发展性决策和开放性决策过程中各主体的广泛参与，以促使合作议题的整体解决，这是流域治理的基本原则。一方面，流域具有

---

〔1〕 胡德胜：《关于改进我国水资源区分类体系的探讨——基于水资源管理范围演进的视角》，载《华北水利水电大学学报（自然科学版）》2016 年第 4 期，第 21~26 页。

〔2〕 Barrow C J.，"River basin development planning and management：A critical review"，*World Development*，1998，26（1）：171-186.

〔3〕 胡兴球、张阳、郑爱翔：《流域治理理论视角的国际河流合作开发研究：研究进展与评述》，载《河海大学学报（哲学社会科学版）》2015 年第 2 期，第 59~64 页。

天然统一性，具备引入整体保护方法及实施流域治理的外在条件〔1〕，另一方面，流域可持续发展目标的实现需要以治理为基本理念〔2〕。所以，流域治理的产生既是自然发展的结果，也是社会发展的结果。

从流域治理的深层意义来看，流域治理还意味着在流域范围内进行统一规划、组织，通过对管理对象的持续监督、评估，识别流域内的资源利用问题，进而采取措施予以改善，以达到流域单元内期望效益与服务的最大化，实现流域内水资源及相关资源达到最合理、可持续的利用状态。有效的流域治理可以防止流域内水量、水质和水环境破坏，使得流域治理的成本远远小于因盲目开发利用水资源造成的修复成本，相应地，流域治理的效益也会大大高于不合理利用流域资源产生的短期利益〔3〕。流域治理是相对于区域管理而言的，与区域管理相比，流域治理在水资源开发、利用与保护方面具有明显的优越性，从而使其成为经济社会发展的重要基础和保障。当然，这并不代表流域治理可以完全代替区域管理，因为并不是所有的涉水事务都有必要进行流域治理，比如农村饮用水安全工程建设与管理〔4〕。所以，不能对流域治理的概念进行泛化理解。目前，流域治理在执行方面面临着来自各个方面的阻碍，如环境立法不完善、治理机构协同性欠缺、资金和技术缺乏保障、利益博弈和地方保护主义的影响等。国际流域治理实践和理论表明，有效的流域治理必须满足以下基本要求：①政策指导性。流域治理必须在法律上明确规定，保证其被政策认可，进而涵盖在政府工作大纲中，使其成为政府工作的重要内容。②机构影响力。流域治理必须有独立的管理机构，与次流域管理主体进行合作交流，并参与政府的流域发展规划，从而在整个流域经济发展中具有一定的影响力。③有效的管理体制。流域治理的效果如何，取决于由流域管理机构设置、管理权限分配以及职责范围划分等构成的管理体制，高效、灵活地应对水资源危机对流域治理至关重要。④充足的资金保障和技

---

〔1〕　Wolf, Aaron T., Shira B. Yoffe, and Mark Giordano, "International waters: identifying basins at risk", *Water Policy*, 2017, 5（1）: 29~60.

〔2〕　周海炜、高云：《国际河流合作治理实践的比较分析》，载《国际论坛》2014年第1期，第8~14页。

〔3〕　靳敏：《加拿大格兰德河流域管理经验及借鉴》，载《环境保护》2006年第2期，第85~89页。

〔4〕　王国永：《流域管理法制化的障碍与对策》，载《生产力研究》2011年第9期，第126~127，139页。

术支持。流域治理的运行离不开可靠的决策依据和运行保障，资金和技术的作用不可替代。

## 二、流域治理的外延

流域治理是多元主体参与流域水资源的综合协调管理，流域治理不仅有丰富的内涵，其外延也非常广泛，以下从流域治理的（主要）实体性事项、流域治理的主体以及流域治理的（主要）程序性事项三个方面对流域治理的外延进行阐释，从而为流域治理政府责任的研究奠定理论基础。

（一）流域治理的（主要）实体性事项

流域治理的（主要）实体性事项，是针对流域治理的对象而言的，表明流域治理涉及的范围。水资源具有功能和用途多样性，据此可以将其大致分为三类，即保障水人权、生态环境用水权和经济发展权。水人权以满足人类的基本用水需求为目标，体现人的生存价值；生态环境用水权以维持生态系统稳定为目标，体现生态环境的统一性；经济发展权以促进经济发展为目标，实现社会财富的增加。水资源的以上三种用途突显了水资源的人权属性、生态属性和经济属性[1]，而这三种属性又与水量、水质、用水效率和生态环境用水密切相关，因此，本书将流域治理的（主要）实体性事项归纳如下：①流域水量。水资源是人类经济社会发展的基础，其中水量的多少对水资源功能的发挥至关重要。现代经济和社会发展条件下，流域水资源呈现的最明显特点之一就是水量不足，从而决定了水量是流域治理首要的实体性事项。目前，我国重要江河流域的现状不容乐观，水量明显减少，并且出现了很多支流断流的现象。流域内水量问题，一方面表现为自然性稀缺，另一方面表现为管理性稀缺。自然性稀缺指的是一定区域范围内存在的或者生产的水资源数量不能满足该区域内人类生活、生态环境和生产活动的需求。管理性稀缺指的是由于人类的经济社会活动，如土地规划、分类管理、跨流域调水等积极的生产活动，或者不合理地过度超负荷使用水资源，从而造成流域内水量严重不足的情况。无论是自然性水量稀缺还是管理性水量稀缺，都是流域治理的

---

[1] 左其亭等：《最严格水资源管理制度研究——基于人水和谐视角》，科学出版社2016年版，第425页。

重要内容。②流域水质。一般情况下，水质状况仅与人们不合理的开发利用水资源活动以及政府的消极管理行为有关，也被称为缺乏政府管理的水资源稀缺。在某一区域内，水资源并不存在自然性稀缺的情况，但是由于人类无序的生活、生产活动及由此产生的内部成本外部化，从而导致水资源出现水质型稀缺。现实中，河流沿岸向河内大量排放污染物以至于超出河流自身纳污能力的现象频繁出现，而一些政府在防治流域水污染方面却表现出责任缺位，这是导致流域水资源被严重污染的集中表现，也是流域水质状况长期得不到改善的重要原因。③用水效率。用水效率是最严格水资源管理制度"三条红线"的重要内容，也是最具综合性的指标之一。实现用水效率提高意味着促进水资源的高效利用，防止水资源浪费。提高用水效率可以采用多种方法，就管理措施而言，有计划用水管理、用水定额管理、强制节水标准运用等；就工程措施而言，有节水技术改造、节水器具强制使用等。之所以认为用水效率是流域治理的（主要）实体性事项之一，是因为用水效率不仅对用水总量产生影响，而且对水质提高非常重要，是确保流域内水量充足、水质良好的关键环节。④生态环境用水。保障生态环境用水是维持生态环境稳定健康的重要内容，也是实现生态文明的重要措施。从我国生态环境用水的现状来看，生态环境用水被挤占的现象十分突出，集中表现在河道外大量使用水资源，用水总量增加，从而使得河道内生态环境用水量明显减少，河湖面积缩小，而且个别地方地下水超采现象明显，致使水生态环境破坏严重。鉴于生态环境用水对整个生态系统的重要性，认为其应该是流域治理的重要实体性事项。

（二）流域治理的主体

流域治理的主体广泛，尤其在现代治理理念下，流域治理的主体更显多元化，各主体之间协同配合是现代流域治理的突出特点。根据我国流域治理的实际情况，本书认为流域治理的主体主要由三大部分组成，即政府、市场、社会公众，其中政府是最重要的占有主导性地位的主体。①政府主体。政府由其各行政部门组成并通过各行政部门发挥政府职能。2002 年《水法》确立了我国水资源管理体制，即流域管理与行政区域管理相结合，统一管理与分区域管理相结合，由此可以总结出流域治理政府主体分别为水行政部门、环保部门等其他与水资源有关的行政部门和流域管理机构。水行政部门主要指的是水利部和地方各级水利厅、水利局等，其职能主要包括：在各自行政管辖范围内统一管理水资源，组织实施经济发展规划、城市规划和水资源论证工作；制定水资源保护规划，拟定水利发展方针政策；组织进行水事工作检查、监督水行政执法工作等。涉及水资源管理工作的部门还有生态环境部门、林草部门、农业部门、城乡建设部门等，其中水行政部门与生态环境部门在法律规定的范围内各自行使水资源和水环境保护职能，其他部门构成水行政工作的有益补充。流域管理机构作为水行政主管部门的派出机构，根据法律法规的授权行使水资源管理和监督职能。在流域管理和行政区域管理相结合的管理体制下，流域管理的重要性不断突显，流域管理机构的职能也逐渐法定化，主要负责流域内河道管理、水量调度、水工程建设和水环境容量分配，并同时在宏观层面贯彻执行国家水资源规划和开发利用战略。②市场主体。在市场经济条件下，市场已然成为政府之外的重要主体，在流域治理中亦是如此。在流域治理中引入市场，可以弥补单一依靠政府行政部门进行宏观调控的难度大、成本高的不足，形成政府宏观调控和市场配置的双向模式。③社会公众。治理理念下，公众的作用越来越突出，并已成为除政府和市场之外的第三方力量。基于公众的普遍性、广泛性，其在流域治理中发挥作用的方式也具有多样性。流域治理过程中，存在着诸多利益冲突和竞争，需要协调和平衡，公众和利益相关者的参与既是民主政治的体现，同时也是确保利益相关者的权益得以维护的重要途径，更是政府创新管理方式、实现流域善治的体现。

本书强调政府在流域治理中的主导性地位，但是并不表示政府与市场、公众始终是平行的。事实上，在特定的情况下，政府还可以转变为公众，这是由于在不同规模或尺度上的流域，同一政府的地位往往会发生变化。以渭河流域为例，陕西省政府在进行渭河流域治理的过程中，其是以政府的角色参与，并且发挥着政府的主导性作用；而在黄河流域治理过程中，陕西省政府则是以公众的角色参与。

（三）流域治理的（主要）程序性事项

流域治理的程序性事项，关乎流域治理中政府与其他主体的关系，尤其是政府如何为市场提供必要的运行条件和保障措施，以及政府如何确保公众参与的现实可能性。就政府与市场的关系而言，鉴于市场发挥作用的机制在于市场经济条件下政府的宏观指导，所以政府对于市场的支持和保障主要表现为政府通过制定有利于市场经济运行的政策法律、宏观经济发展规划等，确保市场能够充分发挥资源的有效配置作用。流域治理中的市场主体，较为常见的是以流域生态补偿和水权交易的方式调节流域水资源开发、利用和保护中的各种关系。就政府与公众的关系而言，政府及其组成部门中与水资源管理有关的行政机构作为涉水公众参与的主管机构，对公众参与流域治理发挥了极为重要的作用。但是，水资源开发、利用、保护以及水污染防治涉及的范围较广，如果仅是由政府、水行政部门、环保部门、流域管理机构作为公众参与的主管机构，难免会造成在范围上和人员组成上的单一化。所以，需要以政府为主导性主体，挖掘与公众参与在实际上存在负责任关系的单位和个人，比如将用水户协会、村委会或非国家机构工作人员的河长等也纳入公众参与的范围。从现有涉水法律来看，关于涉水公众参与的程序尚存在一些不足，比如缺乏对直接利益相关者参与程序的保障措施。2006 年《水行政许可听证规定》第 5 条规定，水行政许可事项直接涉及申请人及申请人与其他人之间重大利益关系的，水行政许可实施机构在作出决定之前要向申请人和利益相关人发出听证告知书，并明确告知其享有听证的权利。但是，该法并没有对行政许可实施机关未依法发出听证告知书的情形予以规定，因此，容易造成对利益相关者参与权利的剥夺。另外，流域治理中公众参与程序缺陷还表现为公众参与代表的代表性无法获得保障、有关公众参与的申请时间和公告时间过短等。流域治理中公众是很重要的参与主体，尤其在治理理念下，要实现流域善治，就需要作为流域治理的主导性主体的政府，对公众参与的程序足够重视，并因此成为政府进行流域治理的重要程序性事项。

### 三、流域治理的发展——管理转向治理

流域治理是多学科、多部门和多主体共同作用的综合管理系统，与之相对应的流域治理理论的发展具有长期性和复杂性。流域治理伴随人类社会发展和生态文明建设的要求而产生[1]，流域治理的发展过程同时也是从流域管

---

[1]　Hughes R，Whittier T，Rohm C，et al.，"A regional framework for establishing recovery criteria"，*Environ Manage*，1990，14（5）：673-683.

理向流域治理的转变过程。

流域管理是以流域为单元，对流域内人类之全部或者部分经济和社会活动进行统一管理的活动。流域是以水为载体而形成的地理单元，那么需要在流域层面进行管理的活动首先应该包括水、水资源以及与水有关的其他内容。所以流域管理的内容是关于流域内的水资源及与水资源密切相关的活动。流域管理萌芽于19世纪中期，当时英国为解决河流严重污染问题而成立了泰晤士河管理委员会，虽然此时的流域管理机构只是形式上的松散组织，不具备流域管理的基本职能[1]，但其对流域管理理论的形成具有至关重要的作用。1878年鲍威尔在撰写美国西部土地报告中，首次提出了流域管理的概念，并被美国政府官方采纳，标志着传统区域管理格局被打破[2]。20世纪初期，以田纳西河流域管理局的产生为标志，流域管理已成为一种真正的河流水资源管理模式[3]。我国历史上曾出现类似于现代流域管理的模式，比如明清时期设立的河道总督就具有流域管理的意义。民国时期，民国政府在主要江河设置了水利委员会，如黄河水利委员会（1933年）、扬子江水利委员会（1935年）、华北水利委员会（1928年）、珠江水利委员会（1937年）。新中国成立以后，陆续恢复和新建了黄河、长江、海河、珠江、淮河、松辽河、太湖等七大流域管理机构，流域管理实践逐渐展开。流域管理在不同的发展阶段有不同的目标：①单一目标阶段。单一目标主要集中于洪水控制、水力发电、灌溉供应等方面。水资源规划和管理者面临的问题是需要在不同使用者之间分配水资源并且解决因不同需求引起的冲突。虽然有时也会面临以上几种目标的同时存在，但是水资源管理在本质上仍然是单一的，基本不存在一体化管理的必要。②双重目标阶段。这种水资源管理主要是通过简单且易于监控的权衡将两个发展目标结合起来，比如，建设水坝能够同时做到发电和防洪。③多重目标阶段。多重目标的流域管理方式指的是同时追求几种目标的实现。这种水资源管理方式曾普遍存在，但缺点是对水资源进行简单分配而不进行

〔1〕 Bailey R G., "Identifying ecoregion boundaries", *Environ Manage*, 2004, 34 (S1): 14−26.

〔2〕 Bailey R G, Zoltai S, Wiken E., "Ecological regionalization in Canada and the United States", *Geoforum*, 1985, 16 (3): 265−275.

〔3〕 Omenik J M., "The misuse of hydrologic unit maps for extrapolation, reporting, and ecosystem management", *Journal of the American Water Resources Association*, 2003, 39 (3): 563−573.

风险评估和最优发展方式选择[1]。

从流域管理向流域治理的转变是水资源管理理论发展的客观规律。流域管理主要着眼于水的资源属性，将合理高效利用水资源视为水资源管理的主要目标[2]。然而，基于流域水环境容量的有限性以及流域生态环境的整体性，这种资源属性上的流域管理容易引起生态、社会、经济等方面的不兼容，进而对流域内各区域间的关系和流域整体安全稳定造成影响。于是，从流域整体利益着眼，强调多中心、多元利益协同的流域治理理论被广泛引入流域水资源综合管理中。虽然流域管理与流域治理之间仅是一字之差，而且学术界也并没有完全意识到流域管理和流域治理的区别，但是后者却意味着参与主体趋向开放性、管理方式呈现灵活性、管理手段突出法治化以及管理目标趋于多元化。流域管理向流域治理转变，是"治理"理念发展的必然趋势，表明只有符合社会治理范式的理论与实践模式才是可持续的。流域治理在目标上呈现出三个阶段性特点，即综合性、一体化和整体性。综合性目标下的流域治理指的是在系统分析的基础上进行有计划的、复杂的、连续的和交叉的活动过程或程序[3]。这种治理方式同时考虑水资源和土地及其发展，并且关注它们之间的内在联系，治理的目标在于实现对资源的最优利用[4]。一体化目标与综合性目标有些类似，以至于综合性目标管理方式被误以为是由一体化管理方式发展而来[5]。事实上，一体化管理方式比综合性管理方式更为成熟，其将水资源作为经济和社会发展工具[6]，进而协调流域活动与各类需求之间的关系，在管理水资源的过程中增加了对人的权益的考量。整体性是生态学的基础概念之一，它是通过研究完整系统来解释无序与复杂性，而不是

---

〔1〕 Krutilla J V, Eckstein O., "Multiple Purpose River Basin Development", *Soil Science*, 1958, 86 (3): 166.

〔2〕 李婉晖、潘文斌、邓红兵:《水资源利用与保护的途径——流域管理》，载《生态学杂志》2004年第6期，第97~101页。

〔3〕 "River basin development: policies and planning", United Nations Interregional Seminar on River Basin and Inter basin Development. United Nations, 1976.

〔4〕 Thorpe, B. R., "Comprehensive basin management in England and Wales", *Water Supply*, 1986, 4 (Z), 9-13.

〔5〕 Downs P W, Gregory K J, Brookes A., "How integrated is river basin management?", *Environmental Management*, 1991, 15 (3): 299-309.

〔6〕 Falkenmark M., "Integration in the River-Basin Context", *Ambio*, 1985, 14 (2): 118-120.

简单地局限于各个组成部分[1]。整体性的流域治理既关注各组成部分、计划者和管理者之间相互作用的程度,并且能够处理战略层面上的问题[2]。

基于以上分析,认为流域治理是广义上的流域管理,或者说是流域管理发展的必然结果。流域治理是对流域内水土资源的开发、利用和保护以及对整个流域生态系统进行的综合管理,流域治理不仅是关于水资源的管理活动,而且是关于流域内国土、森林、城市建设以及环境保护和生态系统修复的工程。

## 第三节　责任政府理论

政府作为国家的产物,其遵循社会发展的逻辑,随社会变迁而变化。政府发展是一种客观的政治现象,有其存在的必然性。近代以来,政府发展最根本的变化即是由专制政府向民主政府过渡,而民主政府必然是责任政府。因此,关于责任政府的研究逐渐形成规范的理论体系,并成为现代政府责任的基础。

### 一、责任政府的内涵

责任政府是指政府应该处于负责任的状态,如果没有履行好责任,就应该承担不利后果。所以,责任政府应该是一种对政府行为状态的期许。关于责任政府的解释有以下几种:《布莱克法律辞典》中认为,责任政府通常用来指这样的政府制度,在这种政府制度里,政府必须对其公共政策和国家行为负责,当议会对其投不信任票或他们提出的重要政策遭到失败,表明其大政方针不能令人满意时,他们必须辞职。韦德(Wade)和戈弗雷·菲利浦(Godfrey Phillips)在《宪法与行政法》一书中认为责任政府是:"在民主国家里,统治者应该是有责任的,应该对被统治者负责。既然人民直接统治是不切合实际的,那么宪法设置了一个机构,在这个机构里,统治者应该对人民选举

---

〔1〕　Phillips, D. C., *Holistic Thought in Social Science*, Stanford University Press, Stanford. 1976.

〔2〕　M. D. Newson, "Applied physical geography: The opportunities and constraints of environmental issues revealed by river basin management", *Scottish Geographical Journal*, 1988, 104 (2): 67-71.

的代表负责。"以上两种解释可以概括为：责任政府就是通过统治者的行为使人民满意。但是，现代政府管理理念的扩张以及人民需求的多样化特征，使得以上对责任政府的理解有些狭窄。鉴于此，有学者从更广泛的层面解释责任政府，认为责任政府应该具有如下特点：①责任政府既是现代民主政治的一种基本理念，又是一种对政府公共行政进行民主控制的制度安排，它要求政府必须回应社会和民众的基本需求；②政府必须积极地履行其社会义务和责任；③政府必须承担道义上的、政治上的、法律上的责任；④政府必须接受来自外部的和内部的控制以保证责任的实现[1]。

责任政府理论的核心是政府责任，要求政府必须承担责任。一方面，政府必须按照法律或者道义的要求履行一定的职责，否则就要承担相应的法律责任和道德谴责责任。另一方面，政府行政现代化使得对责任政府的评价标准逐渐多元化。因此，对于如何认定责任政府以及掌握责任政府的判断标准已成为责任政府理论的重要内容。基于政府责任的政治合法性基础，建立责任政府首先应该确保建立政府的民众的自身利益，包括人身安全与财产安全，这是政府责任的价值要素；而要满足民众对政府的期许，就需要政府行为得到民众的认可，这是政府责任的认同要素。如果能同时具备以上两个要素，政府就是负责任的，就是合法的。另外，有学者还从政府的价值要素和认同要素推导出责任政府的三个层面，即心理层面上的认同感、经验层面上的守规矩、规范层面上的价值验证[2]。

## 二、责任政府的核心是政府责任

责任政府是一种理念或制度安排，是政府存在价值的集中体现，政府责任构成责任政府的核心。研究政府责任，首先应该对政府责任的上位概念即"责任"进行认识。现代汉语中的"责任"在本质上遵循这样的逻辑构成：一是分内应该做的事情；二是对特定事项承担积极的助长、推动或是抑制、阻止的职责；三是没有做好分内之事而应该承担的否定性后果或强制性义务。一方面，责任是一种义务，是做自己应该做的事情或不做自己不该做的事；

---

〔1〕　张成福：《责任政府论》，载《中国人民大学学报》2000年第2期，第75~82页。
〔2〕　简军波：《权力与合法性》，复旦大学2006年博士学位论文，第29~30页。

另一方面，在没有履行义务的情况下要承担不利后果。张文显教授将"责任"的这两方面分别称为第一性义务和第二性义务[1]。

政府责任是责任的一种，而责任是意识形态和行为规范构成的统一体，所以政府在本质上也是这二者的结合。正如费里茨·马克斯（Ferritz Marx）所讲，政府责任由意识形态和专业规则组成，是政府工作人员自主地放弃个人偏好而贯彻政策法规的一种举动，是对人民及其利益的遵从意识，所以，政府责任是一种统一的义务观[2]。美国学者哈蒙对政府责任的认识与费里茨·马克斯相同，他认为道德义务作为政府责任的三个面向之一，包括专业标准、伦理守则和对舆情的认知[3]。围绕政府责任的构成要素，国内学者展开了广泛的讨论，并从不同角度进行概念界定。其中，张成福认为政府责任的内涵包括社会回应力、政府的义务以及法律责任，其分别与如下三个层次对应：从最广义的层次来讲，政府责任是指政府能够对社会民众的需求及时地做出回应，并采取积极行动，以最公正、高效的方式实现民众诉求；从广义的层次来讲，政府责任是指政府履行法律和社会所要求的义务，政府要正确地做事、做正确的事，这就对政府行为给予了一定程度的限定；从狭义的层次来讲，政府责任是指政府及其工作人员因违反法律规定而承担的不利法律后果，即法律责任[4]。前两个层次是积极的政府责任，第三个层次是消极的政府责任，表明政府一方面要积极履行职责，另一方面又要承担在没有履行好职责时的不利后果。胡德胜教授从两个维度理解政府责任，他认为政府责任一方面表明政府基于其应该承担公共事务的总体责任，采取措施，公正、有效和有效率地实现公众需求和利益的各种宏观、中观和微观责任，另一方面表明政府机关应该承担的否定性法律后果（法律责任）[5]。这种定义方式类似于传统上将责任划分为第一性义务和第二性义务。在环境治理领域，相比较政府的第二性义务而言，研究第一性义务即政府如何进行环境保护以及

〔1〕 张文显：《法哲学范畴研究》，中国政法大学出版社2001年版，第118页。

〔2〕 Fritz Morstein Marx, *Public management in the new democracy*, New York：Harper & Brother, 1940：251.

〔3〕 Michael M. Harmon, *Action theory for public administration*, NewYork：Longman, 1981：5-6.

〔4〕 张成福：《责任政府论》，载《中国人民大学学报》2000年第2期，第75~82页。

〔5〕 左其亭等：《最严格水资源管理制度研究——基于人水和谐视角》，科学出版社2016年版，第430页。

对公民环境诉求进行回应更有理论价值和现实意义。因此，本书所针对的流域治理政府责任是广义上的政府责任，主要从政府的环境职责角度研究政府在流域治理中的第一性义务是什么以及如何履行好第一性义务。

### 三、政府责任的类型及价值嬗变

（一）政府责任的类型

政府责任是责任政府的核心，也是责任政府的实现方式和途径，研究政府责任的类型，对于准确把握政府责任内涵及责任政府理论具有重要意义。按照政府责任发挥作用的领域，可以将政府责任划分为如下五类：

（1）政治责任。政治责任是由政治机关或者民众进行追究的一种责任。政府的政治责任发端于英国议会制政体所实施的弹劾程序。对于政治责任的内涵，理论界仁者见仁、智者见智。张贤明认为，政治责任是指政治官员[1]履行制定符合民意的公共政策、推动符合民意的公共政策执行的职责，以及没有履行好这些职责时所应承担的谴责和制裁[2]。陈鉴波将政治责任定义为政务官员制定国家政策以及领导和监督所属机关履行国家政策[3]。郭道晖认为，政治责任是政府及其公务员的行为必须具有合理性，符合人民的利益需求[4]。以上对政府政治责任的理解虽各有侧重点，但核心思想基本一致，均体现了政府要以民意为基础，要对其所制定的政策的执行后果负责。在环境治理领域，政府政治责任集中地表现为政府制定符合民意的环境政策并推动政策执行，以及在没有履行好这些职责时要承担不利后果。

（2）法律责任。政府管理社会公共事务，需要按照法律的授权进行，一旦违反法律，就应该承担相应的法律责任。所以，政府法律责任的真正涵义在于法无明文规定皆禁止，政府及其行政人员必须按照法律规定行使权力和履行职责，否则就要承担不利法律后果。从行政行为的内外部性来看，政府的法律责任也有外部法律责任和内部法律责任之分。就外部法律责任而言，它是指政府及其行政人员对政府行为的程序和结果应该承担的责任。以环境

---

〔1〕　政治官员，在国外是指经由选举产生或者因政党政治任命的官员。

〔2〕　张贤明：《政治责任与法律责任的比较分析》，载《政治学研究》2000年第1期，第13~21页。

〔3〕　陈鉴波：《现代政治学》，华冈书局1974年版，第550页。

〔4〕　郭道晖：《法的时代精神》，湖南出版社1997年版，第468页。

法为例,《环境保护法》规定地方各级人民政府应当对所辖区内环境质量负责,要积极采取措施改善环境质量;行政机关在相对人违反法律的特定情况下,具有责令停产整顿、限期治理等职权;相对人对涉及自身利益的行政许可提出听证要求以及对环境污染和破坏行为进行举报时,行政机关要采取相应的措施,以保障相对人的权利。当政府及其行政机关未按照法律规定履行职责时就需要承担否定性后果,未依法履行职责既包括行政机关的不作为,也包括行政机关因违反职权造成环境事故从而给相对人造成人身和财产损失。内部法律责任则关乎有关行政机关之间以及行政机关与其内部行政人员的关系。内部法律责任产生的依据既可以是法律,也可以是行政机关制定的行政规则[1]。随着环境问题突显,在环境法律中通过设定和追究内部法律责任来加强政府治理的实践越来越普遍。政府承担法律责任是法治社会的根本要求,诠释了权责一致原则的意义。

(3)经济责任。市场经济条件下,政府具有被委托人和经济人的双重身份,以及个人目标效用最大化和选择机会的多样化,使得政府在代表人民履行职责时权力寻租现象时有发生。从这个角度理解,政府经济责任就是政府在经济发展中扮演的角色、应承担的职责义务以及因决策失误或是权力寻租造成损失而需要承担的否定性后果。政府经济责任与市场经济有着密切关联,不同国家处于市场经济发展的不同阶段,在经济责任的内容和实现方式方面也有不同。

(4)社会责任。社会责任是由社会大众用社会舆论追究的责任,其责任范围取决于对"社会"内涵和外延的理解。最广义层面上的社会指国家整体,广义上的社会指除经济之外的领域,狭义的社会与政治、经济、文化处于并列层次。伴随工业化与城镇化的快速发展,社会结构、社会组织与社会事务也在变化,使得政府承担的社会责任在发生变化的同时更具广泛性。

(5)道德责任。道德责任是一种较高层次的责任,是政府因社会公认的道德而承担的责任。公共行政理论认为,政府责任不仅具有制度意义,更有伦理意义,因此,道德责任是政府责任体系中不可或缺的组成部分。道德责任既是政府自律与他律的统一,也是政治性与社会性的统一,同时也是规范

---

〔1〕 邓可祝:《政府环境责任研究》,知识产权出版社 2014 年版,第 95 页。

性与灵活性的统一。道德责任的要求更高、规范更严，与政府的其他责任相比，道德责任更具有社会感染力与影响力，越是发展水平高的国家，政府道德责任所占的比重越大，道德责任体系越完善。

（二）政府责任的价值嬗变

政府责任的多样化类型与政府责任的价值内涵密切相关。伴随社会发展与政府的职能变革，政府责任的侧重点也有所不同，反映了政府责任价值的演绎逻辑。这种逻辑不仅包含了意识形态领域的变迁，还包含了法律与政治实践领域的变迁。考察政府职能转变，梳理中西方政府责任价值的演绎逻辑，对深刻理解责任政府的理论意义及流域治理政府责任研究的必要性至关重要。

西方民主政治的发展历史同时也是西方政府核心价值演绎的历史，从传统公共行政时期到新公共行政时期，再到新公共管理时期，政府责任价值也经历了三次重要的转变。首先，19 世纪 80 年代至 20 世纪 30 年代，西方国家政府责任价值体现为秩序与效率。在政治/行政二分原则〔1〕和官僚制〔2〕理论基础上构建起来的政府框架和政府责任模式，未能有效地解决自由资本主义向垄断资本主义过渡时出现的问题，在统治阶级外部出现了一系列复杂的社会现象，在统治阶级内部各种思想和决断难以统一，这就决定了维护社会秩序和提高工作效率成为这一时期政府责任的核心价值。其次，20 世纪 60 年代至 70 年代，西方社会陷入了经济危机困局，各种政治问题、经济问题和社会问题接踵而至，民众对政府失去了信心，政府处在多重危机并存的困局中，使得政府组织和机构、职能的改革变得尤为紧迫。在新公共行政理论的影响下，行政行为不再仅仅是执行工具，而是要在遵循客观伦理和价值的基础上充分满足民众对正常生活的期待。政府要担负实现社会公平与正义的责任，而且这种公平与正义不仅指法律上的平等，更要在机会公平、平等的条件下，

---

〔1〕　政治/行政二分原则是美国学者伍德罗·威尔逊在 1887 年发表的《行政学之研究》一文中提出的理论，该理论的核心思想是对“三权分立”学说的反驳。威尔逊认为三权分立不符合民主国家的实际，民主国家的主要职能只有政治和行政两种。政治是民意的表现和政策的选择，行政则是国家意志的执行。如果正确适当地对权力进行控制和使用，同样可以创造良好的社会秩序，为民服务。

〔2〕　官僚制理论是 20 世纪初由德国社会学家马克斯·韦伯提出的，这种理论的核心是政府以劳动分工、层层负责的形式运行，目的是通过集权与控制的组织结构来提高政府效率。

让政府的职务和地位向所有人开放的事实上的平等[1]。所以，这个时期的政府责任价值集中地体现为公平与正义。最后，1929 年至 1933 年世界资本主义危机爆发之后到 20 世纪 80 年代期间，受福利国家与全面干预思想的影响，政府职能大幅度扩张，但是仍然无法避免政府功能失效的窘境，于是催生了新公共管理时期的到来。这个时期最主要的特征是减少政府干预，增加对市场机制的运用和依赖，尽可能使所有经济活动通过参与市场竞争来增强对民众需求的回应，从而提升政府的公共服务能力。所以，新公共管理时期政府责任的价值体现为"服务"与"竞争"。

中国政府责任价值的演绎与政府机构改革的逻辑一脉相承，这其实与政府角色定位密切相关。新中国成立初期至 20 世纪 80 年代期间，受苏联经济政治体制的影响，政府扮演着全能型角色，在公共治理领域，政府承担所有经济、社会事务，地方各级政府也都是中央政府的延伸，按计划执行中央政策[2]。所以，这个时期政府责任核心价值体现为"全面控制"。改革开放之后，市场经济诞生，虽然在很长一段时间内市场经济只是计划经济的补充，但是这种双轨并存的体制在很大程度上解放了政府职能，一些重要领域如教育、医疗等不仅下放给地方政府，而且存在越来越多的市场成分，全能型政府转变为主导型政府，政府责任价值也相应地体现为"重点引导"。21 世纪以来，市场经济逐渐得到全面承认和合法化，政府与市场的关系也从管理转变为服务，建设社会主义和谐社会成为新时期的主要任务。于是，政府责任价值就体现为"综合服务"。

纵观中西方政府责任价值的变迁，二者虽然存在于不同的政治、经济形态中，但却殊途同归，新时期政府责任以"服务"为主要特征毋庸置疑，同时也说明了在社会治理中，政府尽管不是唯一的治理主体，但始终是最主要的治理主体。

---

[1] 李德国、蔡晶晶：《作为公共管理的治理理论》，载《理论与现代化》2004 年第 5 期，第 54~58，63 页。

[2] 汪锦军：《政府责任、合作提供与混合竞争——现代公共服务体系构建中的组织与机制》，中国社会科学出版社 2015 年版，第 43 页。

# 第四节　小结

本章以流域治理政府责任的理论基础为研究对象，认为不应该完全依附于政府环境责任的理论基础来研究流域治理政府责任，毕竟流域治理作为现代环境治理的新形式和新课题，具有比环境治理更加专业和更具体的研究内容。当然，也不能彻底脱离政府环境责任理论而形成孤立的流域治理政府责任理论基础。在这样的认识下，本书将流域治理政府责任的理论基础归纳为生态整体理论、流域治理理论与责任政府理论。生态整体性要求在处理人与自然的关系时充分尊重自然规律，任何人为的分割和限制自然环境的行为都是不可持续的，流域治理就是在这种整体性理论基础上形成的对水资源的可持续管理。流域治理理论不仅强调对水资源的管理以流域为单元，从全流域角度考虑水资源的综合开发与保护，而且体现了主体开放性、手段多样性、目标多元性的治理特征。责任政府既是政府的管理理念，也是政府组织的制度安排，责任政府理论的核心是政府责任，伴随政府责任的价值嬗变，责任政府理论的体系趋于完善。责任政府理论本质上反映了政府责任存在的客观理性，鉴于流域治理是现代政府公共管理的重要内容，将责任政府理论作为流域治理政府责任的理论基础具有现实必然性。

# 第三章 我国流域治理政府责任法律规制现状及逻辑分析

水资源作为生命之源、生产之要和生态之基的重要地位使其成为关系一国经济社会发展的基础性资源，而流域问题则是影响区域关系乃至地区稳定的关键事项。伴随全球化与现代化进程的推进，各类环境资源问题频繁出现，水资源问题尤为严峻突出，进而使得水治理成为环境治理的重中之重。在流域管理与行政区域管理相结合的管理体制下，我国流域治理进程缓慢，新情况新问题陆续出现，流域水资源状况不容乐观，流域治理更显任重道远。本章在流域水资源状况、流域治理法律制度以及流域治理政府主体的基础上分析我国流域治理理论与实践，进而考察政府主体在流域治理中的现实偏差及原因，论证流域问题与市场、政府的关系，得出市场失灵虽然是流域问题产生的主要原因，但政府宏观调控不充分是流域问题长期得不到解决的根本症结，这一点也是本书的创新之处之一。

## 第一节 我国流域治理现状

### 一、我国流域水资源状况

我国是一个江河较多的国家，流域面积大于 100 平方千米的河流数量共有 22 909 条，[1]流域面积大于 1000 平方千米的河流数量也有 2221 条。而且，我国还面临着严重的环境污染和流域水资源危机，水土流失面积约占国土面积的 27.10%。[2]我国河流中，大多数是跨区域河流，流经两个及两个以上行政区，还有些是全国性甚至是国际性河流。这些河流的水资源数量和质量的情况无疑对我国经济社会的可持续发展具有重要影响。

目前，我国松花江、淮河、海河、辽河等七大流域、湖泊和部分地下水均受到不同程度的污染，逐渐丧失生态功能，流域水资源匮乏和水域污染对我国经济发展和社会稳定造成严重的影响。《2023 中国生态环境状况公报》显示，七大流域和闽浙片河流、西北诸河、西南诸河的 3119 个国控断面中，Ⅰ类水质断面仅占 9.6%，与 2022 年相比持平；Ⅱ类水质断面占 53.0%，比 2022 年下降 0.7 个百分点；Ⅲ类水质断面占 29.2%，比 2022 年上升 2.2 个百分点；Ⅳ类水质断面占 7.0%，比 2022 年下降 1.3 个百分点；Ⅴ类水质断面占 0.9%，比 2022 年下降 0.1 个百分点；劣Ⅴ类水质断面占 0.4%，与 2022 年持平，并主要集中在黄河、松花江、淮河、辽河和海河流域。主要污染指标[3]为化学需氧量、高锰酸盐指数和总磷。重点流域的劣Ⅴ类水质监测断面，黄河占 1.5%，主要支流水质良好；辽河占 0.5%，干流为轻度污染，大凌河水系水质为优，主要支流和大辽河水系为水质良好[4]。

2023 年，全国水资源总量 25 782.5 亿立方米，比多年平均偏少 6.6%，约比 2022 年减少 4.8%。[5]据 2023 年生态环境部（原环境保护部）环境状况公报显示，长江和珠江流域水质状况优，但是淮河、辽河和海河流域却是良好，松花江流域污染最严重，已达到轻度污染的程度。开展营养状态监测的 205 个重要湖泊（水库）中，仍有 27.3% 的重要湖泊（水库）处于轻度和中度富营养状态；全国 209 个重要湖泊（水库）中，太湖整体为轻度污染，其中，北部沿岸地区和西部沿岸区为轻度污染，湖心区和东部沿岸区水质良好；

〔1〕　刘福瑶、刘九夫、王欢：《我国 100km² 以上河流数量惯用数据的溯源分析》，载《科技信息》2013 年第 10 期，第 485~486 页。

〔2〕　数据来源水利部：《2024 年中国水土保持公报》。

〔3〕　主要污染指标：水质超过Ⅲ类标准的指标按照断面超标率大小排列，取最大的前三项为主要污染指标。断面超标率为某指标超过Ⅲ类标准的断面个数与断面总数的比值。

〔4〕　数据来源生态环境部：《2023 中国生态环境状况公报》。

〔5〕　数据来源水利部：《2023 中国水资源公报》。

从干支流的污染数据对比来看，支流情况明显劣于干流。如何在控制流域污染的前提下合理利用水资源，运用流域管理方法，发挥政府主体功能，加强流域治理成为我国水资源管理的迫切问题。

《2023 中国生态环境状况公报》显示，全国加大流域治理力度，大江大河干流水质稳步改善，地表水优良水质断面比例提升，Ⅰ—Ⅲ类水体比例达到 89.4%，劣Ⅴ类水体比例下降到 0.7%，与 2022 年相比，水质状况达到 2023 年水质目标要求。然而，Ⅰ类水质断面比例仅占 9.0%，部分流域的支流仍处于轻度污染状态。

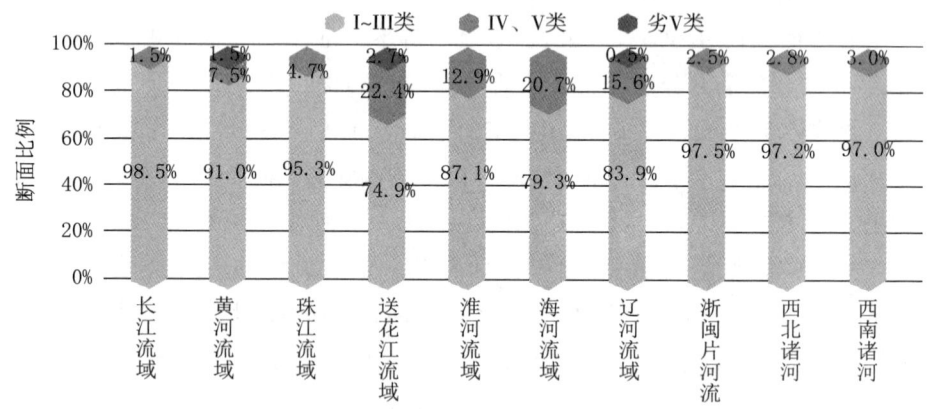

2023 年七大流域和浙闽片河流、西北诸河、西南诸河水质状况[1]

通过对我国流域治理现状和相关统计数据进行分析，我国流域治理面临的主要问题有：

（1）流域水量压力。河流是淡水资源的主要载体，流域危机意味着淡水资源正处于日益增加的压力之下。人口增加、经济活动频繁以及人们生活水平提高，都是导致对水资源的竞争和冲突增大的因素。另外，基于社会不公平、经济成本边际化以及缺乏消除贫困的有效方法，使得生活在相对贫困状态下的群体总是倾向于过度开发和利用土地资源、森林资源，这往往会对流域水资源产生非常不利的影响。

（2）流域水质影响。水污染与人类活动密切相关，除满足生命及工农业

---

[1] 数据来源生态环境部：《2023 中国生态环境状况公报》。

生产需求之外，水还被用作消纳人类生活、生产活动等所产生废物的场所，从而导致流域水体污染并影响下游水的可利用性，威胁水生态系统的整体功能，进而加强人类对水资源的竞争。

（3）流域治理危机。无论是流域水量减少还是流域水体污染，都会因流域治理中的各种缺陷而变得更加严重。尽管目前已开始探索以流域为单元的流域治理方法，但是区域性部门管理方法仍在很大程度上占据重要地位，这就容易导致对流域水资源的分散管理。

另外，在流域水资源管理中存在自上而下的管理惯性，鉴于流域水资源问题不断产生，有必要对这种治理机制进行重新考量。可见，虽然我国一直都很关注流域治理，但是流域问题仍然十分严重，尤其是当流域问题发生在跨行政区域范围内时治理难度更大。导致这一局面的一个重要原因是流域水资源利用主体和治理主体之间存在着利益博弈，而作为流域治理最主要主体的政府对该问题的解决具有不可推卸的责任，因此，加强对流域治理政府责任的研究就显得十分必要。

**二、我国流域治理法律制度**

我国涉及流域的立法起步于 20 世纪 80 年代中后期，并主要经历了三个发展阶段：第一个阶段为起步阶段（20 世纪 80 年代中后期至 90 年代中期）。1988 年国务院颁布了《河道管理条例》，首次将长江、黄河、淮河、海河、珠江、松花江、辽河等主要河段规定于行政法规中，弥补了 1988 年《水法》对流域管理未曾提及的缺陷。此外，在该阶段产生的流域法律文件还有 1988 年《开发建设晋陕蒙接壤地区水土保持规定》（已废止）、1994 年《黄河下游引黄灌溉管理规定》（已废止）以及 1995 年《淮河流域水污染防治暂行条例》。第二个阶段为发展阶段（20 世纪 90 年代中后期到 2002 年）。流域管理得到了普遍认可，关于流域管理的课题研究逐步展开并取得了显著成果。在此阶段制定了《防洪法》（1997 年），并对《水法》进行了修订。第三个阶段为完善细化阶段（2002 年之后）。基于 2002 年《水法》确立的流域管理体制，该阶段主要针对不同流域的特殊问题先后出台了《长江河道采砂管理条例实施办法》（2003 年）、《黄河水量调度条例》（2006 年）、《海河独流减河永定新河河口管理办法》（2009 年）、《黑河干流水量调度管理办法》（2009

年)、《三峡水库调度和库区水资源与河道管理办法》（2008 年）。十八大以来，国家高度重视生态文明建设，流域治理作为生态文明建设的重要组成部分被提上新的日程，于是《长江保护法》（2020 年）、《黄河保护法》（2022年）陆续出台，标志着我国流域治理迈入了新阶段。

经过长期的发展，目前，我国水法律已形成相对稳定的框架结构，有关流域治理的法律制度逐渐趋于完善，并主要表现在流域水资源规划、流域防汛、流域水量分配和调度、污染防治、水功能区划以及流域、区域管理体制、流域管理机构等领域。在流域水资源规划方面，《水法》第 14 条第 1 款明确规定了国家制定全国水资源战略规划，第 15 条理顺了流域范围内各规划之间的关系，规定区域规划和专业规划应当分别服从流域规划和综合规划，第 19条重申了流域综合规划的重要性，建设水工程必须符合流域综合规划。此外，《水污染防治法》第 10 条还对流域水污染防治规划进行了规定。《长江保护法》和《黄河保护法》均在第二章详细规定了国务院各部门和政府流域规划与管控问题。在流域水资源开发利用和分配制度方面，《水法》第 20、21 条规定了开发、利用流域水资源的总体原则，既要兼顾上下游、左右岸和有关地区之间的利益，又要在满足生活用水的基础上同时兼顾农业、工业和生态环境用水以及航运的需求，充分发挥水资源的综合效益。第 26 条规定了国家鼓励开发、利用流域水能资源。第 45、46 条规定了流域水量分配方案的制定及执行，对流域水量要实行统一调度、合理分配。第 47 条规定了国家对水资源实行总量控制和定额管理相结合。在流域水资源保护和污染防治制度方面，《水法》第 32 条规定了流域水功能区划的拟定规则、执行程序以及后检测要求。第 34 条是关于在饮用水水源保护区内禁止设置排污口的规定。《水污染防治法》规定了水污染防治的标准和规划、监督管理以及防治措施等。在流域防汛制度方面，《防洪法》规定了应该将河湖治理、防洪工程设施建设纳入流域综合规划的范围内，设立流域防汛指挥机构，加强流域水土保持综合治理[1]。以上制度构成了我国流域水资源管理制度的基本框架，表明流域水资源管理具有法律上的针对性和统一性，对促进我国流域水资源开发利用与综合治理的结合发挥了基础性作用。

--------

〔1〕 沈大军：《论流域管理》，载《自然资源学报》2009 年第 10 期，第 1718~1723 页。

关于水资源管理体制，我国《水法》第 12 条第 1 款明确规定，国家对水资源实行流域管理与行政区域管理相结合的管理体制。从组成该条文的四款内容可以梳理出我国对水资源管理的三个层次，即：国务院水行政主管部门；国务院水行政主管部门在国家确定的重要江河、湖泊设立的流域管理机构；县级以上地方人民政府水行政主管部门。其中，国务院水行政主管部门是全国水资源的统一管理和监督工作的执行主体；流域管理机构按照法律法规或国务院水行政主管部门授权在其管辖范围内负责水资源管理和监督工作；县级以上地方人民政府水行政主管部门按照规定的权限负责本行政区域内水资源的统一管理和监督工作。流域管理与行政区域管理相结合的管理体制的确立，标志着我国水资源科学利用和保护进入了新阶段，从法律上改变了分级分部门的管理模式。但同时需要考虑的是，不同于世界其他国家的政治和行政制度下的流域管理机构，我国流域管理从形式上划分属于流域水利委员会，是隶属于国家水资源行政管理部门，在级别上属于水利部的派出机构。从这个意义上来讲，我国流域管理机构遵守法律、法规并按照水利部的授权予以开展水利工作，职能和权力的限制使其不具备一个综合流域管理机构的要素。良好的体制需要有效地运行，但是我国水资源管理体制的运行效果并不突出，一方面由于流域管理机构和各级水行政管理机构之间的多层次隶属关系和委托代理关系，使得职权和职责的划分难度大，另一方面由于法律本身对水资源、建设项目审批、防洪防汛、水事纠纷处理的职责主体规定不统一，使得流域管理与区域管理存在交叉，造成执行成本增大[1]。

## 三、我国流域治理中的政府主体

在纯粹的市场经济条件下，为了最大限度发挥资源的利用效率，资源一般情况下应该由市场予以配置，政府不对其进行干预。但是，因为市场本身存在缺陷，其自发性、盲目性和滞后性容易引发市场垄断，使市场不能提供公共物品，从而限制弱势群体的发展权和生存权。为了弥补这种缺陷，就需要政府进行干预，在实质上保证社会公平、正义。就流域水资源而言，作为

---

〔1〕　熊晶：《国际河流管理和内河流域管理比较研究》，载《长江流域资源与环境》2005 年第 2 期，第 262~266 页。

自然环境的重要组成部分，具有环境的公共物品属性，在利用方面不具有排他性，不适宜由私人所有和控制。而且，流域治理是一项综合性、系统性很强的工程，无论是治理过程所要兼顾的利益平衡，还是流域治理必需的成本分担，都是一般私人无法提供的。所以，现代国家的流域治理倾向于由政府主导展开，并且随着水问题演变成全球性水危机，由政府作为流域治理最主要主体将是一种趋势。此外，产权理论认为，流域水资源问题的产生是由于产权不明晰造成的，因为如果产权足够明晰，自然会有产权所有人自觉进行维护，而无需政府干预，更无需法律强制。其实，即使从这个角度来讲，也需要政府为产权明晰的规则、过程、结果反馈等提供必要的理论和实践指导，政府不仅是产权的界定主体，也是产权界定的制度设计者。因此，流域治理中政府作为治理主体毋庸置疑，只是不能简单地认为流域治理只有政府主体，而是需要在政府主导下建立科学有效的治理体系，并同时发挥市场、社会的多元功能。

自改革开放以来，我国逐渐形成了以政府行政命令为主要形式的社会治理格局，如果单纯从发号施令的角度来讲，这种格局确实有助于解决我国工业化和城市化进程中所产生的流域水问题。但是，从可持续性的角度来看，这种政府行政格局不是真正意义上的政府主导，而是治理主体的"单边化"。以目前大力推行的河长制为例，现行河长制是中央根据各地方河湖具体水资源、水环境和水生态状况而制定，重在落实地方各级党政领导涉水主体责任的一种制度。在河长制下，地方党政领导亲自挂帅，协调整合各地方力量解决水问题，是解决当前流域水问题的较为直接、有效的方式。但是，从长远来看，推行河长"制"并非全面实现河长"治"的终极目标，而是维护流域整体生态环境的其中一种途径或是关键措施，从河长"制"过渡到河长"治"，最后实现河"长治"才是流域治理的最终结果。所以，目前推行的河长制仍然带有明显的政府单边主体色彩，需要从"管理"到"治理"的升华[1]。各级政府扮演着流域治理单边主体角色，治理缺乏协作机制，治理过程忽略了环境友好和生态可持续。政府不仅是生态公共服务的供给主体，而且是社

[1] 吕志祥、成小江：《基于流域治理的河长制路径探索》，载《中国水利》2019年第2期，第12~14页。

会公共服务的生产主体，理应承担流域治理的主导性责任，现实却是政府"单一主体"行为反而造成了政府流域治理责任的缺失，导致流域水资源问题愈发严重，治理难度增加。政府未能最大限度调动公众和企业参与流域治理的主动性，以及我国关于公众参与环境保护的权利、义务、程序等相关规定并不完善，给社会其他主体创造了借机获取不正当权益的机会。在这样的情形下，尽管政府并不刻意拒绝与其他主体协作，也容易形成政府在流域治理中的"单一主体"局面，其与政府主导流域治理截然不同。

政府在流域治理中的单一主体地位，导致流域治理中出现诸多问题。例如，一些地方政府以政绩为中心，集中力量发展经济，将经济增长作为政府的发展目标，于是在流域开发利用中并未真正考虑资源与环境的可持续性。当政府利益与资源环境保护发生博弈时，这些政府往往为了政绩而弃资源环境于不顾。另外，流域治理是一项技术性和综合性很强的工作，需要综合考量社会、经济、环境等多种因素，单一治理主体在进行政策法律制定和方法选择上无法兼顾，使得流域治理缺乏统一性与权威性[1]。因此，我国流域治理实践开始已久，但却进展缓慢，各种问题仍然层出不穷。

## 第二节　我国流域治理中政府责任厘定及现实偏差

本书中的政府责任限定为政府的第一性义务，即政府的积极义务。在不同政府理念下，政府责任的内涵也不相同。管制型政府理念下，政府的职责多是从政府的职权角度进行考虑，而政府职权又是建立在利益层面，所以政府责任表现出很强的权力性，这样就容易造成政府内部各组成部门以及政府与市场和社会之间的不协调，最终形成政府与公民的对立关系。而现代政府管理理念更多地体现为服务型政府，服务型政府强调"民本位、社会本位、权利本位"，政府责任更偏向于从职责的角度来界定，从逻辑关系上看，先有政府职责，然后才有政府职权，为了保证行政职责的履行，法律赋予政府行政职权。在服务型政府理念的基础上，有必要对流域治理中政府责任的内涵

---

〔1〕 郑晓、黄涛珍、冯云飞：《基于生态文明的流域治理机制研究》，载《河海大学学报（哲学社会科学版）》2014年第4期，第37~40页。

及我国流域治理中政府责任的偏差进行解析。

## 一、流域治理中政府责任的内涵

本书所讲的流域治理政府责任，是服务型政府理念下的政府责任。服务型政府理念对应的是流域治理，而非流域管理，在这样的前提下，笔者将流域治理政府责任定义为：政府及其水资源管理职能部门在流域治理中所承担的第一性环境义务。这种基于服务型政府理念对流域治理政府责任进行定义的方式，表明政府所承担的流域治理责任是治理视角下的责任，即政府作为流域治理主导性主体的同时允许市场和社会多主体参与，从而有效解决了管制理念下政府职责来源的单一性。从另一个角度来讲，政府的流域治理责任既是一种政府责任，也是一种生态责任，是政府在科学发展观的指导下，运用其职权范围内的手段，对于过去形成的流域水资源问题进行修复，对于目前存在的水生态问题进行治理，对于未来即将发生的流域水资源问题进行预防[1]，从而在水生态领域全面履行其良好水治理的责任。

从流域治理政府责任的目标来看，政府在为以下目标的实现而履行其责任：一是社会经济发展目标。政府履行流域治理中的政府责任，必须首先明确其目标，即要解决经济、社会发展同流域水量、水质和水生态环境的不兼容、不匹配现象，为实现流域内的可持续发展而履行责任。二是民生改善目标。政府履行流域治理责任的初衷是创建良好的流域水环境，能够为人们提供适宜的生活环境和有利的生产条件，从而改善民生，实现人民生活幸福。三是水生态文化目标。政府履行流域治理责任，也是水生态文明建设的客观要求，是以政府为主导，将生态文明的思想、生态文明建设的具体要求在社会范围内进行普及。

## 二、政府在流域治理中的主要责任

胡德胜教授综合世界银行以及经合组织、联合国和国际货币基金组织关于政府职能的分类情况，结合可能需要政府管理的涉水事务，将政府的水资源

---

[1] 刘成军：《城镇化进程中政府的生态责任研究》，东北师范大学 2016 年博士学位论文，第 19 页。

管理事权归纳为宏观水事事权、中观水事事权、微观水事事权〔1〕。根据公共信托理论，政府负责环境资源公共物品的提供和监管，因此政府应当对其提供的流域水资源公共物品承担质量保障责任；根据公共选择理论，政府作为公共治理主体的同时也是理性经济人，容易出现政府失灵，因此政府需要承担水资源信息公开责任，以接受社会的监督；根据环境多元治理理论，主体多元化要求政府承认和接受公众参与的作用，因此政府需要保障和促进公众参与流域治理；根据公民权利理论，在流域治理中，政府既是提供者、管理者，同时也是调解者，因此需要对流域水资源纠纷的解决负责。所以，本书在结合胡德胜教授的宏观、中观和微观层面政府管理责任的基础上，将流域治理政府责任的内容概括为水环境质量保障责任、水资源信息公开责任、保障和促进公众参与的责任以及水资源纠纷解决责任。

（一）水资源质量保障责任

"环境质量是指在一定空间内，环境的总体或环境的某些要素对人类的生存繁衍以及社会经济发展的适宜程度，它是根据环境质量标准对环境进行评价所得出的结果。"〔2〕水资源是人类经济社会发展和生活的基础性资源，水资源质量的好坏直接影响着环境整体质量，因此，保障水资源质量是流域治理中政府的首要责任。设立水资源公共管理部门或者机构、水环境质量标准制定、防洪防涝、用水总量控制、用水效率控制、水功能区限制纳污、重点污染物排放总量控制等都属于政府的水资源质量保障责任。我国《宪法》第26条第1款规定，国家保护和改善生活环境和生态环境，防治污染和其他公害，此为政府对水资源质量负责提供了最为基础性的法律依据。《水法》（2016年修正）对政府的水环境责任进行了全面规定，其第5条规定，县级以上人民政府应当加强水利基础设施建设，并将其纳入本级国民经济和社会发展计划；第9条规定，国家采取有效措施保护水资源，保护植被，植树种草，涵养水源，防治水土流失和水体污染，改善生态环境；第23条第1款规定，地方各级人民政府应当结合本地区水资源的实际情况，按照地表水和地下水统一调度开发、开源与节流相结合、节流优先和污水处理再利用的原则，合理

---

〔1〕　左其亭等：《最严格水资源管理制度研究——基于人水和谐视角》，科学出版社2016年版，第433页。

〔2〕　范俊荣：《政府环境质量责任研究》，武汉大学2009年博士学位论文。

组织开发、综合利用水资源。这些都是政府作为水资源治理主体保障水环境质量的重要法律依据。此外，《水污染防治法》（2017 年修正）的制定目的是保护和改善水环境，防治水污染，推进生态文明建设，所以该法其实也是一部水质量保障法，其中许多条款都是政府对流域水资源质量负有保障责任的直接法律依据。比如第 4 条第 2 款规定，地方各级人民政府对本行政区域的水环境质量负责，应当及时采取措施防治水污染；第 44 条规定，国务院有关部门和县级以上地方人民政府应当合理规划工业布局，要求造成水污染的企业进行技术改造，采取综合防治措施，提高水的重复利用率，减少废水和污染物排放量。

（二）保障水资源信息公开责任

根据我国《环境保护法》《水法》《政府信息公开条例》以及《环境信息公开办法（试行）》（已失效），我国政府作为水资源治理主体需要承担保障水资源信息公开的责任。水资源综合科学考核调查评价、水科学教育规划、水文水资源信息系统建设、水环境质量检测和水污染物排放检测结果公示、水事科学技术的研究以及推广和应用、水科学教育实施等都属于政府保障水资源信息公开的责任。地方政府负有环境信息主动公开的责任，除依据《政府信息公开条例》中涉及政府环境信息的公开内容之外，《环境保护法》也规定了地方政府应公开本级政府负有环境监管责任的部门及其责任人的考核结果的责任。《水法》第 16 条第 2 款规定，县级以上人民政府应当加强水文、水资源信息系统建设，水行政主管部门和流域管理机构应当加强水资源的动态监测，基本水文资料应当按照国家有关规定予以公开；第 39 条规定，国家实行河道采砂许可制度，在河道管理范围内采砂，影响河势稳定或者危及堤防安全的，有关县级以上人民政府水行政主管部门应当划定禁采区和规定禁采期，并予以公告。《水污染防治法》中也有多项规定关于政府的信息公开责任，其中第 17 条第 2 款规定，有关市、县级人民政府应当将限期达标规划上报上一级人民政府备案，并向社会公开；第 18 条规定，市、县级政府每年向本级人大或其常委会报告环境状况和环境保护目标完成情况时，应当报告水环境质量限期达标规划执行情况，并向社会公开；第 20 条第 5 款规定，对超过重点水污染物排放总量控制指标或者未完成水环境质量改善目标的地区，省级人民政府环保部门应当会同其他部门约谈该地区政府的主要负责人，并将约谈内容向社会公开。此外，该法第32、72条分别是针对有毒有害污染物信息和饮用水安全信息公开的规定。

（三）保障和促进公众参与流域治理的责任

政府是流域治理的关键和第一位主体，但在治理理念下，治理主体需要多元化，因此，保证和促进公众参与流域治理是政府的重要责任。政府对公众参与权的保障，主要体现在政府对市场与社会环境治理的支持、政府对环境文明的倡导以及政府与市场、社会之间环境治理合作。《环境保护法》设专章对公众参与和信息公开进行规定，突显公众参与的重要性。该法主要规定了公众的环境参与权，并规定了各级政府环保主管部门和其他负有环境管理职责的部门完善公众参与程序，为公民、法人和其他组织参与环境保护提供便利。然而，《环境保护法》对公众参与的规定仍显得较为原则和不具体，可操作性不强，需要用实施细则等对其进行具体化。此外，《水法》和《水污染防治法》作为我国水资源治理的专门性法律，缺乏对公众参与相关内容的规定，这也是我国水法律体系不完善的重要体现。未来水法律体系的完善过程中，公众参与内容的具体化将是其中非常重要的内容。

（四）水资源纠纷解决责任

随着水资源短缺、水污染加重以及水生态环境失衡的问题越来越普遍，用水主体间基于水资源开发、利用而产生的矛盾纠纷非常频繁。因此，政府在流域治理中不仅是管理者、供给者，还是纠纷调解者。此外，基于政府的经济人理性，同级政府之间往往也会发生基于水资源利用和保护的矛盾冲突，那么其上级政府就应该作为政府间纠纷解决的主体。所以，对水资源纠纷进行解决、对涉水违法行为进行处理也是政府作为流域治理主体的重要责任。《水法》第56、57、58条对水事纠纷处理进行了明确规定。不同行政区域之间的水事纠纷首先应该协商解决，在协商解决不成的情况下，需要由上一级人民政府裁决；单位之间、个人之间、单位与个人之间发生的水事纠纷，应当协商解决，协商不成时可以申请县级以上地方人民政府或者其授权的部门调解；县级以上人民政府或者其授权的部门在处理水事纠纷时，有权采取临时处置措施，有关各方和当事人必须服从。《水法》《水污染防治法》第31、97、100条也是关于政府水污染纠纷解决的规定，是流域水污染纠纷解决中政府责任的法律依据。随着利益多元化、主体多元化的趋势加强，流域水资源开发利用中的矛盾冲突形式也越发复杂，而且鉴于目前政府提供的纠纷解决机制存在很多缺陷，因此需要对《水法》《水污染防治法》等法律中政府的水资源纠纷解决责任进行进一步完善或者细化。此外，作为环境资源领域的基础性法律《环境保护法》没有对纠纷解决作出原则性或者基础性规定，在一定程度上对流域治理中政府解决纠纷的责任形成不利影响，所以有必要对《环境保护法》进行相应地补充和完善。

## 三、我国流域治理中政府责任的偏差

政府作为流域治理的最主要主体，并不意味着政府能够解决流域治理中的所有问题，或者说市场无法应对的问题政府都可以解决。相反，政府也存在失灵。从公共产品与社会需求的角度来看，政府失灵意味着政府活动并不总像应该的那样或像理论上所说能够做到的那样有效，公共部门在提供公共产品时表现出对资源的浪费和滥用，使得公共支出规模巨大但效率低下，从而使个人对公共物品的需求在现代民主政治中得不到很好地满足[1]。政府失灵对社会公共产品的提供具有非常大的危害。我国流域治理与政府责任关系复杂，政府在流域治理中的行为受多种因素制约，使得流域治理政府责任表现出明显偏差，产生了政府责任虚化、弱化和异化。流域治理政府责任偏差诠释了流域治理中的"公共悖论"，即作为公共利益代表的地方政府以追求上级满意度为目标导向，往往忽视流域公共利益需求，导致了流域经济社会发展中政策法律的边缘化。

（一）政府责任虚化

流域治理属于环境治理范畴，与经济发展密切相关，既不可盲目发展经济而忽视流域治理的长期性和持续性，又不能只关注流域治理而放弃经济增长。因此，必须将流域治理纳入国民经济发展的整体规划中，统一协调布局才不至于出现顾此失彼。然而，各级政府对这方面不够重视，就水污染防治来说，我国水资源法律政策虽然明确规定了水污染防治要纳入国民经济发展长期规划，但现实中却频繁出现水污染防治与经济发展不相适应的尴尬局面，

---

[1] 忻林：《布坎南的政府失败理论及其对我国政府改革的启示》，载《政治学研究》2000 年第3 期，第86~94 页。

以至于从根本上危害人民群众的切实权益。例如，我国《水污染防治法》第4条规定，县级以上人民政府应当将水环境保护工作纳入国民经济和社会发展规划，地方各级人民政府对本行政区域的水环境质量负责，应当及时采取措施防治水污染。该法第16条第5款规定，县级以上地方人民政府应当根据依法批准的江河、湖泊的流域水污染防治规划，组织制定本行政区域的水污染防治规划。通过对以上法律规定进行解读，不难理解我国法律对流域水污染防治与经济发展关系的重视与科学定位。然而，现实情况却不容乐观，许多地方政府并未制定流域水污染防治与经济发展协调统一的配套机制，制定经济发展决策时并未考虑水资源保护的因素，不征求水行政部门、生态环境部门的意见，更不采纳环保专家的建议，盲目任性且朝令夕改。

我国曾发生过这样的案例，描述了生猪价格背后政府行为的变化。生猪价格涨幅巨大，由此引起市场秩序紊乱。为平息这一态势，某些政府大力鼓励农民扩大养猪，并采取一系列措施补贴以扩大养猪数量和规模。福建省的龙岩市和漳州市率先采取行动，在各自行政区域内大力发展养猪产业。两年之内，养猪产业急速扩大，但因为龙岩市和漳州市处于九龙江上游，该产业污染物排放量大对九龙江下游水质造成了明显影响，进而危及了人们的生活饮用水安全。于是，福建省开始整治养猪产业，大力缩减养猪企业数量和规模，致使人民利益遭受严重损害。显然，无论是出于经济目的，还是出于水环境保护目的，彼此缺乏协调统一，后果必然不堪设想。政府不仅有责任制定政策和执行政策，而且有责任保证政策本身是良好的，良好的政策需要同时具有科学性、预测性与可执行性。否则，就无法避免政府责任虚化的现实窘境。

（二）政府责任弱化

我国财政管理体制实行分税制，在合理划分各级政府事权的基础上，按照税收来划分各级政府的预算收入。中央财政负责协调各地区发展，对国民经济进行宏观调控，地方经济和社会事业支出需要由地方财政负担。然而，地方财政收入的主要来源是地方企业的纳税额，而企业纳税额又与该企业的经营状况密切相关。因此，出于对地方经济增长指标以及地方短期政绩的考虑，地方政府在流域水环境保护、水资源治理方面表现出明显的责任弱化。

例如，我国有许多流域上游地区以畜牧业为主，政府为了维持畜牧业的支柱产业地位，采取多种措施大力扶持。众所周知，畜牧业不断发展，必然会增加畜禽养殖污染，如果政府不重视或者不给予足够重视，其对环境造成的巨大损害必然是经济增长无法弥补的。然而，现实中一些地方政府对待畜禽污染十分容忍，任凭各类养殖场在路边、水边和村边随处选址，虽然企业选址在行政程序上也要经历环境评价、监测评估等，但是负责相关工作的政府行政部门却并未严格按照环保"三同时"制度进行审查，以至于各类污染物随意排放，不仅对农田和农村景观造成难以想象的污染，而且影响地表水和地下水水质，降低水资源的可再生能力，威胁人们的饮用水安全。纵观我国农村畜牧业和养殖业的发展，越是经济落后的地区，经济发展与水资源保护的张力就越大，水资源治理的难度也越大。地方政府对点多面广的农村面源污染监管不力，政府责任弱化，尽管也有政府执法能力不足的缘故，或是资金缺乏或是队伍专业素质不齐等因素，但根本上还是地方政府发展观念问题导致的责任弱化。如果不能对政府发展观念予以纠正，政府在流域治理方面将很难有作为，环保事业也不可能大有成就。我国自开始实施最严格水资源管理制度以来，在全国范围内已经开始落实关于水资源总量控制、水污染控制指标等。

（三）政府责任异化

政府向企业征收环境保护税，以求通过这种经济手段来促进对水资源的合理开发利用，加强水资源治理。但是事与愿违，这种管理并未收到良好的预期效果，反而使水资源治理变得更加复杂，治理难度增加。现实中，地方政府干预环保部门向企业征收环境保护税的行为屡见不鲜，从而使得环境保护税征收困难，实际征收数额远远低于应征数额。据有关数据显示，环保部门实征环境保护税总额仅占应征收额的 20%。政府干预环保部门征收环境保护税，是对地方政府发展地方经济与保护环境的责任的扭曲，也是对国家法律的错误执行，是一种典型的政府责任异化的表现。

现实中，环境保护税征收受政府的不合理干预主要表现在三个方面：（1）委托收费方式不利于环境保护税足额征收。环境保护税征收是一项专业性、技术性很强的工作，必须由专业部门在实时监测、广泛收集数据的基础上计算出合理的征收数额，并且具有合理征收权限的部门在征收过程中要做到依法行政。然而，我国的情况是许多地方对外来投资企业和开发区的企业，往往采取委托代理的收费方式，集中由某一部门统一代收。这样的做法虽然简化了程序，提高了执法速度，但是却容易导致征收数据不准确，征收不到位，从而不仅不利于形成长期有效的环境保护税征收的配套机制，反而助长了企业的违法违规行为，无疑对流域治理形成极端掣肘。（2）政府随意减免环境保护税。各地的龙头产业和龙头企业是地方政府财政税收的重要来源，同时也是对环境、资源产生或者可能产生巨大影响的主体。出于对短期经济利益的考虑，地方政府往往会出台各种政策以减免这些企业的环境保护税数额，久而久之，即使出现企业拒缴、欠缴行为，环保部门也会在政府的干预下不了了之。（3）执法困难，环保违法行为处罚难落实。环保部门在执法过程中对于违反环保法律法规的企业的处罚受到政府不合理干预，使得环境违法行为长期存在，环境损害无法避免。环境执法受阻，一方面浪费了环保部门的执法资源，打击了部门工作积极性，另一方面，因有些违法案件的来源是群众举报，或是案件本身对群众生活造成重大影响，如果案件得不到解决、企业未受处罚，将会引起群众抱怨，对社会秩序稳定十分不利[1]。

## 第三节　我国流域治理中政府责任的逻辑分析

流域问题表面上看是水资源危机，实质上是政府未能充分履行其责任的问题。一方面，我国市场经济还在发展和完善的过程中，市场受行政强制约束明显，在此情况下流域问题长期得不到解决自然不能归因于市场；另一方面，流域管理与行政区域管理相结合的管理体制存在着多重委托代理关系，中央政府、地方政府、流域管理机构之间错综复杂的派出关系和分工合作关系内化出不同主体之间的利益差异与信息不对称，从而导致地方政府行政行为偏离了流域治理目标，政府责任出现各种形式的偏差。所以，从这个意义上来讲，政府失灵是流域治理缺陷的根本原因，市场失灵造成的流域问题本质上是可以通过政府干预予以解决的。

### 一、市场失灵和流域问题的关系

从经济学的角度来看，流域水资源问题主要是一项经济问题，是由经济

---

[1]　胡熠：《论流域治理中地方政府的行为偏差及其矫治》，载《中共福建省委党校学报》2009年第12期，第21~25页。

活动的负外部性所引起的，这与市场的运行机制密切相关。亚当·斯密从市场的外部性规定和内在调节机制论述了"看不见的手"，他认为政府是有组织的、自我服务的集团，容易受到利益的影响，所以应该建立完全竞争的市场，实行放任的市场经济政策，不允许政府进行干预。供给和需求是市场上两个最大的力量，其在促使人们追逐个人利益的同时，促使社会财富和国民财富的增加[1]。但是，近代以来，西方国家市场经济得以迅速发展并逐渐成为经济体制的主导，然而，这并不代表市场是万能的，也不代表市场可以完全代替政府，相反，市场也会出现失灵的现象。"市场失灵"（Market Failure）是指由于市场自身存在的各种缺陷以及外部条件缺陷而引起的各种问题，包括垄断、外部性、信息不对称、分配不公平、公共物品短缺、宏观经济波动等方面[2]。其中，自行不能解决外部性问题是市场失灵最突出的表现。经济活动的外部性是指被排除在市场作用机制之外的经济活动的副产品或副作用，主要指未被反映在产品价格上的那部分经济活动的副作用。经济活动的外部性分为正外部性和负外部性，正外部性又称外部经济性，例如河流上游进行流域治理，采取植树种草等方式防治水土流失，从而为下游创造了环境利益。负外部性又称外部不经济性，例如，河流上游地区为追求经济利益而置环境于不顾，大规模毁坏植被造成水土流失，使得下游遭受环境损害。水资源和流域环境属于典型的公共产品，所以在流域水资源开发利用中存在着明显的外部性，而且以外部不经济性最为突出。哈丁（Hardin）的"公地悲剧"理论[3]形象而具体地阐述了外部不经济性的产生及内涵。正因为外部不经济性在水资源领域极其常见，使得理论界长期存在一种错误的认识，即认为市场失灵是流域治理久治不愈的根本原因。事实上，市场失灵只是引起流域水资源不合理开发利用问题的主要原因，而针对这些问题进行治理的成效不显著或是治理过程中产生了新的问题，根本上是政府失灵造成的，尤其是政府责

---

〔1〕 陈莉：《亚当·斯密的市场经济理论》，载《经济科学》1994年第5期，第75~80页。

〔2〕 张建伟：《政府环境责任论》，中国环境科学出版社2008年版，第16页。

〔3〕 "公地悲剧"是美国学者哈丁于1968年提出的理论，其描述的是英国历史上公共牧场最终沦为荒芜之地的故事。封建主在自己的土地范围内为牧民划出特定区域供放牧之用，但是由于牧场不仅是无偿使用而且对使用方式不加限制，很快牛羊数量超出了牧场的可再生速度，牧场最终沦为不毛之地。See Hardin G., "The Tragedy of the Commons", *Science*, 1968, (3).

任缺失的后果。

第一，市场经济的发展需要经历特定的过程。目前，市场经济普遍存在，不过成熟的市场体制主要集中于发达的资本主义国家。经过长期发展，西方经济理论中逐渐形成了关于市场经济的概括，认为市场经济主要是一种资源配置方式，而这种配置方式是通过价格引导并通过价格机制实现的；价格机制要对资源配置产生作用，首先需要形成有效的交易条件。因此，市场经济最本质的特征是价格在资源配置与生产决策中发挥决定性作用[1]。基于对苏联模式的依赖，我国在新中国成立之后的很长一段时间里，经济上照搬苏联的计划经济体制。改革开放初期，各类经济活动在以计划调节为主、市场调节为辅的指导思想下进行，政府在经济发展中仍然发挥着非常大的控制作用。直至1993年十四届三中全会通过了《关于建立社会主义市场经济体制若干问题的决定》，我国关于社会主义市场经济体制的改革才全面展开。时至现在，中国经济体制改革取得了很大进展，但是政府在经济生活中仍然扮演着许多重要的角色，市场作用受政府影响很大，尽管流域问题的产生主要是市场的负外部性导致，但是流域问题长期得不到解决的根本原因在于政府责任缺失，政府责任缺失指的是政府在各种领域扮演着不必要的角色，进而缺失与市场、社会的互动协作，没有取得良好治理的效果。

第二，市场失灵可以通过政府干预加以解决。市场自身的失灵不能由市场自行解决，在出现外部不经济性的情况下，市场主体之间无法自行达成交换意见但仍有必要进行交换时，就需要来自第三方的、双方都认可和服从的一种力量来推动交易的进程，而政府最适合扮演该角色。针对全球流域水资源问题，各国政府采取措施积极应对。在思想方面，强调一体化水资源管理理念，对可持续水系进行有计划地管理，保持水系统的生态、环境与水文特征，在满足人们使用要求的同时，不管是现在还是未来都将不至于恶化。一体化水资源管理的目标是实现经济发展、环境保护与社会公平之间的平衡。我国政府十分重视流域水资源问题，但基于各种原因，我国的流域水资源问题目前还未得到彻底有效治理。以淮河流域治理为例，1995年国务院特别制

---

〔1〕 〔英〕戴维·W.皮尔斯主编：《现代经济学辞典》，宋承先等译，上海译文出版社1988年版，第375页。

定了《淮河流域水污染防治暂行条例》，成立淮河流域水资源保护领导小组负责协调、组织和解决淮河流域水资源保护和水污染防治等重大问题。二十多年以来，淮河的流域性水污染恶化趋势看似得到一定程度的遏制，干流水质总体保持稳定，但是，2017年9月7日—8日"淮河流域绿色发展论坛"的报告表明，淮河支流水质其实并没有改善，2016年监测的27条淮河二、三级支流中，7条为Ⅴ类水质，10条为劣Ⅴ类水质[1]。截至2021年，淮河流域治理取得阶段性成果，但是淮河流域中山东半岛独流入海河流仍为轻度污染。近三年来，我国流域治理成效较为显著，但是仍有部分流域治理进程缓慢。世界各国的经验可以证明，政府干预能够很大程度上弥补市场缺陷，是解决市场失灵的最有效方式。

## 二、政府失灵与流域问题的关系

地方利益与部门利益的共同驱动下，往往会使政府异化出两个极端，进而出现政府失灵。一个极端是"不需要政府干预时的干预"；另一个极端是"需要政府干预时的不干预"。在流域治理问题上，前者表现为政府过度干涉，引起水资源市场价格秩序紊乱；后者表现为当水资源市场出现垄断或滥用水资源的行为时，政府并未进行合理限度内的管制[2]。无论是哪一个极端，当其呈现出普遍性的时候，就意味着出现了政府失灵，表明政府在流域治理中出现了责任偏差。政府失灵主要包括两种类型：一是功能性政府失灵，即政府在干预经济过程中，由于信息不完全、政策手段乏力等原因造成的政府失灵问题，包括宏观经济政策失败、反垄断不力等方面；二是制度性政府失灵，这种失灵来源于政府体制内的缺陷，如官员并不代表公共利益、利益集团力量过于强大、政治监督体制不完善等，使得政府在干预的过程中又引发了新的问题，比如权力寻租、政府行为低效率、官僚主义等[3]。政府失灵既有客观原因，也有主观原因。客观原因与政府的社会服务意识无关，只是因

---

〔1〕 危昱萍：《淮河治理"再攻坚"：专家建议强化流域考核联动机制》，载 http://news. si-na. com. cn/c/2017-09-12/doc-ifyktzim9746166. shtml，2024年10月8日访问。

〔2〕 蒋京议：《国家干预环境问题的战略思考》，载《国家行政学院学报》2008年第4期，第75~77页。

〔3〕 朱光磊主编：《现代政府理论》，高等教育出版社2006年版，第131页。

为信息不完全、不对称，或者执行能力受限而造成的行为失败。主观原因是指政府脱离了社会公共性。基于人民主权和社会契约理论，政府的存在与其维护社会公共利益的根本目标不可分离，一旦失去了社会公共性，政府及其官员就会谋取部门利益和私人利益。对于公众而言，无论政府失灵是因为客观原因还是主观原因，其都是政府责任偏差的表现。而且只要具备其一，政府失灵就会产生，社会对政府的合理期望就会落空。

政府在流域治理中的责任偏差，可以从政府行为的价值选择层面和守法选择层面进行解释：

（1）价值选择导致的政府责任偏差。从价值取向上来看，经济发展与水资源保护都属于价值选择范畴，基于可持续发展之目的，需要对二者进行合理的价值评估与选择，否则顾此失彼就会导致长远意义上的不可持续。鉴于水资源对经济社会的基础性和战略性地位，忽略水资源保护无异于舍本逐末，会给经济带来重大隐患。例如，由于河流污染，水质恶化，大量水资源达不到使用标准，加剧了水资源短缺形势，用水冲突和矛盾愈演愈烈，直接影响我国经济增长速度和发展规模。所以，政府在经济发展与环境保护之间需要进行价值平衡，一味地着眼于经济增长而不考虑这种选择可能造成的环境后果，是导致政府责任偏差的重要原因。另外，在分包治理体制下，地方政府既是中央政府在行政辖区内公共事务管理的代理者，同时也是辖区内公共利益的代表，因而地方政府既要接受行政系统内部上级部门的代理，还要接受行政区内居民、企业与利益集团的代理，委托主体的多元化给地方政府带来多重压力。上级政府的满意度取决于地方区域的经济发展，而地方经济增长又与地方政府的外部委托企业密切相关。当信息传递链条过长，信息渠道不畅，上级政府很难对地方政府进行现场监督的情况下，地方政府就会呈现出机会主义倾向，从而将地方政府的经济利益最大化视为主要目标，进而忽视了具有公共属性的流域治理[1]。这就说明，价值选择关系政府的发展目标，如果以经济利益为中心，就会导致地方政府与企业的利益趋同，从而使地方政府在流域治理中的动力不足，流域治理机制的软约束明显。

---

〔1〕　胡熠：《论流域治理中地方政府的行为偏差及其矫治》，载《中共福建省委党校学报》2009年第12期，第21~25页。

（2）守法选择导致的政府责任偏差。现代意义上的政府，被赋予了丰富的法治内涵，政府必须遵守法律、依法行政。我国《宪法》明确规定，实行依法治国，建设社会主义法治国家。可见，政府守法是一种宪法要求，依法治国首先要保证依法行政，只有国家权力在法律框架内运行，才能称之为依法治国，符合法治国家的要求。目前，针对我国流域治理，存在有法不依、执法不严的情况与我国社会主义法治建设的要求不兼容，水资源发展规划和决策不合理，水污染违法事件的检查和处理不彻底，政府与企业的关系模糊且在关于水环境质量标准方面存在妥协。因此，政府在守法选择上出现偏差，也是政府责任偏差的表现。

# 第四节　小结

本章首先分析了我国流域水资源状况、水法律制度以及政府作为流域治理主体的现实表现，认为流域治理中的利益兼顾与平衡问题、成本分担问题，决定了现代国家政府是流域治理的最主要主体。其次基于对流域治理中政府责任内涵的分析，总结了我国流域治理政府责任偏差主要表现为政府责任虚化、政府责任弱化与政府责任异化，进而得出流域治理中"公共悖论"的存在必然性以及由此导致的流域经济社会发展中环境政策的边缘化。最后论证了流域问题与市场和政府的关系。从市场机制的角度来看，水资源的公共物品属性容易引起外部不经济性，但是市场失灵可以通过政府干预得以解决，市场失灵仅是流域问题产生的主要原因，而不是流域问题长期得不到解决的原因。从政府角度来看，我国流域治理中存在着中央政府、流域管理机构、地方政府之间的多重委托代理关系，政府责任出现偏差与多元主体利益差异以及信息不对称的关系密切。因此，市场失灵是流域问题产生的主要原因，而加强政府责任是我国流域问题有效解决的根本途径。

# 第四章　国际视野下的流域治理政府责任

水是人类赖以生存和发展的命脉，保护水资源就是保护人类的生命线。在漫长的工业化和现代化进程中，各国均在不同程度上面临着流域水资源问题，水资源短缺和水污染已成为全球面临的共同难题。国际上较早开始关注流域治理，尤其重视政府在流域治理中的主导作用，并且产生了国际河流水资源利用的 1966 年《国际河流水资源利用赫尔辛基规则》（以下简称《赫尔辛基规则》）、1986 年《关于跨界地下水的汉城规则》（以下简称《汉城规则》）、2004 年《关于水资源法的柏林规则》（以下简称《柏林规则》）、1997 年《国际水道非航行使用法公约》（以下简称《国际水道法公约》）以及 1992 年《跨界水道和国际湖泊的保护和利用公约》（以下简称《欧经委水公约》）等国际水法律和非法律文件，这些文件涉及的流域治理政府责任是各国水法律发展的基础。另外，一些发达国家，如美国、英国、澳大利亚等在遭受流域水资源危害的同时，探索出了适合本国流域自然特点、历史文化和国家体制的流域治理模式，虽然不同国家的不同流域呈现出多样化特征，但是其在关于流域治理政府责任的理论和实践方面有诸多共识，值得我国研究和借鉴。

## 第一节　国际文件有关流域治理政府责任的规定

流域问题是全球性问题，使得流域治理成为国际社会普遍关注的内容。国际水法律和非法律文件，既是国际流域治理的法律依据，同时也对各国流域治理提供了原则性指导。基于国际法律的适用范围，其中关于权利义务的规定均是从国家的角度针对主权国家而言，但是代表国家具体执行国际法律以及遵守相关非法律文件承诺的仍是各国政府，地方政府在中央政府的统一领导下管理地方事务。所以，从这个角度来讲，分析国际性水资源文件中关于各国政府应对全球水危机、解决跨界水问题、促进流域水资源科学合理开发和有效治理的规定，以及有关各国政府流域治理责任的阐释，对我国流域治理及其政府责任机制的完善具有重要意义。

## 一、国际法协会引领性学术文件的指导性规定

国际法协会（International Law Association）长期关注国际水资源研究，并基于不断地深入研究，先后形成了 1966 年《赫尔辛基规则》、1986 年《汉城规则》和 2004 年《柏林规则》三份具有代表性的国际文件，而且该三份国际文件具有一定的继受关系：1966 年《赫尔辛基规则》是国际淡水资源保护的最重要国际文件之一，其最早且最常被流域各国家所引用，构成了国际水资源保护法律制度发展的重大里程碑[1]；1986 年《汉城规则》是在《赫尔辛基规则》的基础上产生的；2004 年《柏林规则》是国际法协会以《赫尔辛基规则》和《汉城规则》为蓝本并对该两个文件进行全面整合和修订，以及在对国际和国内水法体系中水资源保护的习惯法进行综合编纂的基础上形成的。该三项成果在不同时期和不同背景下产生，在具体的条文设置和表述方面，对国际流域的定义以及流域国政府在促进国际流域合理开发方面的权利义务的规定存在一定差异，对流域治理政府责任有着直接或者间接的影响。

（一）《赫尔辛基规则》

国际法协会于 1966 年第 52 届大会通过了《赫尔辛基规则》。该规则主要对国际流域的开发、利用与保护进行了原则性规定，并且明确了国际流域的概念以及各国政府在促进国际流域合理开发方面的权利义务。除此之外，该规则最重要的贡献在于提出了各国政府有责任防治和减轻对国际流域水体的污染，规定了防治和解决争端的历程，包括各个政府按照联合国宪章以和平

---

〔1〕 熊晶：《国际河流管理和内河流域管理比较研究》，载《长江流域资源与环境》2005 年第 2 期，第 262~266 页。

方式解决有关争端，从而预防各流域国政府之间因该流域水体利用而发生争议[1]。

《赫尔辛基规则》第2条规定，国际流域是指由水资源系统（即由流入共同终点的地下水和地表水构成的系统）的流域分界所决定的覆盖两个及两个以上国家的地理区域[2]。国际流域指的是从水资源系统的角度出发，将整个流域作为其组成部分，并且地理区域这一说法不仅包括区域内的水资源及相关活动，也包括其他自然资源，如森林资源、土地资源等。由此可以看出，该规则所界定的流域范围不仅涉及流域内的水资源，而且涵盖整个流域内的自然生态要素，即以流域分界确定的整个区域。

《赫尔辛基规则》第3章是关于国际流域水污染的规定。第9条首先对国际流域中水污染的概念作出界定，指出水污染是指由于人类不合理利用使得水资源的自然组成、含量和质量所发生的任何变化。这里的污染包括两种类型，一是在国家领土内造成的水污染，二是由国家领土内的行为而造成的领土外污染。据此，规则对流域各国政府提出了关于保持流域水资源质量的要求，流域国要以公平利用国际流域水资源原则为基础，同时做到以下两个方面：（a）必须防止对国际流域造成新的污染或者加重对流域的污染程度，从而避免对其他流域国的利益造成损害，否则，该国政府就要承担损害赔偿责任；（b）应尽可能采取所有合理措施以减轻流域的污染程度，直到不会对其他流域国的利益造成实质性损害为止。如果没有采取合理措施，应该立即与受害国进行协商，公平地解决纠纷。

《赫尔辛基规则》第6章规定了与国际流域中的流域国及其他国家的法定权利或其他利益有关的国际争端的防治与解决方法。为了防止流域国之间产生与法定权利或其他利益有关的争端，规则建议每一个流域国政府向其他流域国提供与本领土上流域水资源及其利用活动有关的、合理的资料。不管一个国家在流域中的位置如何，对于可能会改变流域水情、引起争端的任何建设工程或设施，该国应特别向其利益可能受到实质影响的其他流域国家提供和通知情况，提供的情况应该包括基本资料，可以使接受资料的国家据以评价建设工

---

〔1〕　李铮：《解决国际淡水资源争端的条法化综述》，载《国际资料信息》2002年第10期，第12~15页。

〔2〕　孔令杰、田向荣：《国际涉水条法研究》，中国水利水电出版社2011年版。

程或设施的可能影响。并且，提供情况的国家应给接受情况的国家预留一定时间，使得它们可以对建设工程或设施的可能影响做出评价，进而将它们的意见予以反馈。如果某国没有根据实际提供通知，在决定流域水资源公平合理分配时，对该国改变流域水情的工程或设施一般不给予水资源暂时优先利用权。如果发生了与国际流域水资源现行或将来利用有关的问题或争端，建议流域国将问题或争端提交给一个联合机构，并要求该机构对国际流域水资源进行调查研究，提出计划或建议，以便充分地、有效地利用水资源。规则进一步对该联合机构的争端处理机制提出建议，联合机构在自己的能力范围内，向成员国的有关当局呈交所有有关问题的报告，并且邀请根据条约在国际流域水资源利用中享有一定权利的非流域国参与联合机构的工作，或者允许它们加入联合机构。

1966 年《赫尔辛基规则》对国际流域利用与保护提出了较为明确的建议，特别在流域污染防治以及因流域共享水资源而引起的争端解决方面，其规定设立联合机构并对该联合机构的办事章程作出的限定，对各国的立法和国际法的发展影响很大，起到了非常重要的指导作用。1979 年联合国环境规划署批准的《指导国家保护和和谐利用两个或多个国家共享自然资源的环境行为原则》就是以 1966 年《赫尔辛基规则》为蓝本。《21 世纪议程》的制定及具体内容也在很大程度上体现了该规则的核心要旨。我国地域广阔，跨省河流较多，在对流域的系统性认识方面，可以从《赫尔辛基规则》中对国际流域的概念界定中受到启发，加强流域管理体制的建立与完善。此外，我国人均水资源较少，水资源供需矛盾突出，由此引起的水事纠纷复杂，借鉴《赫尔辛基规则》对流域水资源争端解决机制的规定，将对我国建立跨区域水资源争端解决机制大有裨益。

(二)《汉城规则》

国际法协会一直非常关注跨界地下水的法律问题研究，继 1966 年《赫尔辛基规则》之后，该协会又于 1986 年制定了《汉城规则》。《汉城规则》对国际地下水进行了明确界定，并提出了国际地下水保护的规则。在此之后，形成了以流域管理方法为主导的地下水管理策略[1]。

---

〔1〕 张晓京、邱秋：《跨界地下水国际立法的发展趋势及对我国的启示》，载《河海大学学报（哲学社会科学版）》2012 年第 1 期，第 60~64、91 页。

根据《汉城规则》第1条和第2条的规定，两个或多个国家之间边界上的含水层，即使没有国际流域地表水的流入或流出，仍是组成国际流域的一部分。从这一规定可以看出，《汉城规则》扩大了国际流域的覆盖范围，其不仅包括地表分水线确定的区域和地下分水线确定的区域，而且还包括封闭含水层所在的区域[1]。规则还对各国使用国际流域提出了要求，根据国际法，各个流域国在它们行使权利和履行义务的同时，应该考虑地下水与其他水域之间的任何水力联系，这种水力联系包括含水层之间的水力联系、由于人类活动引起的任何含水层渗漏以及各流域国所管辖地区之间的水力联系等。在地下水的保护方面，该规则第3条规定，流域国应该防止或者减轻国际地下水污染，尤其注意对地下水的长期影响。各流域国之间要保持沟通与联系，任何流域国提出需要获得更多关于国际地下水及其含水层的资料和数据以便进行分析的请求，其他流域国应该秉承合作的原则，尽力满足请求国之所需。

《汉城规则》是对1966年《赫尔辛基规则》的补充，它明确承认《赫尔辛基规则》对国际地下水的保护原则，进而为保证对国际流域的最大限度保护，而扩大了流域国的范围，因为无论含水层及其中的水是否形成流入共同终点的水系统中的地表水，这些国家都属于流域国。该规则对各流域国关于保护地下水资源提出的责任要求，比如建立联合管理机制，一方面是对流域国提出的利用国际流域水资源的指导，另一方面是赋予各流域国更大的责任，这种责任在具体的履行过程中，无疑需要一国在国内进行各层级政府之间的转化和吸收，进而表现为各国政府在流域治理方面的对内和对外水法律政策。所以，一国流域治理政府责任的落实问题，是关乎国内流域水资源可持续与国际流域水安全的双重要求和保障，而政府责任如何履行以及履行的结果如何，取决于政府责任与流域治理的结合方式，以及国内相关法律制度的保障作用。

（三）《柏林规则》

国际法协会于2004年制定的《柏林规则》将国际流域定义为延伸到两个或者多个国家的流域，而流域则是指由相互关联的水资源系统的地理界限决

---

[1]　水利部国际经济技术合作交流中心编译：《国际涉水条法选编》，社会科学文献出版社2011年版。

定的区域。《柏林规则》是国际法协会在对《赫尔辛基规则》和《汉城规则》的全面整合和修订，以及对国际和国内水法体系中水资源保护的习惯法进行综合编纂的基础上形成的。规则中体现的国际法，适用于国际流域的水资源管理以及所有合适的水域，对各国政府提出了许多原则性要求，所以各国都应该颁布适当的法律和规章以实现规则的目的，并采取有效而充分的行政措施，包括实施这些法律和规章的管理计划和法律程序。规则最主要的目的在于，各国政府均能够负责地尽最大努力保护可更新资源和不可更新资源，通过进行综合的资源管理以确保当代乃至下一代有效和公平地利用水资源利益。在公众参与、联合利用、综合管理、可持续性以及尽量降低对环境的危害的国际法原则基础上，对各国政府提出了如下相对具体的水资源管理要求，以预防和减少跨界损害。

（1）政府负责环境影响评价。《柏林规则》第 29 条规定，各国政府应该对可能对水生环境或水资源开发的可持续性造成重大影响的项目计划、工程或者行动等进行前期和后期环境影响评价。规则要求评价的内容既要有对其他国家人身和财产的影响，还应该有对环境的影响、现行和未来经济的影响、文化或社会经济条件的影响以及对水资源的可持续性的影响，在遵循这些基本原则的前提下，具体的环境影响评价内容由各国政府在国内法中详细规定。环境影响评价是将预防原则具体运用在工程建设中，是一项非常重要的预防措施。环境影响评价要求对重大项目可预见的环境影响进行评估和研究，在具体的实施过程中要有公众参与，评价结果作为决策者的决策依据以及工程实施的指导和参考[1]。环境影响评价往往要结合国内的环境标准，这就对各国政府提出了具体要求，在制定环境标准时，不仅要考虑国内的环境状况，而且要关注跨界流域涉及的其他流域国的情况。联合国已有研究表明，环境影响对执行和加强环境可持续方面发挥了重要作用，原因在于其融合了公众参与以及预防损害原则的内容。但是，环境影响评价究竟在多大程度上对一国判断重大活动对环境具有影响以及据此采取应对措施，取决于各国政府对环境的负责任程度、环境影响评价制度设计的合理性以及执行过程的合理性、

---

[1] 何艳梅：《跨国水资源保护的法律措施——兼及中国的实践》，载《长江流域资源与环境》2009 年第 10 期，第 931~936 页。

合法性。所以，环境影响评价与各国政府行为息息相关，关系到各国政府责任的履行。

（2）政府负责信息交流。《柏林规则》第 56 条是关于信息交流的相关内容。各流域国应该定期给其他流域国提供关于流域或含水层的水量和水质的所有相关的、可得到的信息，以及关于水生环境的状态和引起水体、含水层或水生环境任何变化的原因等，包括一份众所周知的取水和水污染来源列表，但不限于此。在提供以上信息时，各流域国应该尽最大努力搜集可能适用的数据与信息，并且对所收集资料进行适当研究分析，从而方便相关流域国在与其进行沟通时使用。

信息交流一般发生在跨国水资源利用项目开始后，行为国与可能受影响国之间就该项活动的相关信息进行交流。通常情况下，行为国向可能受影响国提供的资料是其已经取得的，但是当有可能受影响国也已经拥有了能够预防风险或损害发生的资料时，其也有义务将资料提供给行为国。信息交流的目的在于预防损害的发生或消除损害发生的危险，所以，行为国没有义务向有可能受影响的国家提供有关项目的实施计划等，即只要该项目是合法的，那么有可能受影响国就无权要求行为国停止或终止项目。从流域国之间就跨国水资源利用项目进行信息交流可以看出，无论各国处于什么位置和状态，其政府都有责任就利用水资源的行为进行相关的辅助活动，这种责任的履行不仅是保证自身利益最大化之必需，同时也是确保相关流域国之利益免受不必要损害以及促进流域水资源可持续利用的现实要求。

（3）政府负责环境监测。《柏林规则》第 17 条第 4 款规定，各国应该通过一个共同的、透明的程序，定期监测和审查获得水资源的权利的实现情况。第 31 条第 1 款规定，任何项目、计划、工程或行动的影响评价都应该包括许多内容，其中第 9 项指出，影响评价应该根据情况，为项目和计划的后分析制定监测和管理大纲。第 39 条规定了各国获得含水层的义务，各国应该采取适当措施，以期获得有效管理地下水及其含水层所需的资料，其中包括监测地下水位、水压和水质。

环境监测是各国政府的一项重要责任，其目的在于防止和减轻损害，被认为是环境影响评价的关键步骤。国际环境法领域的许多案例在裁决时均考虑了监测的重要性，并将之作为裁决结果判定的必经程序。例如，位于美加边界附近英属哥伦比亚的特莱尔冶炼厂是一家由加拿大私人经营的北美最大的冶炼厂，该厂从1896年开始冶炼锌和锡。由于生产过程中所提炼的矿物含有硫磺，而硫磺通过烟雾排放进入大气后就变成了二氧化硫。这种带有浓重二氧化硫的有害气体随着上升的气流进入美国，于是对美国华盛顿地区造成严重的污染损害，成为国际历史上最为严重的跨界污染损害事件。对此，美加于1927年开始外交谈判，但是一直到1935年，双方仍未就污染损害赔偿和控制污染达成统一意见。于是双方于1935年4月15日签订了特别协定《渥太华条约》，成立特别仲裁法庭，并请求裁决如下问题：损害开始发生的时间；抑制损害的程度；采取控制措施的类型；支付赔偿的数额。关于以上双方所请求解决的问题，仲裁庭在作出决定之前持十分谨慎的态度，根据对污染损害的监测结果作出判断，裁决中的关键内容均由监测数据资料作为支撑。这也使得该案件的处理在国际上产生了较大影响，尤其是该案件第一次明确提出了一国在使用其领土或者管理其国民因使用其领土而对邻国造成损害时应付赔偿，该项内容在《人类环境宣言》中得到确认和升华。

《柏林规则》规定的监测义务，并不仅仅是赋予各国对已有环境损害的监测，其更重要的影响在于赋予各国对未来情形的预测，并且监测和预测的方法需要多样化，包括与其他流域国展开联合监测、与相关国际组织合作、进行数据与信息交流以及对监测标准与方法进行统一商定等。所以，对于各国来说，监测是对政府责任提出的具体要求，这种责任既体现于为了保持本国水资源利用的可持续性而具有的主动性，同时又体现于为了应对整个流域甚至是全球水危机而必须采取的国际性行为。

（4）紧急情况下的援助与合作。《柏林规则》第32条规定，各国应该采取一切适当措施，防止、降低、消除或者控制可能对人民生命或健康、财产损失或者环境造成重大风险的所有水资源情况。任何国家都应该立即采取最快捷的方法，将其管辖或者控制的水域发生的以上任何情形，通报给其他受到潜在影响的国家和主管国际组织。规则还进一步规定，为了应对紧急情况，各国要自行制定应对计划，并形成较为灵活有效的通知系统。

该规则之所以规定紧急情况下的应对机制，源于紧急情况下损害的严重性和突发性。紧急情况的发生既有自然原因也有人为原因，无论是何种原因，流域各国都有进行紧急援助和合作的义务。各国政府对紧急情况应对机制的重视，是国际环境法赋予各国政府水资源管理的责任，这种责任的履行情况对国际流域治理的重要性不言而喻，同时也是保护国内水资源与维持水生态系统稳定之必需。

## 二、联合国有关国际水道利用和保护的公约

### （一）《国际水道法公约》

1997 年联合国表决通过的《国际水道法公约》于 2014 年 8 月 17 日生效，是第一个旨在实现跨境水资源公平合理利用的全球公约。《国际水道法公约》是 1970 年由芬兰代表向联合国提出，以《赫尔辛基规则》为基础编撰的国际河流规则。其对国际水道及其开发、利用进行了相关规定，要求缔约国政府尽最大努力在公平合理且不造成明显损害的原则基础上管理和保护国际水道，尤其是在维持水道的生态系统稳定、防止造成污染方面。《国际水道法公约》区别于《赫尔辛基规则》的最大区别在于其更注重保护下游国家之利益，在此前提下兼顾上游国家利益。这也是导致公约缔约国数量有限、影响力受到限制的最大原因。对于流域管理的方法和手段，公约提出了政治与法律并用的倡议，且在政治和法律均无法应对的情况下，可以采取强制措施，各种争端解决方式是层层递进关系。该公约被认为是"当今世界跨界水资源保护最全面的一个公约"，自 1970 年提出以来，其核心内容就得到了许多机构和国家的认可并运用于实践中，而且效果显著。比如欧洲经济委员会于 1992 年通过的《欧经委水公约》中就体现了该公约的有关原则与精神。2000 年南部非洲发展共同体《关于共享水道系统的修订议定书》与 2002 年《因可马蒂和马普托水道临时协议》都大量吸收了该公约的相关规定。此外，《国际水道法公约》对国际司法实践所发挥的作用也非同小可，1997 年国际法院对多瑙河盖巴斯科夫大坝的裁决就援引了此公约。这些事例说明了《国际水道法公约》在应对全球水危机和解决水资源纠纷中发挥了重要作用，同时也印证了其对传统国际法产生的较大冲击与突破。

根据该公约第 2 条的规定，水道是指由地表水和地下水共同组成的水系统，这个水系统是因为自然关系而连接成的一个整体单元，并且通常流入共同的终点。国际水道的构成部分属于不同的国家，所以公约所指的水道并不是一个单独的区域空间，而是由自然的水系统作用所构成的包括地表水和地

下水的完整的自然单元。该公约所指的水道的涵义要求地表水与地下水之间具有连通性，完全隔离的地表水或者地下水不符合国际水道的定义。而我国在相关公约中的水道指的是河流、湖泊、溪流和沼泽等地表水。由此可见，《国际水道法公约》所指的水道与我国法律意义上的水道并不一致，虽然我国并未加入该公约，但是基于我国在国际上的地位以及水危机的全球性特征，其难免会对我国流域治理尤其是跨界流域治理产生潜在的影响。

《国际水道法公约》第 24 条规定了国际水道的"联合管理机制"模式，并且将管理的目标明确限定为实现国际水资源的可持续发展。缔约国政府要结合保护与控制的基本原则尽最大努力促进水道的合理开发和最佳利用。联合管理机制为国际水道的可持续利用而建立，其实质是赋予缔约国政府相应的管理责任，为实现共同的目的而对各自的行为有所限制。《国际水道法公约》的一个重要特征是为了保护流域下游国家的利益而给上游国家施加一定的责任与义务，这就需要上游国家的充分认可和同意，才能确保联合管理机制的真正落实。

《国际水道法公约》的另一个重要内容是确定了缔约国在开发利用国际水道时应该遵守的三项基本原则，即对缔约国政府赋予的三项具体责任：（1）公平合理利用与参与的责任。该项责任规定于《国际水道法公约》第 5、6 条，被认为是国际水道法的基石，对其理解需要从以下两方面进行：一是水道国政府在其领土内公平合理地使用国际水道，在使用时要充分考虑相关水道国的利益，合理保护水资源，同时要力求实现水道的可持续利用；二是各水道国政府要主导以公平合理的方式参与水道的利用与保护，这种参与既包括参与水道利用，而且包括参与国际水道保护方面的合作。水道国在履行公平合理利用水资源的责任时要考虑如下基本要素，并且每一个因素重要性的决定要根据与其他相关因素的比较而得出：地理、气候、水文、生态等自然要素；相关水道国的社会与经济发展需求；对水道利用具有依赖性的人口数量；水道利用对其他水道国的影响程度；所利用水道的现有和潜在用途；对水道进行保护、保存、节约和利用所采取的措施的成本；对正在采用和计划采取的利用方式有无替代方案。（2）不造成重大损害的责任。《国际水道法公约》第 7 条规定，任何一个流域国或者水道国在利用跨界水资源时都要保证不对其他水道国的利益造成损害。该项责任实质上是对开发利用国际水道相关国家的权利进行的限制，其主要目的在于减少和控制水污染。不造成重大损害责任包括两层涵义：一方面，各国在自己领土内利用跨界水资源时，应该采取措施避免对其他流域国造成损害；另一方面，根据该公约第 21、22、27 条的规定，一国开发利用跨界水资源对其他国家造成损害时要采取一切适当措施消除或减轻损害，必要情况下要给予补偿。（3）国际合作的责任。公约第 8、9、10、11 条是关于国际合作在国际水道开发、利用、保护与可持续等方面重要性的规定。合作是水道国的一项重要国际责任，要求水道国秉承主权平等和领土完整的原则，在互利和善意的基础上为实现国际水道的充分合理利用而付诸努力。

虽然我国于公约表决时投了反对票，至今并未加入《国际水道法公约》，而且有学者认为我国不宜加入《国际水道法公约》，因为我国属于发展中国家，开发跨界水资源对我国政治、经济和社会发展至关重要，如果加入该公约，就意味着给我国发展套上了不必要的枷锁。但是，这并不表明我国不关注公约的生效情况。我国国际河流众多，面临的问题复杂，需要根据国情予以慎重考虑。无论在国际流域治理领域还是国内流域治理方面，可以考察《国际水道法公约》关于国际流域水资源开发治理的规则，尤其在各国政府责任的分配、执行与监督反馈方面，对我国流域治理中央政府与各地方政府责任承担及落实具有重要的启示和影响。而且，我国还需要关注该公约对周边国家的影响力以及周边国家对待该公约的态度，进而审视和预测其对我国与周边国家关系的影响。

（二）《欧经委水公约》

《欧经委水公约》是联合国欧洲经济委员会于 1992 年在赫尔辛基通过并于 1996 年生效的保护国际水资源的公约，其不仅规定了缔约方的具体义务和详细的执行标准，而且形成了以缔约方会议为中心的制度框架，进而促进欧洲经济委员会境内的跨境水合作。《欧经委水公约》的全球化过程经历了三个阶段：第一阶段（1992—2003 年）在欧经委区域内取得成功；第二阶段（2003—2015 年）通过公约修正案，努力追求全球化；第三阶段（2015 年之后）建立全球层面的公约执行框架，实现全球化。到目前为止，《欧经委水公约》已经有 41 个缔约国，为区域内水资源合作开发与利用发挥了很大作用。公约要求缔约方应采取所有适当措施以防止、控制和减少任何跨界影响，所采取的任何措施都应受预警原则、谁污染谁治理原则以及可持续发展原则的指导。为防止、控制和减少跨界影响，公约要求缔约各方应制定、接受、执行并尽力协调有关法律、行政、经济、金融和技术措施，以及根据最方便可得的技术确定从点源至地表水的排放限额，而且这些技术应是具体适用于产生有害物质的单个行业或产业技术。此外，公约还规定缔约方应建立监测跨界水体状况的项目，在有关防止、控制和减少跨界水体影响的有效技术研究与开发活动中进行合作，以及在尽速可行的时间内提供本公约各项规定所涉及问题的信息和进行最广泛的信息交换。在双边与多边合作方面，《欧经委水公约》规定在尚不存在协议的情况下，沿岸国需要在互惠互利、公平公正的基础上订立合作协议，并建立争端解决共同机构。

《欧经委水公约》是典型的框架性公约，其中包括的一般性原则和要求都需要通过后续的议定书或非强制性的法律文件来发展和获得可操作性。《关于水与健康的议定书》（1999 年）、《因工业事故给跨境水资源造成跨境影响而产生的损害的民事责任与赔偿议定书》（2003 年）等的签订，大大增强了公约的可操作性，为缔约国政府履行公约义务提供了较为明确、具体的标准。从执行效果上来看，公约得到了缔约各方的有效执行，成为欧经委区域内大量双边或多边协议的范本，并促成了域内所有主要流域联合机构的建立和已有机构的职权的加强。《欧经委水公约》缔约国认为公约先进的理念和规则原则、以缔约方会议为中心的执行机制，以及支持沿岸方跨境水资源合作的实践经验，均值得向全球推广，进而推进了《欧经委水公约》的全球化过程。2015 年 10 月 7 日，乌克兰批准公约修正案，标志着公约全球化的最后一道程序障碍得以破除，联合国其他成员均可以以较为简单的程序申请加入该公约。

《欧经委水公约》全面开始全球化时，正是《国际水道法公约》生效的第二年，从而使得该两个公约之间的相互协调成为缔约国政府需要重点关注的内容[1]。我国至今虽未加入这两个公约，但是从公约对中国的直接影响来看，有必要对二者进行分析比较：

（1）从制约强度来看，《国际水道法公约》因为倾向于最大限度保护下

---

[1] 张帆、孔令杰：《〈跨境水道与国际湖泊保护和利用公约〉的全球化及其对中国的影响研究》，载《武大国际法评论》2016 年第 2 期，第 281~299 页。

游国家利益而给上游国家增加了额外的国际负担，我国是发展中国家，而且处于许多国际流域的上游，目前不宜加入该公约。而与《国际水道法公约》相比，《欧经委水公约》对上游国家的约束更为严格，其规则和标准更加细致和具体，操作性更强。与《国际水道法公约》仅规定不造成"重大"损害的义务不同，《欧经委水公约》还规定了一系列规则和标准以对缔约国义务进行细化和补充，并且要求沿岸国通过制定议定书或其他法律性文件以及设立联合执行机构以强化防治和控制跨境影响的义务。

（2）从执行机制来看，虽然与《国际水道法公约》相比，《欧经委水公约》不包含强制执行的事实调查程序，而只是采取有选择性的强制司法解决途径，并且只要不主动选择就不受其约束。然而，《欧经委水公约》的以缔约方为中心、以执行委员会为专门执行机构的执行监督机制，虽宣称"非对抗性"和"协助性"，但是执行委员会有权要求缔约国政府制定符合公约要求的行动计划、定期提交有关行动的进展报告和必要的其他信息，以及对于不遵守公约的缔约方，执行委员会有权宣告缔约方不遵守公约和暂停缔约方特权，这些惩罚性措施均比《国际水道法公约》的规定更具有强制性。

（3）从理念上来看，《欧经委水公约》更加注重从环境整体保护的角度考虑水资源的可持续发展和利用，并突出强调综合性流域系统保护以及流域国之间的协作管理等理念。就国内环境保护和生态发展而言，我国需要并且正在坚持流域综合管理和流域生态系统的整体性，这一点毋庸置疑，但是就全球发展而言，我国仍是发展中国家，在跨境水资源问题上更加关注"水资源的公平合理利用"。所以，相比《欧经委水公约》来说，《国际水道法公约》体现的"水资源公平合理利用"更能体现中国目前的发展诉求。

（4）从法律性质来看，《国际水道法公约》以国际水法的习惯法规则为基础，进而对这些现有规则进行综合编纂。而《欧经委水公约》在这方面表现出明显的超前性，公约内容并不局限于国际水法的习惯法规则。因此，从这个角度来说，中国目前不加入《欧经委水公约》的国际道德义务比《国际水道法公约》的更小，而正是在这样的情况下，我国更需要加强国内流域治理，强化政府在流域治理中的责任，以应对未来国际流域治理中越来越严格的责任要求。

## 第二节　国外流域治理政府责任的理论与实践

现代水法产生之初，其规制的对象往往是开发利用水资源的单位和个人，进入工业文明之后，逐渐增加并加大了对水环境及相关生态系统造成直接或者间接损害的单位和个人的规制，于是水法律在内容设置方面主要突出对企业和个人义务和责任的规定。此后，随着环境法律数量的增加，水法律数量也有所增加，但是正如环境法中规定的环境管理权比较分散且地方性较强一样，水法律也表现出类似问题，其对水资源问题的定位不够准确，整体联系性和广泛影响性不足，而且各国均认为包括水污染在内的环境污染和自然资源保护属于地方性事务，即使有些法律中规定了国家的环境管理责任，也被分散在诸多部门之中[1]。20世纪60年代开始，环境法律得以迅速发展，水法律也相应地发生了许多变化，最明显的是突出政府责任对流域治理的重要性，于是在水法律中加强对政府责任的规定，尤其是美国、英国、澳大利亚的水法律发展表现得最为典型。世界各国在工业化与现代化的进程中都面临着不同程度的流域治理难题，我国人均水资源不足且水资源分布严重不均，流域治理问题更加严峻，政府责任的实现更具复杂性和综合性。美国最早开始实行以流域为单元的水资源管理，英国在小流域治理中积累了丰富的经验，而澳大利亚在流域治理中运用了先进的技术，且流域法律较为完善，因此，本书选取美国、英国和澳大利亚作为域外比较的对象，借鉴其成熟的流域治理经验，对我国完善流域治理机制、促进政府责任实现具有重要意义。

### 一、美国田纳西河流域治理政府责任理论与实践

（一）美国水法政府责任概述

美国是世界上最早就流域管理进行立法并予以切实实施的国家之一；例证是后面讨论的1933年《田纳西流域管理局法》。可以说，美国在流域治理方面形成了较为成熟的治理理论，并且积累了比较丰富的实践经验。从法律与政府责任的关系来看，20世纪60年代开始，美国环境法与水资源法律在制

---

[1]　蔡守秋主编：《环境资源法教程》，高等教育出版社2004年版，第22页。

定过程中，特别突出对政府责任的规定，一方面为了加强法律的时效性，另一方面也说明了美国正在经历着从传统政府向责任政府与服务政府的转变。例如，美国于 1969 年通过的《国家环境政策法》（The National Environmental Policy Act），对政府环境责任的规定非常典型[1]。该法明确规定其立法目的是宣示国家环境政策，充分了解和认识自然资源对人类生活和发展的重要性，以及倡导采取一切合理且可能的措施防止或减少对环境与自然资源的损害。在国家环境政策方面，联邦政府将与各州、地方政府以及各类公共和私人团体合作，采取切实可行的措施和手段，创造和保持人类与自然和谐共处的条件，从而增进人类福利，满足当代及其子孙后代对可持续发展的要求。为了落实政府责任并促进政府对环境政策的执行，该法还进一步规定了各级政府有责任采取与国家政策根本理念和宗旨相一致的其他措施，从而改变或改善联邦政府的资源规划、机构职能，以最大限度保护环境，促进包括流域水资源在内的自然资源的合理开发利用。另外，美国《国家环境政策法》还对联邦机构的其他义务进行了规定，要求联邦政府及其机构必须遵守环境质量标准和规范，联邦机构要与各州政府及其机构保持密切沟通，在收到各州有关环境或自然资源政策法律的建议时，要及时作出回应和调整。

鉴于《国家环境政策法》对政府责任的详细规定与大力推进，美国有关水资源和水环境的单项立法也纷纷制定或者修订，从而进一步明确和完善了政府在水资源开发利用以及流域治理等各个环节中的责任。在水污染控制方面，美国国会于 1948 年制定了《水污染控制法》，1965 年又对该法进行修订并且通过了一部名为《水质法》的修正案。按照修正后的规定，美国水污染控制的责任主要由各州承担，这就是美国联邦体制下，在各州独立自主的基础上又通过明确责任来对州政府进行一定程度约束的体制特征。1972 年美国又对《水污染控制法》进行大幅度修订，于是通过了名为《清洁水法》的修正案。修订后的《水污染控制法》虽然仍然承认各州对水污染控制负主要且具体的责任，但是却大大加强了联邦政府对水污染控制方面的整体规划与统一监督的权力与作用，从而保持了联邦政府的权威。至此，在水污染控制方

---

　　〔1〕　张建伟认为，在某种意义上，美国《国家环境政策法》可以说是一部政府环境责任法。参见张建伟：《政府环境责任论》，中国环境科学出版社 2008 年版，第 37 页。

面，美国建立了一个类似于《清洁空气法》的由联邦政府制定基本政策和排放标准并由州政府进行实施的水资源管理体制[1]。

（二）综合治理理念与田纳西流域管理局的产生

美国的密西西比河流域包括六大支流流域，其中田纳西流域由于其成功的治理实践而对美国环境与自然资源治理发挥了极为重要的作用。密西西比河流域有 93 条河流是跨州河流，所以在流域治理中，跨地区、跨部门的流域协调机构是治理成功的关键，作为支流层面上最著名的田纳西流域管理局（Tennessee Valley Authority，TVA），直接隶属于联邦政府，其独立的实体机构属性明显区别于其他支流委员会或联合会[2]。

田纳西流域管理局的产生具有一定的历史背景。1907 年，罗斯福总统成立了一个内陆水资源委员会，主要对综合利用河流进行航运、防洪和发电的可能性进行研究。研究得出了这样一个结论，即所有对水资源的使用以及对每一段水道的利用都应该被视为相互关联的[3]。由于西部地区紧迫的灌溉用水需求以及全国范围内电能短缺，国会认识到只有协调河流开发目标才能满足州际之间经济发展需求[4]，因此于 1925 年委托内陆水资源委员会对通航河流和支流进行调查，调查的目的是提高河流的通航能力并且有效开发潜在水能，如防洪和灌溉，最后形成了关于河流综合研究的 308 份报告[5]。20 世纪 30 年代，"地区主义"的概念得到了越来越多的支持，一个区域是一个统一的行动单位，区域计划应该成为应对市场失灵、实现发展以及使整个国家走出经济大萧条的关键。在这样的背景下，罗斯福政府于 1933 年通过了《田纳西流域管理局法》，并在该法中规定成立田纳西流域管理局。罗斯福总统对田纳西流域管理局的定义是，那是一个有望实现工业、农业、林业、防

〔1〕 王曦：《美国环境法概论》，武汉大学出版社 1992 年版，第 308 页。

〔2〕 陈瑞莲等编著：《中国流域治理研究报告》，格致出版社 2011 年版，第 76 页。

〔3〕 Teclaff L A.，"The River Basin in History and Law", *American Journal of International Law*, 1967, 63（1）：170.

〔4〕 Reuss M.，"Reshaping national water politics：the emergence of the Water Resources Development Act of 1986", *Legislation*, 1991, 3（9）：65—66.

〔5〕 Kenney, Douglas S.，"Resource management at the watershed level：An assessment of the changing federal role in the emerging era of community-based watershed management", 1*Natural Resources Law Center*, University of Colorado, School of Law. 1997：7.

洪于一体的大规模计划，而且不仅是有利于当代，更是为了后代而考虑。总体而言，田纳西流域管理局需要实现的目标有四项：保护水资源与水环境、改善国家整体经济状况、促进社会福利增加、带动地区经济发展。至此，美国开启了田纳西流域治理的历史，由于其新颖的治理思路和治理模式，田纳西的经验在美国树立了良好的典型。

田纳西流域管理局是美国的一级联邦机构，其特殊性在于是在政府主导下成立和发展的，既拥有政府机关的权力，又具有私营企业的主动性与灵活性[1]。田纳西流域管理模式是以流域为单元，对流域内全部自然资源进行综合规划、开发、利用与保护，流域机构虽然以治理流域水资源为核心，但是却大大超出水资源的管理范围，是通过对水资源的综合利用来实现经济社会的有序发展。为了扩大田纳西流域管理局的权限，《田纳西流域管理局法》经过几次修改，虽然修改后法律结构基本保持不变，但是田纳西流域管理局的主要任务和目标随需求的变化而有所调整。TVA 管理虽然曾在美国历史上因为区域发展的强大权威而遭受过许多质疑，但是不可否认其成功的实践对美国以及世界范围内同样面临流域水资源和经济发展危机的其他国家产生了积极影响[2]。

（三）田纳西流域治理政府责任

总结田纳西流域管理模式的具体措施，政府在其中发挥了重要作用，并主要表现在如下方面：

（1）政府主导建立符合流域特征的水污染治理机制。田纳西流域管理局是联邦政府的组成部门，在联邦政府的推动下成立，直接隶属于国会。政府以法律形式授予田纳西流域管理局广泛的权力，并且在资金上给予最大限度的支持，使田纳西流域管理局具有直接投资、目标明确和快速见效的特点。

（2）构建防治水污染的流域综合开发机制。1930 年之前，田纳西流域的主要问题在于污染、洪涝和水土流失。田纳西流域管理局自成立以来，在联邦政府的要求和督促下，一方面致力于土地资源的综合整治利用，成立示范

---

[1]　《鄱阳湖研究》编委会：《鄱阳湖研究》，上海科学技术出版社 1988 年版，第 539 页。

[2]　田纳西流域管理局在产生之初，在美国遭受过许多反对意见，反对的理由基本集中在各州不愿意分享成本和让步他们的特权，而且这些反对意见大多来自于私人水电公司、担心失去习惯水权的用水户以及希望将权力转移至联邦的相关机构。

农场、改变农耕方法、合理使用农药化肥，普及农业知识，并且教育和引导农民进行植树造林，不仅增加了农民收入，提高了社会生活水平，而且有效防止了水土流失，恢复了流域内生态环境平衡。另一方面致力于水资源的综合治理和开发以及水利、电力、交通等的发展。流域内建立了60多座具有防洪、发电和航运的多目标综合性水坝，基本遏制了洪水导致的生态破坏以及有效减少了洪灾造成的经济损失。并且，依托田纳西河的交通建立了与美国其他21个州的水运联系，大大促进了区域经济与水生态管理系统健康稳定的协同发展。田纳西流域综合治理成功的另一重要原因是政府提供有效的资金和技术支持。

（3）政府按照产业化与市场化规则为田纳西流域发展提供强有力的法律保障和经济保障。为带动全流域的经济发展，国家大力加强流域综合治理，突出对贫困地区进行扶持。此外，为了使田纳西流域管理局成为联邦政府促进地方经济繁荣的有效工具，联邦政府从政策层面和经济层面确保其高效运行。在技术支持层面，美国联邦政府中与水资源业务有关的机构如水保局、环保局、林务局在工程管理中积极使用现代化手段，鼓励和支持田纳西流域管理局对技术的检索与运用，扩大流域管理机构的自主权，确保其拥有雄厚的技术力量，进而更好地发挥监督和指导作用。

（4）政府为流域治理制定了完善的政策与法律。美国政府针对流域治理采取了多种方式，且都是以严格的政策和法律为基础。田纳西流域治理就是在联邦政府制定的《田纳西流域管理局法》的法律框架内运行的。该法规定，田纳西流域水资源综合治理的途径是建立既具有管理协调性，又具有建设实体性的流域管理机构，从而使得田纳西流域管理局拥有法律上的长久且稳定的运行保障，保持其具有较高且独立的法律地位〔1〕。不仅联邦政府以法律形式协调田纳西流域管理局与其他机构和私人的关系，而且田纳西流域管理局也可以在权限范围内制定必要的体现联邦政府意愿的规划类法律文件〔2〕，体现了政策法律的内外双向保障作用。

---

〔1〕 邓可祝：《论我国流域管理法律制度的完善》，载《科技与法律》2008年第5期，第28~32页。

〔2〕 Newson, M., *Land Water and Development：Sustainable Management of River Basin Systems (second ed)*, Routledge, New York, USA. 1997：28-32.

## 二、英国泰晤士河流域治理政府责任理论与实践

### （一）英国流域治理法律体系的发展

英国历史上曾经历了严重的水危机，19世纪以来，水污染问题已到了难以控制的程度，并一度成为英国政府最为重要的国家事务。在严重的水危机引起社会动荡和经济衰退的背景下，政府开始进行水污染治理，并于1875年和1876年分别通过了《公共健康法》和《河流控制法》，标志着英国以政府为主导的水污染治理正式开始[1]。1879年，地质学家托普利斯（Toplis）提议在英格兰和威尔士成立12个与河流流域有关的机构，并且由工程师进行管理。但是，这样有预见性的提议却没有得到重视，因为设立该类机构需要集中的权力和责任，以及由市政机构在财政上保障供水和提供卫生服务。

此后很长时间，英国的水污染以及排水问题仍然很严重。1930年，《土地排水法》明确规定废除水道管理委员会，将国家划分为以47个集水区为基础的排水区域，并以疏浚水道和全面改善排水工作为中心。1945年英国又颁布了《水法》，1948年排水委员会被34个河流委员会取代，而这些河流委员会也吸纳了之前对渔业和污染控制有管辖权的行政当局。1957年《水污染防治法》的通过标志着水资源开发利用活动需要以流域为单元由专门的流域管理机构进行管理和控制的思想得到了发展。1963年《水资源法》规定对利用水资源的行为实行用水许可，在29个河流管理区引入了水费制度，进一步巩固了流域管理组织的权力。这种集中管理和控制水资源的行为在1974年达到了顶峰，当时水资源管理机构经过重组后形成10个功能齐全的流域水务管理局，流域内不再按过去行政划分的模式进行管理，其管辖权扩大到供水和污水处理，每个水务管理局统一管理其管辖范围内的地表水和地下水的水质与水量，财政收入源自水费和排污费的收取以及环境服务和旅游业等的综合收入[2]。至此，英国政府对水质、水量、水工程和水处理等真正实行了一体化

---

〔1〕　Kinnersley, D., *Troubled Water: Rivers Politics and Pollution*, Shipman, London, 1988：423.

〔2〕　孙义福、赵青、张长江：《英国水资源管理和水环境保护情况及其启示》，载《山东水利》2005年第3期，第12~13页。

流域管理[1]，复杂但具有相互依赖性的水问题将由一个负责外部性内部化的强大机构进行解决[2]。事实上，英国多功能流域水务局的产生是对流域内部问题外部化以及水质问题和流域水资源转移的必要性的回应，体现了集权化有助于改善管理和扩大规模经济。此外，对市政公共设施（不包括私营）的吸收还导致了在相同组织下标准化设置和经营的合并。从多头分散管理到集中的一体化流域管理，英国不但实现了水资源的可持续利用，而且促进了经济与社会的快速发展。流域一体化管理模式的成功实践，也被称为英国水管理历史上的"现代革命"[3]。

（二）泰晤士河流域治理

泰晤士河位于英国伦敦南部，河流长度为338公里，流经伦敦等10多个城市，流域面积达13 000平方公里。历史上，泰晤士河是英国重要的母亲河，孕育了1157万的流域人口，验证了风景如画的传说。但是，工业革命以来，泰晤士河遭到了严重污染，流域生态环境失衡，成为世界上污染最为严重的河流之一[4]，以致伦敦频繁出现霍乱，1832年因霍乱死亡5275人，1848年至1849年以及1853年至1854年各阶段仅两年时间死亡人数分别达14 789人和11 661人[5]。

英国政府高度重视泰晤士河的流域治理，从19世纪开始至今，泰晤士河流域治理经历了三个重要阶段：第一个阶段是指1850年至1954年，该阶段的流域治理主要集中于污水排放系统和河坝筑堤建设，初步确立了河流污染治理规划。政府通过部门改革，成立了"都市水务局"，集中负责泰晤士河污染治理。都市水务局在工程师约瑟夫·巴扎尔基特（Joseph Bazalgette）的提议下，同意建立城市污水规划。根据该规划的要求，都市工务局在泰晤士河

---

〔1〕 Newson, M., *Land Water and Development：Sustainable Management of River Basin Systems (second ed)*, Routledge, New York, USA. 1997：28~32.

〔2〕 Molle F., "River-basin planning and management：the social life of a concept", *Geoforum*, 2009, 40 (3)：484~494.

〔3〕 卢祖国、陈雪梅：《论我国流域管理碎片化治理之策》，载《生态经济》2009年第4期，第162~165页。

〔4〕 Garis Y B：《泰晤士河下游水环境治理》，杨曦绯译，载《水利水电快报》2005年第4期，第25~27页。

〔5〕 Wood L B, Ager D V., *The restoration of the tidal Thames*, Hilger, 1982.

两岸建立巨大的排污下水道管网，通过两岸的排污管道分别将来自两岸的污水引至贝肯顿（Beckton）和克罗斯内斯（Crossness）污水库[1]。待至退潮时将闸门开启，从而将污水直接排入北海。为避免暴雨导致的污水库爆满，又分别于 1878 年和 1886 年在北岸和南岸修建水泵站和雨水排水管，暴雨情况出现时直接将污水排入河中[2]。该种污水截流和处理法，在当时的情况下确实对缓解城市水污染起到了非常明显的效果，得到了社会的普遍认可，但是，不可否认的是，将污水直接排入大海的方式无非是缓兵之计，治标不治本。正因为如此，泰晤士河的问题很快又显现出来，1878 年"爱丽丝公主号"沉船事件[3]强有力地证明了当时污水规划的严重弊端[4]。第二个阶段是指 1955 年至 1975 年，该阶段主要是对污水处理进行研究以及对流域管理体制的变革。此时正是英国水资源治理从地方分散管理向集中的流域管理的历史过渡，为保护流域生态环境，解决泰晤士河的水污染问题，1974 年英国政府主导成立了新的河水管理局，即泰晤士河水务局[5]。泰晤士河水务局也被称为"国外典型的综合性流域管理机构"[6]，负责对泰晤士河流域进行统一管理。水务局董事会由 1 名主席和 15 名委员组成，董事会主席和委员分别由分管环境、农业、渔业等业务的人员担任，其主要工作是制定流域发展中长期规划、水资源监测、年报计划及报表制定等。泰晤士河水务局的经费主要来自于水费、排污费等的征收，只有在防洪等特大工程方面需要政府拨款，

〔1〕 Stephen Halliday, *The Great Stink of London: Sir Joseph Bazalgette and the Cleansing of the Victorian Metropolis*, Thrupp, Stroud, Gloucestershire, Sutton Publishing Limited, 1999.

〔2〕 汪秀丽：《国外典型河流湖泊水污染治理概述》，载《水利电力科技》2005 年第 1 期，第 14~23 页。

〔3〕 1878 年，"爱丽丝公主号"游艇在贝肯顿下水道出口处沉没，死亡 640 人。据官方调查显示，许多人死亡不是因为溺水，而是由于水中大量的有毒有害污染物质导致的中毒死亡。沉船事件引起了很大的社会效应，基于公众对规划的强烈不满，政府指示工务局对巴扎尔特污水处理进行改善，于是出现了污水库附近的污水处理厂。至此，通过化学沉淀法将污水中的固态垃圾分离出去之后再运至北海倾倒。See Stephen Halliday, *The Great Stink of London, Sir Joseph Bazalgette and the Cleansing of the Victorian Metropolis*, Gloucestershire: Sutton Publishing Limited, 1999. p. 103.

〔4〕 梅雪芹：《"老父亲泰晤士"：一条河流的污染与治理》，载《经济社会史评论》2008 年第 0 期，第 75~87 页。

〔5〕 Charles A. R. Webster., *Environmental health law*, Sweet & Maxwell, 1981.

〔6〕 郑春宝、马水庆、沈平伟：《浅谈国外流域管理的成功经验及发展趋势》，载《人民黄河》1999 年第 1 期，第 44~45 页。

所以在工作上不受地方当局的牵制[1]。随着水务管理局逐渐拥有更多的权限，其在筹措资金、制定流域层面的法律法规方面更具有自主性和独立性[2]。英国泰晤士河水务局与美国田纳西流域管理局的最大区别在于前者对政府的依赖性较弱，其经营业务不包括流域内发电与航运，也不包括除水务工作之外的其他内容，所以从职能上来定义，泰晤士河水务局属于纯粹的水资源管理机构，虽然由政府主导成立，但是在业务上与地方政府当局的交叉较少，这就避免了许多矛盾冲突，从而使得英国的这种水资源管理模式更容易推进[3]。第三个阶段为1975年之后，流域水资源管理工作进入巩固和完善阶段。泰晤士河流域水资源管理方法，不仅从资金方面大大缓解了国家地方财政的压力，同时也促进了经济的迅速发展[4]。不断成熟的流域管理机制，加之先进的污水处理技术，以及伦敦经济模式转变，使得泰晤士河流域水污染压力越来越小，成功经验的传播更加频繁。

泰晤士河治理成功，很大原因在于政府主导进行体制改革和科学管理，政府责任的履行和有效落实为流域治理提供了保障。按流域对水资源进行管理是国际上较为流行的水治理体制模式，虽然各国自然和经济条件差异较大，但是政府在流域或区域开发要求以及水资源管理的具体决策方面均发挥着关键作用[5]。总结泰晤士河流域治理的实践经验，政府的重点工作和责任可以归纳为如下几项：

第一，集中统一管理，按照自然规律对水资源进行开发、利用与保护，防止对水资源的浪费和水生态环境的破坏。由政府成立的泰晤士河水务局对流域水环境进行统一管理，包括水文网站的建设、水资源监测系统管理、城

---

[1] 肖文燕：《20世纪国外流域管理经验及对鄱阳湖流域管理的启示》，载《江西财经大学学报》2010年第6期，第83~88页。

[2] 王友列：《泰晤士河水污染两次治理的比较研究》，载《佳木斯大学社会科学学报》2014年第2期，第55~57页。

[3] 徐荟华、夏鹏飞：《国外流域管理对我国的启示》，载《水利发展研究》2006年第5期，第56~59页。

[4] 许建萍、王友列、尹建龙：《英国泰晤士河污染治理的百年历程简论》，载《赤峰学院学报（汉文哲学社会科学版）》2013年第3期，第15~16页。

[5] Rodasevich, G. E. and Douglas C. Olson, "Existing and emerging basin arrangement in Asia: the tarim basin water resources commission and the mekong river commission", *Third Workshop on River Basin Institution Development*, Washington, The World Bank, 1999.

市供水、农田灌溉用水以及各种防洪、娱乐与水上旅游等。此外，在流域范围内水质标准的确立、水管理相关制度的建立等方面也有很大权限。从而最大限度避免了管理过程中各部门之间由于分工不明确导致的职责重叠、相互掣肘等问题，大大提高了工作效率。

第二，政府严格控制"三废"污染排放。根据《公共健康法》和《水污染防治法》规定，各工厂所排污水必须经过处理达到一定水质标准后才能排入泰晤士河；严格实行排污许可证制度，各工业企业排放污染物之前必须申请排污许可证，获得批准后方能排污；对于未按照法律规定采取"三废"排放措施的，要承担相应的法律责任。

第三，资金和技术保障水工体系完整。英国政府高度重视科学技术的重要性以及科学技术对水污染的控制作用，一方面建立了河内人工充氧措施，最大限度降低污染负荷和减轻暴雨造成的水质恶化[1]，另一方面从水厂到废水处理，再到养鱼、灌溉、防洪与水生态环境养护等综合利用，均建立在严谨的科学研究和技术实践的基础上。在资金支持方面，泰晤士河水务局在近百年的治理过程中，投入治理费用高达300多亿英镑，在政府主导下充分调动了企业和社会的积极性，为私营部门进入污水处理市场创造了良好的政策与制度环境[2]。

第四，完备的水法律法规为水资源管理长效机制的建立提供法律依据。泰晤士河流域治理成功的关键在于政府与公众下决心集中精力全面治理水污染，在政府推动下，议会通过了《水法》《水污染防治法》《河流法》《水资源法》等法律法规，促使政府在防治河流污染问题上走向法制化道路，为各项水规划以及流域管理体制的建立和完善创造了良好的法律环境和制度基础。

## 三、澳大利亚墨累-达令河流域治理政府责任理论与实践

### (一) 澳大利亚流域治理政策法律沿革

澳大利亚流域管理最显著的特征是由行政分割而形成的横向并存的各级

---

〔1〕 李芳、徐祖信：《苏州河与世界著名河流的治理比较分析》，载《上海环境科学》2003年第C1期，第28~31页。

〔2〕 苏颖等：《泰晤士河与淮河水污染治理比对分析》，载《水利科技与经济》2007年第8期，第565~567页。

行政辖区政府，又被称为流域政府，可见，政府在流域管理中的作用十分重要[1]。20世纪以来，随着水资源利用的负外部性现象突显，澳大利亚的水资源危机也越来越严重，促使政府逐渐意识到流域水资源和水环境保护的重要性，进而对流域管理体制进行大幅度变革，实施了以流域为单元的一体化水资源管理。墨累-达令河流域位于澳大利亚东南部，是澳大利亚最大的流域，流域面积约106万平方公里，约占国土面积的14%，该流域水系为全国提供了75%的国内用水、农业用水和其他行业用水，是国家最重要的水源之一，对国家人民生活和生产发挥了巨大作用[2]。所以，澳大利亚水资源管理以及流域立法主要是围绕墨累-达令河展开的。

在联邦水法产生之前，澳大利亚水法律主要以1993年《新墨累-达令流域协议》和2003年《国家水行动》（National Water Initiative）为主。《新墨累-达令流域协议》的产生致力于推动和制定流域发展规划，通过有效的管理实现流域内水资源、土地资源和其他环境资源的公平、合理和可持续利用。该协议的产生取代了1987年《墨累-达令流域协议》，最后成为各缔约州的水法。协议提出了"墨累-达令流域行动"的概念，力求通过各州之间的协商沟通以实现流域一体化管理。《国家水行动》的制定是基于1994年2月澳大利亚政府间理事会批准的《水改革框架》，为了应对水改革进展缓慢的问题[3]。《水改革框架》的制定目的在于通过改革水价、水权和水资源管理体制，协调和统一管理全国范围内的水资源及其相关事项，并要求各州政府有责任确保水资源以可持续的方式进行利用。但是，无论是1992年《新墨累-达令流域协议》还是《国家水行动》，都是以协商和实验性为特征，都缺乏对水资源进行全流域综合管理的有效手段，终不能解决墨累-达令河流域所面临的跨行政区之间用水利益与风险分担的问题[4]。

---

〔1〕 王勇：《澳大利亚流域治理的政府间横向协调机制探析——以墨累-达令流域为例》，载《天府新论》2010年第1期，第162~165页。

〔2〕 Thampapij. Ai V. , "The Murray-Darling Basin-Sustainable Development and Water Trade", *Environmental Policy and Law*, 2006, 36（1）：42-46.

〔3〕 Connell D, Grafton R Q. , "Water reform in the Murray-Darling Basin", *Centre for Water Economics Environment & Policy Papers*, 2010, 47（12）：490-500.

〔4〕 王树义、吴宇：《中澳流域规划法律性质及其利益预分配功能之比较分析》，载《甘肃政法学院学报》2010年第4期，第98~104页。

1993 年，流域政府共同通过了《新墨累-达令流域协议》，使得墨累-达令流域协议正式得以法律化。该法虽然没有对流域管理规划予以具体规定，但却明确指出流域管理规划可以作为流域管理的方法，各州在此之后相继制定了州内流域水资源管理规划。1996 年，澳大利亚发布《关于生态系统用水供应的国家原则》，指出环境用水应该得到法律上的承认[1]，并针对如何合理利用和保护环境提供了政策性指导。2004 年 6 月，联邦政府、维多利亚州、新南威尔士州、南澳大利亚州、昆士兰州、北部地区、首都地区共同签订了《关于国家水资源行动计划的政府间协议》（下称《行动计划协议》）[2]，塔斯马尼亚州和西澳大利亚州分别于 2005 年、2006 年加入。该协议主要对水资源配置及由水资源分配制度变化引起的风险评估和风险防范措施等进行了规定[3]。为了落实《行动计划协议》，联邦政府制定了 2004 年《国家水事委员会法》，并根据该法成立了国家水事委员会。从澳大利亚水事监督工作评估报告的内容来看，国家水事委员会作为澳大利亚水事改革的监督和责任考核机构，为该国家政府和公众了解《行动计划协议》的实施情况、督促各州和地区继续进行水事改革起到了良好的推动效果[4]。

2007 年，为了更进一步推进国家水行动，澳大利亚联邦政府颁布《水法》，尽管该项法律并不适用于整个澳大利亚，但是其对流域规划、水市场建立规则、环境用水、水信息提供、州际水事纠纷解决等进行的规定在《行动计划协议》的缔约州内发挥了非常积极的作用。早期澳大利亚水法律采用的是河岸权原则，但是基于经济发展压力以及环境保护与国际义务承担之间的关系越来越紧密，河岸权原则下的水权缺陷不断凸显[5]，因此需要制定在一定区域内适用的水法律与政策。联邦《水法》的重点任务是建立流域规划以

〔1〕 和夏冰、殷培红：《澳大利亚水管理法律规定及启示：基于〈水法〉》，载《国土资源情报》2017 年第 12 期，第 15~20 页。

〔2〕 Pittock J, Finlayson C M., "Australia's Murray-Darling Basin: freshwater ecosystem conservation options in an era of climate change", *Marine & Freshwater Research*, 2011, 62（3）：232-243.

〔3〕 胡德胜、左其亭：《澳大利亚河湖生态用水量的确定及其启示》，载《中国水利》2015 年第 17 期，第 61~64 页。

〔4〕 胡德胜、王涛：《中美澳水资源管理责任考核制度的比较研究》，载《中国地质大学学报（社会科学版）》2013 年第 3 期，第 49~56 页。

〔5〕 胡德胜等编译：《澳大利亚水资源法律与政策》，郑州大学出版社 2008 年版，第 17~19 页。

促进流域水资源可持续管理，并用 53 个条文对流域规划与特殊水资源规划作了详细规定，流域规划也因此产生了法律意义。流域规划旨在为全国范围内水资源的可持续利用提供框架安排，要求州在与联邦政府流域规划原则和目标一致的基础上建立州内流域规划，并且允许不同利益主体参与流域内水资源统一管理规划的制定与实施。2007 年，联邦政府宣布通过"水安全国家规划"，又称"十点规划"，针对澳大利亚乡村地区缺水、用水效率提高以及政府投资推进计划作了明确规定，而联邦《水法》正是为规划的推进提供了有效机制[1]。

2008 年 3 月，澳大利亚联邦与各州共同签署了《墨累-达令流域改革谅解备忘录》，将流域大尺度规划权赋予了墨累-达令流域管理局和联邦水资源部长，明确了各州对流域水资源的管理权以及对联邦政策决策的参与权。同年 7 月又签订了《墨累-达令流域改革政府间合作协议》，规定墨累-达令流域改革机制，各州与联邦政府在良好关系框架下，促进流域内水资源与其他自然资源的统一管理。

（二）墨累-达令流域政府间协调治理模式

墨累-达令流域治理模式是基于墨累-达令流域特殊的环境资源、社会文化与管理政策而形成的治理方案。墨累-达令流域治理问题其实是关于五个州政府与联邦政府之间利益分配与风险承担的体制问题，因此，政府作为该治理模式的最重要主体，推动着体制建立和完善。政府利益与流域环境利益的权衡、各州政府之间权利与义务的博弈、州政府与联邦政府的关系定位，既是政府如何作为的问题，也是政府责任履行的问题，从而使得政府责任成为墨累-达令流域治理理论与实践的关键考量。

为适应墨累-达令流域水资源状况以及经济发展的变化，墨累-达令流域治理模式在以府际协调治理为核心的基础上经历了一个历史性演变过程，这个过程通常表现为流域政府间就水资源管理以及辖区内流域水资源消费的负外部性治理达成有关合作协议[2]。19 世纪末，墨累-达令流域第一份政府间

---

[1] Papas, Maureen, "The proposed governance framework for the Murray-Darling Basin", *Macquarie J. Int'l & Comp. Envtl. L.* 2006 (4): 88.

[2] 王勇：《论流域水环境保护的府际治理协调机制》，载《社会科学》2009 年第 3 期，第 26~35 页。

水资源消费负外部性治理协议《墨累河水协议》产生，尽管该协议产生的直接原因是墨累-达令流域人口主要集中区七年旱灾导致的用水冲突[1]，但其却印证了政府责任理论的发展，以及责任政府在流域治理领域的体现。1915年，澳大利亚联邦政府、维多利亚政府、南澳大利亚政府以及新南威尔士政府共同签署了《墨累河水协议》，据此成立了墨累河委员会。墨累河委员会由签订协议的四方政府代表组成，每一缔约方政府都有否决权，并且可以利用所辖区内墨累河支流的水资源。但是，墨累河委员会不是真正意义上的流域管理机构，没有从根本上实施流域统一管理，墨累河水资源状况并未明显改善。在此背景下，协议各方政府继续探索政府间流域协调治理方式，终于在1987年10月重新缔结了《墨累-达令河流域协定》，并据此设立了墨累-达令河流域管理机构。该流域管理机构由墨累-达令河部级理事会、墨累-达令河社区咨询委员会和流域委员会组成，其中，部级理事会是墨累-达令河流域管理委员会的决策机构，为流域内水资源开发与其他自然资源的管理制定计划、确立方针政策；社区咨询委员会的职责是收集和调查与流域水资源管理相关的自然资源情况和信息，一是报告给部级理事会使其成为决策制定的依据，二是报告给流域委员会，方便委员会了解与社区有关的意见和建议；委员会是一个独立机构，是部级理事会的执行机构，负责流域内水资源分配、实施流域管理政策、向理事会提供咨询意见并代表理事会向政府负责。此外，委员会还下设办公室，负责日常事务[2]。完整的流域管理机构组织机制，高效方便地促进协调规划与管理，从而在实现墨累-达令流域水资源、土地资源与其他环境资源的平等、高效和可持续利用方面发挥了决定性作用。

（三）流域治理中的政府主体

联邦制政体的国家意味着各州的自主权力较大，在跨行政区流域治理过程中需要政府作为主导进行利益协调，采取有效方式处理流域治理的负外部性问题。所以，无论是联邦政府还是州政府，或是地方政府，它们在澳大利亚流域治理中均发挥着十分重要的作用。

（1）政府层级机制。澳大利亚的水资源所有权归各州所有，各州对水资

---

[1]　王勇：《澳大利亚流域治理的政府间横向协调机制探析——以墨累-达令流域为例》，载《天府新论》2010年第1期，第162~165页。

[2]　The Murray-Darling Basin Commission，http://www.mdbc.gov.au/，2018-1-19.

源管理具有很大的权力，且使用水资源时常常会对流域内其他州造成外部不经济性，不利于流域水资源的可持续发展。基于此，澳大利亚建立了联邦、州、地方三级政府治理层级机制。2007 年，澳大利亚颁布联邦《水法》，其中重要的内容就是建立了联邦环境保护局和墨累-达令流域管理局，改变了联邦和州政府之间关于水资源的权力结构，加强了联邦政府从整体上对流域水资源的管理和控制力，使澳大利亚成为联邦制国家中第一个通过达成全国范围内的协议来重构联邦和州政府关系以解决涉及不同司法管辖权的水问题的国家[1]。联邦政府通过环境保护局和墨累-达令流域管理局制定全国范围内流域管理政策和计划，建立统一的机制和准则将水资源纳入整个流域框架，改变各州完全自主享有管理水资源的格局。当然，联邦政府还会给各州在资金方面的支持，以促进其进行流域水环境治理。虽然联邦政府负责制定全流域政策和计划，但是具体的环境监测、用水分配等工作仍然需要各州政府负责进行，而且地方政府还需要根据联邦政策制定具体的州政策。此外，地方政府也在流域管理中发挥着重要作用，特别是为了更好地执行墨累-达令流域管理局的政策，地方上成立的 8 个墨累-达令流域管理组织，负责区域层面上的项目计划的制定与执行、管理生态用水、与地方就用水权益分配进行协商等，从而与社区建立良好的伙伴关系[2]，对促进公众参与流域治理具有重要的推动作用。

（2）政府主导的协同治理机制。澳大利亚流域治理具有复杂性和广泛性，流域治理所涉及的不同行政区域之间存在着利益冲突与妥协，需要多主体协同治理，形成政府、企业、社区、公众与非政府组织的多元治理机制。制度经济学表明，有效的沟通能够促进主体之间的信息对称，节约合作成本，并且可以减少因主体追求自身利益最大化而造成对流域治理目标的负外部性影响。澳大利亚建立了政府主导的协同治理机制，并突出对政府间关系的协调、政府与社会关系的协调。

---

〔1〕 Dameron G. , "Environmental Water Governance in Federal Rivers: Opportunities and Limits of the Subsidiarity Principle in Australia's Murray-Darling River", *Water Policy*, 2012, 33 (2): 42-5.

〔2〕 Roberts A M, Seymour E J, Pannell D J. , "The Role of Regional Organizations in Managing Environmental Water in the Murray-Darling Basin, Australia", *Economic Papers A Journal of Applied Economics & Policy*, 2011, 30 (2): 147-156.

　　针对政府间关系的协调，澳大利亚建立了联邦政府与州政府以及州政府之间的协商交流平台，通过两种方式加强和促进政府间的联系：一是利用各种流域机构，比如，作为墨累-达令流域管理机构组成部分的部级理事会和流域委员会，它们都属于流域协调机构，对加强各州之间的沟通发挥了重要作用。再如，根据澳大利亚水法成立的联邦流域管理局，其在联邦和各州之间发挥了良好的桥梁和纽带作用，有效推进了流域法案和政策计划的执行。二是政府间通过协商达成的流域协议，构成各州之间关于流域水资源权益分配的约束性文件，对解决流域治理外部不经济性问题至关重要。政府与社会关系的协调，是整合社会资源、将社会力量纳入流域治理的重要途径。社区咨询委员会负责收集和整合社区资源和信息，并将其提供给政府和流域部级委员会，使其成为政策和流域规划制定的重要依据。另外，政府还特别注重非政府组织力量的参与，通过资金和政策协助成立非政府组织，使其积极参与流域治理实践，发挥流域治理的集群优势。

　　（3）政府学习机制。在流域治理中，政府需要获取广泛的水资源信息和水环境相关知识，从而提高流域规划和环境政策的针对性和可靠性。澳大利亚政府尤其注重从社区和公众中获取知识和信息，并针对此建立了良好的政府学习机制[1]。一方面，通过社区咨询委员会和流域委员会加强与社区沟通，了解公众对水资源分配、水价调整以及水工程环境影响评价的认识和反馈，从而方便政府实时调整政策，确保政策的及时性和准确性。另一方面，政府加强公众参与，为大学和科研机构提供参与水环境治理研究的途径和机会，公众的政策建议是政府制定水资源发展计划的重要参考。澳大利亚政府具有良好的政府学习机制以及公众广泛参与的传统，比如1984年形成的全流域管理政策，即"TCM 政策"，就是以"公众与政府一起努力"为主题[2]。此外，有效的水资源改革能够平衡竞争性用水与生态环境用水进而实现水安全[3]，

---

　　〔1〕　范仓海、周丽菁：《澳大利亚流域水环境网络治理模式及启示》，载《科技管理研究》2015年第22期，第246~252页。

　　〔2〕　陈慧：《澳大利亚的全流域管理》，载《环境导报》1997年第1期，第3~5页。

　　〔3〕　Connell D, Grafton R Q. , *Basin Futures*：*Water reform in the Murray-Darling Basin*，ANU E Press，2011：8.

所以澳大利亚水资源改革突出增加环境用水份额，改善环境用水管理[1]，政府注重在环境用水保护制度方面的学习机制创新，由政府作为水环境的"代理人"参与水权市场交易，最大限度保护生态环境用水。

## 第三节　域外流域治理经验教训及对我国的启示：以政府责任法律规制为中心

前述分析了国际水法律和非法律文件对跨界流域治理中政府责任的相关规定，以及美国、英国、澳大利亚流域治理的治理理念和实践经验，通过对比发现，虽然各个国际性文件的侧重点均有不同，但是却在指导缔约国政府履行国际责任、促进国际合作方面发挥了极大作用；各国在具体的流域治理中，虽然各流域因其自然状况、所处经济发展阶段和社会发展水平不同，流域治理措施存在差异，然而在水资源管理的基本原则方面具有相似性，并且都注重政府在流域治理中的作用。

（1）国际法协会的三份引领性文件和联合国有关国际水道开发利用的两项公约，均从不同角度对国际流域的范围进行了界定以及针对缔约国提出了许多义务性规定，但总体上都是以有利于各缔约国更好地履行其国际责任、实现国际流域可持续开发利用为原则。总体上，这些法律和非法律文件呈现出三个特点：第一，缔约国不仅有责任防止对国际流域造成新的污染或者损害，而且要避免以维护国际流域为由而造成对其他流域国利益的损害；第二，缔约国之间要尽最大可能进行国际合作，通过流域环境监测、紧急情况下援助、信息交流等方式定期交换有关跨界流域水量和水质的信息，做到联合利用、综合管理；第三，关于国际争端的解决方法，突出了设立联合机构的指导作用，赋予缔约国政府相应的管理责任，为实现流域可持续发展而对各自行为有所限制，这对我国建立跨区域水资源争端解决机制大有裨益；第四，联合国有关国际水道保护的公约，规定了公平合理利用原则、不造成重大损害原则，以及在公约内容不具体的情况下通过制定标准和规则对其予以

---

[1]　Robinson I., "Environmental water management in Australia: experience from the Murray-Darling Basin", *International Journal of Water Resources Development*, 2014, 30 (1): 164-177.

细化，为缔约方政府提出了较为明确的法律义务，具有很强的指导性和规范性。

（2）政府主导进行流域治理法律法规的制定。流域水污染和水环境破坏具有产生容易、恢复困难的特点，这就要求在流域治理中要坚持预防为主与防治相结合的原则。美国、英国、澳大利亚在流域治理中十分突出法律法规对流域治理的保障作用，并且在政府主导下制定了水资源相关法律，如英国的《流域管理条例》，澳大利亚的《新墨累-达令流域协议》和联邦《水法》，美国的《环境政策法》《田纳西流域管理局法》等，不仅对政府推进流域治理进行了规定，而且有些法律是流域管理机构产生的直接依据，赋予流域管理机构广泛的权力并且规定其具体的职责内容。流域层面上的政策法律是对流域事务进行全面规划管理的法律依据，同时也为流域治理有序推进提供了法律保障。

（3）突出政府协调的流域管理体制模式。许多流域治理成功的国家都有强有力的流域管理机构，并且制定了由政府进行协调的流域协调机制。泰晤士流域管理局、墨累-达令流域管理局以及田纳西流域管理局均拥有很大的行政管理权限，流域董事会作为流域管理局的决策机构，其组成人员一般是流域内各有关州政府和其他相关行政部门的负责人。流域管理机构在政府主导下执行政府在该流域内资源综合开发和统一管理的任务：一方面确保该地区经济发展；另一方面加强对资源与环境的保护。政府行政人员作为流域管理机构决策层面的组成部分，对流域管理机构具有监督、指导作用。另外，鉴于流域管理机构的跨行政区域性，政府还在流域管理机构与地方政府的权力与利益协调方面发挥着重要作用，负有协调之责。这种体制安排为联邦政府与各州政府、流域管理机构与各州政府、各州政府与地方政府之间建立了良好的沟通平台。为准确了解各国流域管理模式，笔者对美国、英国和澳大利亚代表性流域管理模式进行如下比较。

美国、英国、澳大利亚代表性流域管理模式比较表[1]

| 不同点 | | | | | 相同点 |
|---|---|---|---|---|---|
| 流域名称 | 产生背景 | 机构类型 | 机构特点 | 机构权限 | |
| 美国田纳西河流域 | 环境破坏经济落后污染严重 | 流域管理局水务局 | 国有民营、营利性实体政事结合、非营利实体 | 环境、经济社会发展统一规划、偏重管理 | 政府主导、流域整体、公众参与、市场化 |
| 英国泰晤士河流域 | | | | | |
| 澳大利亚墨累-达令河流域 | 水土流失环境恶化 | 流域管理委员会 | 规划协调、非独立实体 | 州际规划、综合协调 | |

（4）多主体参与流域治理作为政府主体的补充。流域管理往往涉及多方利益，因此利益相关方的广泛参与对确保政策法律制定的合理性和实施效果的最大化具有重要意义[2]。发达国家流域治理成功的重要原因是政府作为主导并注重引入市场和公众等多种治理主体，充分发挥多主体的能动性和创造性。例如，澳大利亚在流域治理过程中，将公众参与视为流域一体化管理的重要手段，联邦《水法》对公众参与的方式进行了规定，在流域规划过程中，公众可以通过提交建议书的方式进行参与。流域管理局拟定流域规划的草案后，为公众提供参与流域规划制定的基础，在所涉及的科学知识和采用的经济分析方法等方面，要做到方便公众监督和查阅。通过对英国泰晤士河流域两次污染治理实践的对比发现，第二次流域污染治理实践之所以成效显著，很大原因是公众环保意识增强。公众向政府提出参与流域治理的要求，对政府行为及其责任履行起到了很好的监督作用。此外，市场化也是流域治理的有效经济手段。建立流域水市场，在出现水资源共享或者水文联系以及供水体系方面的情况时，流域内各州进行水权交易就显得非常必要。美国和澳大利亚流域治理不仅注重行政和法律手段，而且按照污染者付费和使用者付费的原则，提升市场机制在流域治理中的地位和作用。在引入多主体参与流域

---

〔1〕 席酉民等：《国外流域管理的成功经验对雅砻江流域管理的启示》，载《长江流域资源与环境》2009年第7期，第635页。

〔2〕 唐艳冬等：《借鉴国际经验推动我国重点流域综合管理》，载《环境保护》2013年第13期，第30~33页。

治理的过程中，政府积极发挥引导作用既是政府流域治理责任履行的表现，也是建立公众、市场与政府协同治理的重要途径。

# 第四节　小结

本章以国际视野研究流域治理与政府责任的关系以及政府在流域治理中的责任表现和责任实现的状态。一方面，由于国际上普遍关注流域问题，产生了以《赫尔辛基规则》《汉城规则》《柏林规则》《国际水道法公约》以及《欧经委水公约》等为代表的国际流域非法律和法律文件，这些文件均从不同角度对各国政府在国际流域治理中的权利义务进行了规定。在国际层面上，尽管政府责任表现为主权国家责任，但仍然关系着各国在应对跨界流域水危机以及解决本国流域生态环境恶化时政府如何发挥治理主体功能的问题。《赫尔辛基规则》作为国际淡水资源保护的重要文件，规定了各国政府有责任防治和减轻国际流域水污染，并且对因水资源引起的国际争端解决提出了要求。《汉城规则》对国际流域的范围作了扩大解释，无论含水层及其中的水是否形成流入共同终点的水系统中的地表水，这些国家都属于流域国，从而赋予流域国政府更大的责任。《柏林规则》规定了各国政府均应该负责任地保护流域内的可更新资源和不可更新资源，并且从环境影响评价、信息交流、环境监测以及紧急情况下的援助与合作等方面对缔约国政府的实践进行指导。《国际水道法公约》虽然因突出对下游国家利益的保护而使缔约国数量有限，但是公约提出的缔约国在开发利用国际水道时应该遵循的公平合理利用与参与原则、不造成重大损害原则以及国际合作原则对各国政府行为具有很大的影响。《欧经委水公约》不仅规定了缔约方的具体义务和执行标准，而且形成了以缔约方会议为中心的制度框架，在促进跨界水合作方面发挥了重要作用。

另一方面，以美国、英国、澳大利亚为代表的发达国家在工业化进程中都不同程度地面临着流域水资源危机，他们在流域治理中形成了特色鲜明的治理理论与实践经验。美国在1969年《国家环境政策法》的基础上开始突出流域治理与政府责任的结合，综合治理理念与田纳西流域管理局的产生，创造了田纳西模式。英国流域治理产生于水污染极其严重的背景下，经过长期探索和积累，产生了1957年《水污染防治法》，标志着英国以流域为单元进行流域治理的理论得到发展和加强。泰晤士河作为英国流域治理的典型案例，在经历了三个阶段的发展后，形成了集中统一管理、政府严格控制"三废"污染排放、资金与技术保障、水法律法规完备的治理思路。澳大利亚流域治理主要围绕墨累-达令流域展开，政府的层级机制、协调机制和学习机制是墨累-达令流域政府间协调治理模式的核心内容。总结各国在流域治理中形成的理论与实践经验，虽然侧重点各有不同，但是在水资源管理的基本原则方面保持一致性，政府主导进行流域治理法律法规的制定、突出政府协调的流域治理模式、多主体参与流域治理作为政府主体的补充，这些均值得我国学习借鉴。

# 第五章 理念层面：流域治理政府理念转变

"理念"一词有不同的概念，美国著名学者约翰·E.托伯曼在《创新理念管理》一书中这样进行定义："理念是一种想法，理念的力量是现存最有力的力量之一"[1]。理念与价值取向有着内在的相关性。运用人们对价值取向的认识，也可以这样理解理念，即一定主体基于自身的价值选择而在面对或者处理矛盾、冲突以及关系时所表现出的态度和倾向。生态文明与可持续发展是21世纪社会发展的两大重要命题，按照这一命题，流域管理不再是单纯地对水资源进行开发与利用，而应该更加注重调节生态环境保护与经济社会发展以及人与自然的关系，从而促进现代意义上的协调发展和可持续发展，促进生态文明与经济社会发展的关系以及文明进程。因此，流域发展需要进行理念上的转变，尤其作为流域管理中最重要的政府主体，其责任形态和责任履行的方式需要发生根本性转变。事实上，在环境领域，传统的管理理念已经在很大程度上限制了管理效率的提升和政府环境责任的完善，因此，完善政府环境责任需要进行理念转变。

由于管理理念存在的问题，20世纪90年代西方社会提出了治理理念，并且被实践证明治理是一种比管理更有效、更符合社会发展规律的社会管理方式。治理与管理的区别取决于政府，所以，研究从流域管理向流域治理转变，进而完善我国流域治理政府责任就显得十分必要。本章体现了本书的第二个

---

〔1〕 〔美〕约翰·E.托伯曼：《创新理念管理》，方海萍等译，电子工业出版社2004年版，第392页。

创新之处，即善治是治理的追求目标，流域治理的过程就是实现流域善治的过程。基于政府责任在流域治理中的关键地位和作用，论证了政府责任与流域善治的关联性要素是政府责任法治化。

## 第一节　治理与善治理念

治理和善治理论是 21 世纪国际社会的前沿理论之一，其产生伴随着经济市场化与政治民主化、经济全球化与世界多极化的时代特征，是西方国家民主政治和政府管理发展的反映，同时也体现了发展中国家经济发展所需条件的变化[1]。鉴于治理理论本身所具有的合理性与客观性，不同领域的学者从不同学科的角度对其进行分析，用以反映政府与市场、政府与公众、政府与社会的关系，并且希望在经济学、社会学、行政学，尤其是法学和政治学中寻求治理理论可以适用的基础。治理与政府改革和政府责任的变迁密切相关，法治是治理最为关键的要素之一，所以法学领域治理理论的发展既有历史背景又有发展前景，作为治理终极目标的善治，更有其产生和发展的必要性和必然性。

### 一、治理的内涵及国家治理与政府角色定位

#### （一）治理的内涵

"治理"（Governance）一词最早出现于 1989 年世界银行对非洲经济状况的分析报告中，在此之后，关于治理问题和治理理念在理论界与学术界引起了普遍关注。"治理"的原意是控制、引导和操纵，从其产生以来，它就被以多种方式使用并且赋予了不同的涵义，达成的基本共识是：治理是关乎管理方式的发展，治理使得公共部门和私人机构之间的界限变得模糊；治理的本质集中于管理机制，虽然仍是以政府为主导，而这些机制不再被限定在对权威的依赖和政府的裁断上[2]，而且正是因为既强调政府主导又弱化对权威的

---

〔1〕　何增科：《治理、善治与中国政治发展》，载《中共福建省委党校学报》2002 年第 3 期，第 16~19 页。

〔2〕　Stoker G., "Governance as Theory: Five Propositions", *International Social Science Journal*, 1998, 50（155）: 17–28.

依赖，使得政府具有更大的责任，只是这种责任的履行不再如传统的表现形式。治理与统治从字面意思上来看区别并不大，而且经常在国家公共管理以及国家政治事务中混用，但事实上，治理与统治有着本质的区别，正如法国学者让-彼埃尔·戈丹（Jean-Pierre Gaudin）所说，治理从头到脚都区别于统治[1]。治理赋予了统治新的涵义，意味着统治的条件和统治方式开始发生变化[2]。概括来讲，治理与统治至少在如下两个方面不同：一是，治理也需要权威，但是这种权威不完全依赖于政府，它可以来自公共机构，也可以来自社会机构，还可以来自公共机构与社会机构的组合。这其实反映了治理的主体多元化和主体之间是平等的关系，并且从权威来源的多路径可以看出治理所及范围没有边界，其以公共议题为对象所以边界更广。二是，治理方向不再局限于自上而下，也可以自下而上，还可以是平和互动，这就决定了治理方式具有灵活性，可以在协商、沟通和合作的基础上建立主体间认同的社会事务管理方式[3]。并且，这种治理方式还决定了治理的依据有强制性制度和柔性契约两种。

从市场和国家的角度来看，治理的产生还具有更深层的原因。治理之所以在西方国家首先被提出和使用，是因为西方国家的政治学家和理论学家最早发现市场在社会资源配置过程中会出现市场失灵，进而在由国家进行干预时又产生了政府失灵，所以需要一种新的方式通过多主体的组合和对权力的合理利用从而达到对市场失灵和政府失灵的预防和规避。市场失灵通常表现为以市场为资源的配置方式无法实现帕累托最优的结果，尤其在克服市场垄断、限制个人极端行为、控制公共物品提供等方面最容易导致不良后果。当然，在这种情况下作为弥补市场失灵的政府干预可以发挥极大的作用，但是毕竟政府也存在失效的可能，依靠政府的行政计划手段同样也会在保障公共社会权益方面出现保障乏力[4]。于是，在市场失灵和政府失灵的双重风险

〔1〕［法］让-彼埃尔·戈丹：《现代的治理、昨天和今天：借重法国政府政策得以明确的几点认识》，陈思译，载《国际社会科学杂志》1999年第1期，第49~58页。

〔2〕俞可平主编：《治理与善治》，社会科学文献出版社2000年版，第1~2页。

〔3〕俞可平：《治理和善治引论》，载《马克思主义与现实》1999年第5期，第37~41页。

〔4〕［英］鲍勃·杰索普：《治理的兴起及其失败的风险：以经济发展为例的论述》，漆燕译，载《国际社会科学杂志》1999年第1期，第31~48页。

下，逐渐出现了治理机制以应对市场和政府的不确定性。

（二）国家治理与政府角色定位

治理与政府责任的关系十分密切。英国学者格里·斯诺克（Geri Snooker）认为治理理论具有五个要点[1]，其中关乎政府行为和政府责任的一项是这样表述的，办好事情的能力并不在于政府的权力，不在于政府下命令或者运用其权威，政府可以动用新的工具和技术来控制和指引，而政府的能力和责任均在于此[2]。治理并不是削弱政府的权力或是减少政府的责任，而是要求政府以一种区别于传统的方式发挥主导作用，这对政府责任履行的过程和结果提出了更高的要求。治理可以发生在国家、市民社会和私人部门之间，各个主体之间通过协商、互动等形式管理相关社会、经济和政治事务。其中国家治理是有关国家制度体系的问题以及政府如何运用各种资源实现合法、高效、顺畅的权力运行状态，并且获得社会认同[3]。在国家治理现代化的时代背景下，同时产生了国家治理体系和国家治理能力两个概念，构成国家治理现代化的核心部分，为国家治理现代化创造条件。国家治理体系是一国用来规范权力运行和维护社会公共秩序的一系列制度的总称，其对经济、政治、社会和生态文明建设至关重要。国家治理能力是国家制定国家政策、治理国家经济社会事务以及社会公共秩序的能力的表现。国家治理现代化的过程，本质上就是政府治理现代化的过程，这就需要对政府的角色进行重新定位，要求政府不只是传统意义上的管理政府，更应该是服务政府、法治政府和责任政府。

（1）治理与服务政府。服务政府就是通常意义上的服务型政府，是指在公民本位与社会本位理念的指导下，按照社会民主秩序的框架，遵循法定程序

---

〔1〕 治理理论的五个要点分别是：（1）治理是指在政府但不限于政府的一套社会公共机构和行为者；（2）治理理论明确指出在为社会和经济问题寻求解答的过程中存在界限和责任方面的模糊之点；（3）治理理论明确肯定涉及集体行为的各个社会公共机构之间存在着权力依赖；（4）治理指行为者网络的自主自治；（5）办好事情的能力并不在于政府的权力，不在于政府下命令或运用其权威，而在于政府可以动用新的工具和技术来控制和指引。

〔2〕 ［英］格里·斯托克：《作为理论的治理：五个论点》，华夏风编译，载俞可平主编：《治理与善治》，社会科学文献出版社2000年版，第35~45页。

〔3〕 Sudders M, Nahem J., *Governance indicators：a users' guide (2nd Edition)*, United Nations Development Programme, 2007.

和公民的意志而成立并以服务公民为宗旨的政府[1]。服务政府是相对于统治政府和管理政府而言的，但是，并不是说服务政府没有统治和管理职能，而是说在治理理念的指引下，政府的主要责任已不是管理和统治，而是更多地偏向对公共社会的服务。治理以协商、沟通和伙伴交流为主要方式，只有服务才是这种方式最好的体现。判断服务政府的三个标准分别是：政府是否以公民和社会的权利为本位；是否建成与经济发展水平相适应的社会服务体系；公共服务的各项测评和考核机制是否健全。

（2）治理与法治政府。法治政府的终极目标是保障公民和社会的权利，要求政府权力的组织和运行都必须限定在法律的框架内，所有政府行为都要接受法律的监督。治理之所以是新型的管理形态，很大原因在于法律在其中发挥的作用更加重要。法治政府肯定了宪法和法律具有至高无上的权威，政府的任何行为都必须依法而行。鉴于治理的参与主体除政府之外，还有公民、企业或其他社会组织，所以政府决策必须体现民主性、协商性和科学性，这就要求政府必须具备科学可行的决策形成机制。此外，政府还必须有健全的行政立法体系、执法体系和对行政相对人损害的赔偿、补偿和复议制度等，只有将权力的产生、运行和结果评定都纳入法律的轨道，才是治理理念下的法治政府。

（3）治理与责任政府。责任政府的最主要体现是政府为政府机构及其工作人员建立了完善的责任控制体系。政府需要根据其职能配置履行相应的义务，并且承担不当履行或不履行义务的后果。责任政府需要明确"权力"与"责任"的对应关系和相辅相成的关系，脱离责任而对权力的行使，必然不是责任政府该有的状态。为了确保政府不脱离责任，还要建立相应的预防体系，即评价政府行为的责任清单制度和责任追究机制、绩效考核机制、事故问责机制等。治理最在乎秩序，而要保证秩序稳定，就必须要用责任来对主体行为构成约束[2]。

---

[1]　刘熙瑞：《服务型政府——经济全球化背景下中国政府改革的目标选择》，载《中国行政管理》2002 年第 7 期，第 5~7 页。

[2]　方盛举：《国家治理现代化进程中的政府与社会》，载《哈尔滨工业大学学报（社会科学版）》2017 年第 1 期，第 24~30 页。

## 二、流域善治的内涵及自然资源善治的基本规则

### (一) 流域善治的内涵

治理可以有效弥补市场和政府在资源配置、协调与调控社会事务过程中的不足，但是治理也并不是万能的，由于缺乏像政府管理那样的威权力，也没有如市场一般可以在大多数资源配置中表现得游刃有余，所以，治理也存在失效的可能性。如何才能在市场与政府的基础上建立有效的治理体系，需要对治理的核心进行解析。杰索普（Jessop）认为，治理的关键在于，目标总是存在于谈判与反思的过程中，要实现最终的目标，就需要不断调整谈判与反思，使其逐渐靠近目标的范围值。就这个结论而言，可以将治理的失效归因于有关利益各方对原定目标实现的可能性或是目标是否有效发生争议，但是并未就目标进行重新商定而导致的目标落空。当然，针对治理的有效性问题，理论界也出现了许多讨论，例如，健全的治理、元治理和有效的治理等，得到学术界广泛认可并且被国际组织多次使用的是良好的治理，即"善治"。

"善治"就是指通过政府与社会、公共部门与私人部门的协作和沟通，从而使社会公共利益最大化的管理过程。善治是国家与公民社会的一种新颖的关系安排[1]，是治理的最佳效果，也是政府与社会经过合作后达成的具有很强稳定性与持久性的状态。从本质上看，善治也是治理，只不过是一种"好"的治理，当治理同时满足以下三个条件时它就成为善治：一是善治的过程涵盖透明度和公信力等要素；二是善治的内容包括平等和公平等价值观念；三是善治在可用性上必须保证公民特别是弱势群体的基本需求和有尊严的生活[2]。但是，善治不同于善政。自从产生了国家和政府以来，善政便成了人们所期待的政治生活的理想形态，这一点无论在国外还是国内，无论在古代还是现代，都具有基本类似的含义，而且善政几乎没有例外地包含严明的法度、廉洁的官员、良好的服务与最优的效率。但是，随着社会复杂性、综合性和不确定性因素的增加，善政终究无法应对如此多变的局面，于是逐渐受

---

〔1〕 铁错：《"善治"视野下构建和谐社会中的政府治理》，载《宝鸡文理学院学报（社会科学版）》2007年第1期，第9~15页。

〔2〕 国际行动援助中国办公室编译：《善治：以民众为中心的治理》，知识产权出版社2007年版，第10页。

到善治的挑战。从管理到治理、从善政到善治，体现了政府责任中心的转移、社会公共事务的变化、更高级文明如生态文明和自然资源可持续的需求增加，这一系列新的关系的产生，是伴随新政府管理理论、公共选择理论以及人类与环境关系的发展而逐渐突显出重要性的。关于善治的构成要素，不同学者从不同角度得出了相对不同的结论，比如法国银行家玛丽-克劳德·斯莫茨（Marie Claude Smouts）认为，善治至少包括以下四个方面的要素：①公民安全得到保障，法律得到尊重并且一切有序的状态都源自于司法独立，即社会奉行"法治"；②拥有公权力的机构在管理公共事务中能够做到公正地管理开支，进行有效地行政管理；③公共机构的领导能够做到对人民负责，实行职责和责任制；④信息灵通，确保民众能够及时方便地了解公共事务的管理情况，即保证信息公开与透明。我国学者俞可平对治理与善治的研究较为深入，在识别国内外学者对善治的研究的基础上，形成了关于善治的较为成熟的理论，并把善治的基本要素概括为七个方面，即合法性、透明性、责任性、法治、回应、有效、稳定，这些要素的实现程度越高，善治就越可能〔1〕。

（二）自然资源的善治规则

生态系统具有内部的活动性、相互渗透性以及由此产生的复杂性和不确定性〔2〕。对于可持续的资源利用来说，许多不确定性来自于过去活动带来的意想不到的后果〔3〕，因此，不可避免地需要持续的与环境条件相适应的治理结构的出现，并且这种治理结构应该具备预测、对长期的定位、可持续发展的视野以及培养适应性能力的功能，从而有力地诠释了自然资源善治产生的必要性与客观性〔4〕。（自然）资源的配置和所有权问题将是和平谈判桌上最重要的考虑因素〔5〕。人类的任何活动都是直接或者间接利用自然资源

〔1〕 俞可平主编：《中国治理变迁30年》，社会科学文献出版社2008年版，第238～239页。

〔2〕 Soroos M S, Dryzek J S., "Rational Ecology: Environment and Political Economy", *American Political Science Review*, 1989, 83 (2): 270-661.

〔3〕 Allan C, Curtis A., "Nipped in the bud: why regional scale adaptive management is not blooming", *Environmental Management*, 2005, 36 (3): 414-425.

〔4〕 Kemp R, Parto S, Gibson R B., "Governance for sustainable development: moving from theory to practice", *International Journal of Sustainable Development*, 2005, 8 (1-2): 12-30.

〔5〕 Renner G T., "Natural Resources in the Post-War World", *American Journal of Sociology*, 1944, 49 (5): 430-440.

的活动[1]。自然资源善治既遵循善治的基本构成与逻辑，同时又具有资源管理的特点，总结自然资源善治规则，不仅有利于对自然资源治理提供规范指导，而且能够丰富和完善善治理论，为流域善治与政府责任的关联性论述做好铺垫。

（1）合法性规则。合法性指的是：①一个组织的管理权力的有效性源于其来自于民主的法规或是得到组织的利益相关者的接受；②权力被下放至最底层但仍可以被有效地执行；以及③权力的执行是完整的。合法性是集体共享规则的接受和证明，合法性的核心问题是谁有资格制定规则以及权力本身是如何产生的[2]，并且成为治理安排能否产生有效性的关键因素。在自由民主制度中，合法性被描述为授予或者是输入合法性的民主代表[3]。政府通常通过民主程序被合法化，其决定通过立法和其他形式的监管和政策来衡量。地方政府和法定机构可以通过上级政府的立法而间接地获得民主的权力。如果程序（任命、决策和财务事项）是有规律的，并且包含民主过程的一些方面，比如透明度和财务问责制，也可以间接地获得合法性。问题是，间接的民主权威能否为从私人部门和公共部门利益出发的组织提供足够的合法性。合法性还要求管理人员以正直的方式行使他们的权威，如此他们才可以在解决利益冲突时，不会为他们的个人利益而左右处理结果，并做到诚实行事。这些完整性条件为治理合法性提供了一个平台，它与哈贝马斯的沟通理性的关键要素具有一致性，这种沟通方式通过诚实、清晰和真诚等标准来判断沟通的质量。沟通理性具有特殊的应用价值：首先在环境政策中，比如可持续资源管理，问题的复杂性和利益多样性表明，利益相关者之间需要进行高质量的交流；第二，在环境治理中，政策的有效性依赖于真正的利益相关者的参与以及他们之间的信任[4]。

（2）透明性规则。透明性是指：①决策过程的可见性；②作出决策的推

---

〔1〕 胡德胜：《市场全球化下的战略性自然资源国家治理》，载《重庆大学学报（社会科学版）》2016 年第 3 期，第 129~135 页。

〔2〕 Bernstein S., "Legitimacy in Global Environmental Governance", *International Journal of Comparative Labour Law & Industrial Relations*, 2005, 1（1-2）：139-166.

〔3〕 Boedeltje M, Cornips J., "Input and output legitimacy in interactive governance", *Public Performance & Management Review*, 2004（NIG2-01）.

〔4〕 Selman P., "Social Capital, Sustainability and Environmental Planning", *Planning Theory & Practice*, 2001, 2（1）：13-30.

理具有明确性；③组织中关于治理和执行的相关信息的现实可用性。总之，关于自然资源管理的优先级和投资的所有决定都应该让利益相关者知晓。透明性对做出决定的主体来说是必需的。例如，根据授予或委托给个人或机构的权力所做出的决定；根据多数规则进行投票或协商一致的程序；或者基于专家意见、专业判断、正式的决策辅助方法比如多中心分析或利益成本分析方法所做出的选择。为了便于访问，一些利益相关者还可能要求用特定的方式提供信息[1]。比如，一些非汉语为主的地区的利益相关方可能要求提供除汉语之外的其他语言的资料；一些利益相关者可能要求参加实际活动而不愿意阅读出版物或者是上网查询信息；或者一些社区团体可能更趋向于通过口头交流而不是用书面形式获取信息。

（3）问责性规则。问责性是指：①决定和行动责任的分配和接受；②对责任是否得到满足以及如何得到满足的说明；当决策制定程序的有效性对其权威和信誉至关重要时，问责就成为治理的关键问题。澳大利亚自然资源管理过程中，问责的具体表现是双向的，向上对国家、州和地区政府，向下对地方、区域社区或者是合作伙伴[2]。纵向问责往往比横向问责更有效，横向网络和非政府集体中问责的效果仍然不明显。在直接民主参与的情况下，问责的实现也不容易，公众需要获取信息的方法、进行有意义的切磋、获得更多的参与机会。遵从监管要求是善治的重要组成部分，遵从意味着遵守相关的法律、标准和规范，拥有关于义务、执行和财务计划的遵从性项目；有监管一致性的体系，比如内外部审计体系、符合外部报告要求的流程。

（4）包容性规则。包容性规则又称参与性规则，是指利益相关者参与的机会和决策制定过程对行动的影响[3]，当所有利害关系人都可以在相同基础上参与治理时，治理才被认为是有包容性的。由于自然资源管理中问题的解决方案往往需要在实践中进行多次修改，因此实现资源良好治理就需要让尽

---

〔1〕　Davidson J, Stratford E. , "The Social and Institutional Dimensions of Natural Resource Management-Building the Knowledge Base：Final Report", *Research*, 2000.

〔2〕　Rockloff S F. , "Organizing regionally for natural resource management in Australia：Reflections on agency and government", *Journal of Environmental Policy & Planning*, 2006, 8（3）：259-277.

〔3〕　该规则与合法性规则有些类似，但合法性规则主要强调代表性和接受性，而包容性规则主要强调的是机会。

可能多的受影响者参与。对于治理当局来说，掌握不同的观点和知识是很重要的，因为没有任何单独的参与者有足够的能力和资源可以提供解决所有资源管理问题的方案。当然，除了全面考虑利益相关者的意见外，包容性还体现在对治理体系本身的设计，也就是说，治理过程应该避免采取单一的自上而下的强制性体制模式，还应该采取互动合作的方式，所有现存的和潜在的利益相关者都可以参与其中并以平等合作的姿态进行信息沟通。为了帮助不同利益相关者的广泛参与，自然资源管理机构的选择应该包括从主动到被动的一系列参与机制：提供条件以克服参与障碍；满足利益相关方需要的实践安排；使用适合于文化和学习偏好的传递媒介。包容性还意味着，通过有针对性的参与过程，以及通过与参与者保持持续的对话，自然资源管理机构能够积极有效地与主要的利益相关者进行接触。

（5）公平性规则。公平性是指：①对利益相关者的尊重和关注；②决策的一致性且不存在个人偏见；③考虑分配成本和决策回报。自然资源管理中的问题往往很难确定应该由谁负责，所以解决起来并不容易。正因为此类问题具有交叉性，确保责任和角色在主体间公平分配就显得尤为重要。比如，个人不应该为公共利益负责，以及后代人不应该承担由当代人的经济活动造成的后果。自然资源使用的公平性同样适用于生物多样性和生态环境的保护。自然资源管理中突出战略重点还意味着资源管理的行动和投资在整个地区的分布并不均匀。尽管如此，以公平为依据的治理框架将确保决策和资源分配不会持续地偏向于任何特定的个人或部门，除非在商定的战略计划中需要这种偏向。而且，在治理过程中要为可能没有资格的利益相关者阐明优先性问题，争端的解决程序也必须保证是容易获得的。

（6）综合性规则。综合性是指：①不同治理级别之间的链接和协调；②同一治理级别的组织之间的联系和协调；以及③跨治理组织的有效性、计划与活动的一致性。由于自然资源可持续管理中的各种挑战具有相互关联性，所以工具理性的治理要求在不同规模的政府、不同政策部门和地区之间实现功能互联〔1〕。在多层次治理环境和区域可持续发展中，战略的连通性已被证

---

〔1〕 Dovers S., *Environment and Sustainability Policy*：*Creation*，*Implementation and Evaluation*，Federation Press, 2005.

明是可持续性的一个重要考虑因素。为了确保政策和管理工具的目标与执行保持一致性，自然资源管理机构应该确立一个由短、中期可衡量目标组成的计划；战略安排应该与其他政府层面的安排保持垂直一致；政策和管理工具应该在自然资源管理组织的各部门之间保持横向一致。此外，政策和管理工具的设计还需要考虑当地条件，并且以市场为基础在更大的政策层面上保持一致性，如水权交易应该结合区域发展规划，从而确保流域内环境流动的可持续性。

（7）能力规则。能力指的是促使组织和个人有效履行职责的系统、计划、资源、技能、领导力、知识和经验。有效的管理活动会受到很多因素的影响，如行政技能和领导力；技术、财务和管理人员的能力；培训；管理系统；知识；组织的成熟度；资金的可用性和持续性；不间断的计划等。因此，自然资源管理机构需要建立有效的财务管理、人力资源管理和信息管理系统，从而科学合理地分解组织的职责，提升组织的治理能力。知识及对知识的管理是解决不确定性、长期性、多维度和多样性等复杂问题的关键，广泛的知识来源对有效管理目标的实现极其重要，这些来源包括科学研究、实践经验以及对基本的生态知识的了解等[1]。

（8）适应性规则。适应性是指：①将新的知识和学习融入到决策制定和执行的过程中；②对威胁、机遇和关联风险的预期和应对；以及③对个人、组织的执行活动的系统反思。适应性要求管理机构能够重新安排其内部过程和程序以应对不断变化的内外部条件，也就是说治理主体对其管理变化要保持警觉性并有意识地采取应对措施，这些措施包括吸收新信息的过程、从经验中学习以及对假设的可能性进行测试的程序。一个具有战略、预期、前瞻性和创新性的组织，能够更好地了解外部环境、减少意外的发生，应对变化以及适应不断更新的主体需求[2]。与自然资源管理问题相关的各种不确定性和积极的反馈效应意味着，自然资源管理机构和组织必须能够适应自然系统的不断变化，并且应该以自适应治理、策略、计划和管理信息为基础采取有计

---

〔1〕 Berkes F, Colding J, Folke C., "Rediscovery of traditional ecological knowledge as adaptive management", *Ecological Applications*, 2000, 10（5）：1251-1262.

〔2〕 Ruggero Schleicher-Tappeser, "Filippo Strati. Structural funds and sustainable development the SQM approach", *Innovation the European Journal of Social Science Research*, 2004, 17（1）：75-95.

划的应对措施。

# 第二节 流域善治的逻辑

治理的最终目标是善治，通过社会主体间的协作管理促进社会公共利益的最大化，从而避免"无效治理"。根据这个逻辑，流域善治自然成为流域治理发展的必然趋势。流域善治是指，在流域管理过程中，改变传统的政府单一管理模式，发动广泛公众参与，形成融合行政手段、市场力量和公民参与的共同治理模式[1]，促进水资源可持续利用的同时实现公共利益最大化。除了遵循善治的基本规则外，流域善治的产生还与水资源的可持续性和政府非管理责任的扩张密切相关。流域善治有其自身的逻辑层次，这种逻辑既反映了良好水治理产生之必要性，同时对促进水善治从观念到制度再到运行各个环节的价值实现具有深刻的涵义。

## 一、流域善治与水的可持续性逻辑

随着对水资源整体性的认识和一体化资源管理的趋势加强，传统的流域管理方式已不能满足发展的需求，因为一直被人们熟知的社会市场和官僚行政管理手段尽管为物质财富的产生和问题解决提供了直接和有效的方案，现如今却在面对流域环境退化等复杂性和持久性问题方面表现出了无能为力。总体来讲，流域治理中的各种复杂性和不确定性[2]主要表现在如下方面：其一，各个治理主体之间的相互依赖性增强；其二，流域上、下游之间和流域内不同行政管辖区域内存在利益目标之间的冲突；其三，水资源问题中不断增加的复杂性、多样性和动态变化，使得没有任何一个单独的参与者有足够的资源或知识可以应对；其四，非线性效应会造成更大范围甚至是全球系统的不稳定性和不可预测性。

---

[1] 黄锡生、王国萍：《流域管理的善治逻辑与制度安排》，载《学海》2014年第4期，第54~57页。

[2] 流域治理的复杂性和不确定性是多方面的，源自于社会复杂性、科学复杂性、许多未知因素的不确定性以及各领域中相互冲突的风险和系统动态。流域治理的复杂性和不确定性说明了流域治理具有长期性。

要确保水资源的可持续性，就要从理念层面审视水资源的可持续性以及流域善治与水资源可持续性的逻辑关系。水的可持续是指，水资源管理体系的设计无论是现在还是未来，都应该完全有助于社会综合目标的实现，同时要有利于维护水环境、水生态和水文整体性和稳定性[1]。水的可持续至少包含如下七个方面的内容：满足所有人对水的基本需求；能够恢复和维护生态系统健康；符合最低水质要求，这些要求因地理区域和用水方式的不同而有区别；确保人们的活动不会对水资源存量和流量的可再生性造成损害；公开关于水资源的可获取量、水质条件、可利用情况的相关信息，并且提供可获取此类信息的方法和机会；为防止和解决水资源分配纠纷和用水冲突，需要成立相应的水资源管理机构；水资源规划和决策的形成过程和执行程序必须是民主的，无论什么级别的水资源规划与决策，都需要反映流域水资源各利益相关方的意愿和需求，并且为利益关联主体提供必要条件使其能够方便地参与决策制定。传统的水资源管理方法通常会导致管理主体之间利益多元化和结构异化，极易产生水事纠纷和冲突。水资源政策的确立往往忽略了对关联用水户利益与需求的考虑，并且缺乏各主体之间的跨组织、跨部门的沟通和协商，导致的直接结果是，可用的有限水资源和与水资源利用相关的其他资源并未应用到有利于社会发展最大化的领域中，没有达到社会综合效益的最优增长。这就需要寻找一种适当的综合性方法，体现主体多元、协商沟通、民主法治等特征，显然，流域善治与该方法所要达到的终极目标不谋而合，符合流域水资源可持续利用的内在逻辑。

对于流域水资源的可持续性，流域善治所体现的价值既符合宏观层面上公共利益的价值追求，同时也与微观层面上个体利益的目标需求具有一致性。从完整的价值系统角度看，流域善治从理念到制度，再到规范和运行，除了需要建立在公共利益和个体利益的价值基础上，还需要操作层面的实现机制。具体而言，流域善治于操作层面上的实现机制体现在水资源管理公信度、流域公平以及流域安全，三个维度的内容既构成流域善治的本质，同时也是流域善治的功能体现[2]。

---

〔1〕 Loucks D P., "Sustainable water resources management", *Water International*, 2000, 25（1）：3-10.

〔2〕 黄锡生、王国萍：《流域管理的善治逻辑与制度安排》，载《学海》2014 年第 4 期，第 54～57 页。

（1）流域善治要求提高流域管理的公信度。与流域管理理念的制度平台不同，流域治理理念要求的制度平台是服务政府和责任政府。在流域善治理念下，政府关注的不再是权力而是责任，政府的权威不再来自命令与控制，而是取决于政府的公信力。为实现政府的管理目标，政府需要依法正确地履行职责，提高公信力来影响公众，而流域善治理念恰是迎合了公众对政府行政的期望，能够促进政府依法正确地行使权力。此外，政府还需要与公众进行合作管理，建立伙伴关系，只有这样才能合理有效利用流域资源，实现社会公共利益最大化。流域善治要求政府与公众在解决流域问题时坚持合作和协商的原则：一是流域问题涉及广泛的公益与私益冲突，单靠政府用公权力往往难以解决，因此需要借助社会和公众的力量，通过协商和交换意见，进而形成各方一致认可的解决方案。二是环境具有高度的风险不确定性，流域管理中各种风险无处不在并且经常表现出难以防范的特点。善治视野下的协商，强调理性的观点和说服，而不是操纵和强迫，公共协商是政治共同体成员参与公共讨论和批判性审视具有集体约束力公共政策的过程，这种协商过程基于政治谈判或契约交易，同时受公共利益责任的支配〔1〕。公共协商过程中各主体之间地位平等，利用公共理性寻求最大程度地满足所有公民愿望的政策，可以在很大程度上避免公众和其他社会组织对政府流域治理行为的质疑。公共协商作为流域善治的核心要素，让社会和公众增强对流域治理政府行为的认同感，提升了流域治理的公信力，从根本上反映了流域善治与水资源可持续性的内在关联。

（2）流域善治促进流域资源的公平利用。流域治理涉及经济、社会、生态、资源等多个方面，是一个较为复杂的综合性工程。而且，近年来流域问题还出现了从城市到乡村、从上游到下游、从地表水到地下水的严重扩散，流域治理难度增加，流域内上下游之间以及跨行政区之间因水污染和水资源利用引起的矛盾越来越突出，对流域公平利用造成极大的阻碍〔2〕。所谓公平，就是指在主体平等、内容平等的基础上，主体间可以享受同样的生存和发展待遇。对流域内所有利益相关者来说，水资源利用的权利也应该是公平

---

〔1〕 陈家刚选编：《协商民主》，上海三联书店 2004 年版，第 336 页。

〔2〕 王秀波、曹宝、郑伟：《流域水环境资源公平与效益协调发展模式探讨》，载《环境科技》2010 年第 3 期，第 76~78 页。

的，这种公平同样表现在代内公平和代际公平两个方面。《全球水伙伴》在水资源综合管理的重要原则中也提到了代内公平与代际公平的问题，资源综合管理必须坚持公平原则和环境与生态的可持续原则，使人们认识到所有人都有获得人类生存所需要的足够数量和高质量的水的基本权利，并且应当以不削弱生命支撑系统从而不损害子孙后代使用同一类资源的方式使用这种资源。流域代内公平指的是人人均可以公平地获得利用流域内水资源的机会。事实上，我国流域水资源代内不公平现象非常明显，流域上下游之间存在着天然的水资源利用机会的差异，不可避免地造成水资源利用难易程度的不同，而且由于水资源分布不均引起的地域不公平同样属于代内不公平。流域代际公平指的是水资源能够同时满足当代人和后代人的需求。然而，在水资源稀缺性明显、对水资源的利用必然引起水量减少和水质下降的前提下，如何保障流域代内公平也是流域治理的重点内容。基于对善治理念的理解，认为流域善治在实现流域水资源公平利用方面具有无可比拟的优越性，流域善治要求流域既要满足当代人的需求，同时又不危害后代人满足其需求的能力[1]，流域善治的目标就是实现流域水资源的可持续。流域善治理念的多主体参与、合作协商与伙伴治理，一方面促使公共管理机构加强自身组织建设和制度建设，严格履行流域管理职责，鼓励公众的参与和监督；另一方面，转变政府流域治理方式，在保护常规性水资源的基础上创新水资源开发利用方式，发挥其他可再生能源的替代作用，从而实现对水资源的可持续利用。

（3）流域善治保障流域安全。根据2000年斯德哥尔摩国际水会议上的定义，流域安全是指在一定的流域范围内，以可预见的技术、经济和社会发展条件为依据，以可持续发展为原则，水资源和水环境能够支撑特定的经济社会发展规模并且可以维护生态系统良性循环的状态[2]。水安全对经济社会发展和人类生态系统的可持续具有非常重要的意义，其与国家经济安全、国防安全、金融安全等具有同等重要的战略地位[3]，因此，水安全一直是国家高度重视的问题。随着用水量的增加以及由于不合理利用造成的水资源总量减

---

　〔1〕　世界环境与发展委员会：《我们共同的未来》，王之佳等译，吉林人民出版社1997年版。

　〔2〕　方子云：《提供水安全是21世纪现代水利的主要目标——兼介斯德哥尔摩千年国际水会议及海牙部长级会议宣言》，载《水利水电科技进展》2001年第1期，第9~10页。

　〔3〕　康绍忠：《水安全与粮食安全》，载《中国生态农业学报》2014年第8期，第880~885页。

少和水质下降，使得水安全比历史上任何时候都更加值得关注，而且已经从传统单纯的水的可获取安全转变为水环境和水生态层面上的安全。流域善治理念下的水资源管理，侧重优化流域管理市场主体结构，鼓励和调动市场主体和公众主体的多元参与，水资源规划和决策的产生以民主协商为基础，能够代表直接用水主体的利益，从而激发公众创新水资源利用方法，促进一体化水资源管理。流域善治不仅能关注传统水供应安全，而且关注因流域开发利用行为而产生的环境安全、生态安全以及与流域水资源密切相关的发展安全。

### 二、流域善治与政府责任扩展的逻辑

流域问题既是水资源未能满足社会发展需要的问题，同时也是政府公共管理未被公众认可的问题。水资源紧缺导致淡水资源正处于日益增加的压力之下，同时伴随社会不公平、经济负外部性突显以及消除贫困的计划缺乏，从而使得人类生命健康和生态系统功能面临着共同威胁。流域水资源问题由于政府管理中的缺陷而更加严重，流域管理的有效性和合理性逐渐受到更多的质疑，而政府在流域管理中的管理责任也越来越表现出明显的局限性，在这样的情况下，政府责任扩张理论得以产生，并因其与流域善治之间存在的内在关联而值得关注。

从流域管理到流域治理，再到流域善治，这种转变既是价值取向的转变，也是发展方式的转变，必然涉及政府管理体制、机构设置、人员结构的转变，其中最重要的是政府责任重心的转变，并且呈现出从管理责任向非管理责任扩张的特点。传统政府责任往往以管理责任为主，流域管理亦是如此，但是在流域善治理念下，政府环境责任的内容既有管理责任，也有许多非管理责任，并且在公众环境诉求不断发生转变的情况下，政府在流域治理中的责任将逐渐转向非管理责任。流域治理中政府的非管理责任有多种类型，如，协调经济发展与水环境保护之间的关系、维护水资源利用方式和利用机会的公平正义、为公众参与流域治理创造条件、预防水生态危机、提供水资源公共产品和公共服务以及促进水资源生产和利用方式的创新，从而实现水资源的可持续利用。另外，流域治理中政府责任扩张不仅是内容层面上的，而且包括基于该责任内容的变化而需要进行相应的部门扩张，即与水资源相关的其

他部门增强与水行政部门的协调，从而在原有基础上扩充其参与流域治理的责任。

（一）流域善治政府责任扩张的表现

流域善治之所以成为流域治理的最优模式，关键在于治理主体之间通过协调合作能够实现社会公共利益的最大化，而在此过程中，政府始终要发挥主导作用，是流域治理的最重要主体。所以，政府责任发挥得是否充分直接影响着流域治理的结果，尤其是政府管理责任与非管理责任的合理组合与科学比例划分在很大程度上决定着流域善治的实现程度。政府责任往往与政府的角色密切相关，也就是说给予政府什么样的定位，政府即履行什么样的责任。那么在流域善治理念下，扩张后的政府责任也应取决于政府所拥有的角色。

（1）作为发起者的政府。参与的方式包括提高决策制定者以及整个社会和公众对水资源综合治理的重要性和紧迫性的认识，政府作为发起者，意味着传统政府通过内部指令以及中央集权方式发号施令的方式被一个可以实现参与、由利益相关者的需求推动的可持续的水治理框架所取代。作为发起者的政府，其责任通常表现为对水资源综合开发、利用与保护的促进以及对因水资源分配和水利益博弈所引起的矛盾纠纷的仲裁，从而不但可以减轻政府的负担，而且能够满足公众的参与需求。作为流域善治中的发起者，政府应该营造一种有利于所有利害相关者均能参与其中的环境，并且通过协商和谈判制定出能够被普遍接受的解决流域水问题的方案。作为发起者的政府，其管理责任的比重较小，很容易被误认为政府在此过程中没有责任，事实上，这种状态下正是政府管理责任扩张使得政府的非管理责任突显。

（2）作为协调者的政府。政府有责任制定政策、规划，对流域水资源进行监测、分配，以及对水资源争端进行最终裁决，这种责任属于典型的政府管理责任。随着政府责任理论的深入，尤其是在治理和善治理念下，越来越多的人认为，实现治理主体多元化就需要政府把责任中心置于对专门服务机构和具体服务内容的协调上，从而削弱其直接提供服务的职责。从宏观层面和全局角度来看，低效率、利益冲突、资金困难以及透明度缺失等问题，使得政府在直接提供具体服务方面的劣势不断凸显。所以，政府应该趋向于协调，使私营部门或半官方部门成为更多服务的主要提供者。当然，政府职能转变与经济发展水平密切相关，虽然政府应该尽力将提供服务的职责转移给非政府利益部门，但在特定的发展阶段以及针对特殊的公共服务内容，政府仍应该继续保留服务职能。比如，流域防洪、大批量废物处理等关系公众生命健康的公共内容，政府应该同时承担管理和服务职责。

（3）作为监管者的政府。流域善治允许和鼓励多种性质和类型的利益相关者参与流域治理，涉足水服务提供领域，比如生活供水和卫生领域。表面上看是减轻了政府的责任和负担，实质上只是政府责任类型的转化，从直接提供转变为间接监管。作为监管者的政府，需要具备并不断提高其监管水服务的能力，目的是要确保非政府主体所提供服务能够保证水安全，这种安全包含价格合理性、数量的可获取性以及质量的安全性。因此，即使是多主体参与水服务，政府责任仍然不会因此而减轻，监管责任同样对政府具有很高的要求。

（4）作为支持者的政府。这里的支持指的是政府对水市场的支持，因为所有的市场都需要政府为其提供有效的法律，从而在维持交易秩序的前提下活跃竞争。市场是有效的资源配置手段，但实际上市场只是在适宜的体制下才能发挥作用，其需要有确保市场在运行过程中不使其他相关者承担额外费用、防止占有资源优势的群体垄断水市场、避免处于劣势的用水主体在水的获取上存在困难的机制，这样的机制只有通过政府提供法律和规章才能实现。

（二）流域善治政府责任扩张的原则

在社会公众对水资源的公共需求不断增长、政府流域治理责任随之扩张的情况下，政府流域治理责任的履行应该遵循一定的原则，否则，无论是政府的管理责任还是扩展之后的非管理责任都将难以落实。与水资源管理有关的一般原则、方法有很多，并且这些原则或方法都有特定的使用范围，流域善治理念下政府责任扩张的原则应该充分体现流域水资源的特殊性（脆弱性和有限性）、公众参与的意义以及水资源的经济价值[1]。

（1）体现水资源的特殊性。流域水资源是一种有限而且脆弱的自然资源，其对于生命健康、社会发展和生态可持续的重要性不言而喻，要求政府以一

---

[1] 全球水伙伴技术顾问委员会：《水资源综合管理》，全球水伙伴中国委员会译，中国水利水电出版社 2016 年版，第 9~12 页。

种全面的方法对水资源进行管理，通过认识流域水文循环的全部特征以及水资源与其他自然资源和整个生态系统的关联性，在承认水资源具有脆弱性和有限性的前提下开发水资源的多种用途和功能。全面管理水资源意味着政府需要在以下两个方面坚持谨慎的态度：一是要考虑对水资源的基本需求，这种需求源自流域水资源上、下游之间水量、水质和取水难易程度的差异。一般来说，上游用水户在各方面拥有着比下游用水户更加明显的优势，为了平衡上下游之间的用水需求，政府需要做的不仅是保证下游的取水机会，而且要尽力平衡上下游用水主体之间关于水资源利用的其他利益。如此看来，政府有责任引导人们加强对上下游用水户利益关系的认识，上游用水户必须清楚地认识到下游用水户有分享可用水资源和持续利用水资源的合法需求，以及如果其过度消耗性地用水或者对水造成污染就必然会剥夺下游用水户合法利用共享水资源的权利。在这种情况下，政府的责任将不再局限于如何保障水在量上的分配公平，更重要的是要实现上、下游之间关于水权益的实质公平。二是要考虑人类活动对水资源可持续性的威胁。流域水资源是一种有限的自然资源，这个认识来自每个时期水文循环的平均水量是固定的，而且人类活动不可能明显增加水的总量〔1〕。因此，以流域善治为目的的政府责任扩张，需要以全面的体制方法管理自然系统，对导致需水、决定土地用途和造成水污染等一系列人类活动的协调，最大限度避免或减小人类活动对水的可持续性产生威胁。建立一个对水敏感的政治经济环境需要对各级（从国家部委到地方政府或社区机构）决策进行协调，还需要建立一些能确保经济部门决策者在做出生产与消费选择时考虑水成本和可持续性的机制，如，为了协调上下游用水户的需求而设计相应的对话或解决问题的机制等。形成一个集经济、社会和政治于一体的综合管理框架并非易事，对政府责任扩张来说无疑是一个巨大挑战。

（2）利益共享者的参与。对水资源来讲，无论是上游利益共享者还是下游利益共享者，只有当其都成为流域治理决策过程的一部分时才会产生真正的参与。也就是说，当地方社区的所有人共同承担关于水资源的供给、管理和

---

〔1〕 尽管目前已经出现了海水淡化的技术和实践，但是从规模上来看，还不足以在数量上明显增加淡水资源。

利用时，参与的真正意义才会体现。此外，如果是民主选举产生的代言人或者机构，其能够代表流域上下游不同类型的主体的利益时，也属于参与性治理。那么，在这样的决策制定和执行过程中，政府责任如何体现，以及政府责任扩张需要坚持的原则，都应该成为流域善治与政府责任研究的范畴。其一，坚持参与优于咨询的原则。参与是要求流域上下游的利益相关者，无论是个人、企业还是非政府团体，都可以对水资源管理的活动产生影响，而不是仅仅局限于咨询层面。因为如果咨询机制一旦成为已经存在的决策的合法化外衣或是为消除不同意见持有者的反对而采取的应对手段，那么该咨询机制就不会与真正的参与共存。其二，以达成共识为目标。参与的方法是达成长期有效的共识的唯一手段。但是，出于流域善治的考虑，政府有责任确保参与中的各利益相关方与流域水资源管理机构都必须清楚地认识到水资源可持续性的重要性及存在的普遍性，在达成共识的过程中各方都需要做好牺牲一定利益和愿望的准备。所以，参与意味着要承担责任，承认各自的用水行为会对其他用水主体或者是生态系统造成不利影响，同时必须接受关于提高用水效率、减轻负外部性问题的意见和建议，并采取相关行动。其三，提高参与的可能性。参与要成为现实，就需要政府通过创立参与机制使参与成为可能，比如在国家层面、流域层面、社区层面建立利益协商机制。因为咨询机制本身不是参与，所以还需要政府负责提高公众参与的意识、建立参与的信心，为公众参与创造良好的环境、提供必要的参与条件等。此外，政府责任扩张于公众参与性而言，还意味着公众参与不再是一种理想，而是利益关联方做出的关于对水的敏感选择，因此也就成为政府责任实现的主要途径。

（3）承认水的经济商品属性。政府责任的设定不应超出政府的能力范围，也是流域善治政府责任扩张应该遵循的原则，但在一定时期政府能力恒定的情况下，政府仍然必须承担与水善治相关的其他责任，比如通过征收水费来实现的经济责任。过去很长时间内水资源管理中存在的误区一直是将水视为一种免费的物品，或者是没有认清水的全部价值。于是，对有限的水资源展开激烈的市场竞争时，就会出现使水的利用流向低效率或低价值用途，并且在一些情况下还不鼓励将水作为有限的资产。流域善治的本质是社会公共利益的最大化，这其中包含经济利益的增长和实现，所以流域善治视角下的政府责任扩张也应该承认水的经济商品属性，为了从可利用的水资源中获取最大利益，政府有责任改变社会对水的认识，并且引导社会认识目前水资源分配中存在的机会成本。水的全部价值包括水的经济价值或使用价值和水的内在价值，而水的经济价值取决于水的利用主体和利用方式，承认水的商品属性有助于实现供需之间的平衡，从而维持这种重要的天然资产的商品和服务的流通。政府收取水资源费，如果用水主体配合并给予支持的回应，那么说明用这种经济手段去影响水资源利用的需求管理是有效的。更重要的是，如果水费和服务费能够反映水的全部价值时，管理者就能更好地做出关于水的所有利用行为的判断。在这个过程中，政府责任的实现明显区别于传统的管理责任，政府责任扩张内在地体现了对社会公共利益的整体考量，以及对水市场功能的有效挖掘。

流域善治与政府责任扩张在本质上具有一致性，即都是以公众最大化利益的实现为目标，目标内容的综合性和多元化，使得二者分别成为流域治理的理念和政府作为治理主体的集中体现。通过分析流域善治与政府责任扩张的表征和原则，认为政府在流域善治中的功能有对内和对外两个面向，在政府责任扩张的治理框架下，政府在流域治理中的责任主要集中于维持流域水市场秩序、为流域功能的发挥提供保障，以及培育与社会的合作[1]。在水问题和流域治理全球化的背景下，政府责任扩张也应该进行全球向度下的变革，并且更加突出民主、法治与协商的重要性。

## 第三节　政府责任与流域善治的关联性要素

世界银行和联合国开发计划署认为善治有八项标准，即合法性、法治、透明性、责任性、回应性、参与、有效、稳定。基于法治是判断善治的重要标准之一，也是政府责任得以实现的保障，而政府责任是流域善治得以实现的前提，从而说明政府责任与流域善治之间的关联性在于政府责任法治化。政府责任法治理论的产生还与国家治理密切相关，在国家治理体系和治理能力现代化的背景下，国家治理最明显的特点是法治化与制度化、规范化与规

---

〔1〕 杨雪冬：《全球化进程与中国的国家治理现代化》，载《当代世界与社会主义》2014 年第 1 期，第 19~23 页。

则化〔1〕，而政府作为国家治理的执行主体，自然被赋予了政府责任法治的属性。诚然，政府责任与流域善治之间的关联性要素并不局限于政府责任法治化，但是法治不仅是国家治理现代化的特征，而且是国家治理现代化实现的方式和途径，通过法治来实现公共秩序与共同的福利，是为当今多数人所认可的路径。因此，有必要对政府责任法治化这一政府责任与流域善治的关联性要素进行证明。

## 一、政府责任法治化

关于何为法治，一直是备受关注和争议的话题，不同时期甚至是同一时期不同学者对法治的理解并不一致。最早提出法治概念的是古希腊学者亚里士多德，他认为法治应该包含两个层次的内涵，其一，已制定的法律得到人们普遍的服从；其二，人们所服从的法律本身是制定良好的法律〔2〕。所以，在亚里士多德看来，法治就是善法之治。这样的定义虽然对法治的基本构成要件给出了规定，但同时又产生了另一个问题，即服从法律的"人们"具体所指何人，是管理者还是被管理者。罗马时代查士丁尼编纂的《学说汇纂》一书，该书在第一部分中提到："万民，皆受法律和习惯的统治。"这里的万民，考察罗马帝国的历史，显然指的是所有自然人。但是，中世纪中晚期，却是罗马教廷以及封建王权至上。一直到1215年，英国制定的《大宪章》，才开始了对王权的控制〔3〕。19世纪英国法学家戴雪结合英国宪政和法治实践，在《宪法性法律研究导言》一书中，全面阐述了法治的涵义：①法治意味着法律至高无上，它与统治者的专横相对，并且排除政府拥有过于宽泛的自由裁量权；②法治意味着法律面前人人平等，即作为统治者的政府及其官员也必须接受法律的制约和监督；③法治可以用作一种表述事实的语式，即通过法院和议会的行动，已有的司法原则得以延伸至决定王室及其官吏的地

---

〔1〕 卢洪友：《从建立现代财政制度入手推进国家治理体系和治理能力现代化》，载《地方财政研究》2014年第1期，第6~11页。

〔2〕 ［古希腊］亚里士多德：《政治学》，吴寿彭译，商务印书馆1965年版，第199页。

〔3〕 郑永流：《法治四章——英德渊源、国际标准和中国问题》，中国政法大学出版社2002年版，第4~6页。

位[1]。

按照戴雪的理论，政府责任法治化的内涵也就很容易理解。法治所针对的既有管理者也有被管理者，而且从狭义的角度来讲，法治意味着政府应该由法律来统治并服从法律[2]。英国另外一位学者哈耶克从维护个人自由的角度，也强调法治是对政府行为的有效约束和限制，在不考虑所有的技术特征的前提下，法治就是指政府的一切行动都必须受到既有的并已公布的规则的约束，这种规则使得一个人有可能十分肯定地预见到当局在某一情况下会怎样使用它的强制力以及根据对此情况的了解计划他的个人任务[3]。我国的郭道晖[4]等学者都对政府责任法治进行了研究，并从总体上承认政府本身要受到法律的制约。法治社会中权责一致的原则催生了公共行政的法理逻辑，即任何公共权力的行使者都必须处于责任状态，公共权力的行使者同时也是责任承担者，而且只有由政府及其组成人员承担责任才能为人民权益的实现提供最基础的保障。

流域法治本质上属于环境法治的范畴，就是法治在流域水资源领域的具体体现。流域法治就是将流域水资源的开发、利用、保护和改善纳入水资源法律规范。流域治理之所以要强调政府责任法治化，原因在于流域水环境污染和水生态破坏的进一步加剧、人与自然关系的矛盾激化，经济和社会可持续发展受到严重制约，根本责任在于政府。所以，政府责任法治化理应成为流域治理的首要目标，同时也是流域善治得以实现的根本保障。流域治理中的政府责任法治，具体指各级政府的流域管理工作有法可依、有法必依、执法必严。从政府体制改革和治理创新的角度来看，注重流域治理中的政府责任法治是对传统政府运动式管理方式的反思和批判。所谓运动式流域管理方式，就是指政府通过舆论宣传、教育等方式调动民众对执法者的行为给予支持、配合，以此来促进对流域政策法律的贯彻执行。由于历史上战争动员方

[1] 何均平：《英国法学家戴雪法治思想探析》，载《武汉理工大学学报（社会科学版）》2017年第6期，第92~97页。

[2] Raz, Joseph, *The Authority of Law: Essays on Law and Morality*, Clarendon press, 1979: 212.

[3] ［英］弗里德里希·奥古斯特·哈耶克：《通往奴役之路》，王明毅等译，中国社会科学出版社1997年版，第73页。

[4] 郭道晖：《法治国家与法治社会》，载《政治与法律》1995年第1期，第17~20页。

式的影响，新时期政府行为在许多领域仍然表现出政治动员的惯性，从而使我国并不十分成熟的官僚体制略显活跃。然而，运动式的治理方式有许多缺陷，其执行过程难控制，容易造成方向偏离[1]，更不能取得稳定的、长期的行政效果。淮河流域治理在历史上曾出现影响轰动的"零点行动"，但却没有实现水质达标的目标，足以证明运动式治理难以取得实效[2]。所以，政府责任法治应该是流域治理的科学、理性选择。

## 二、关联性证明

在流域善治视角下讨论政府责任法治化，其实是证明流域善治必须是流域法治，其关联性要点在于流域善治前提下对政府责任法治的假设，以及流域治理中政府责任法治的解释。因此，本书在对政府责任与流域善治的关联性证明上遵循的是先假设再解释的逻辑顺序。关于政府责任法治在流域治理层面上的假设，可以从三个方面进行概括：

第一，政府应当保障流域上下游每个用水主体享有最大范围的、与其他用水主体相似且相容的平等自由地利用用水资源的权利。

第二，流域内的经济和社会的不平等是可以被允许的，前提是政府需要保证这种不平等符合每个主体的利益，并且所有关系到流域水资源开发、利用的机会对所有用水户是平等开放的。[3]

第三，政府的以上两项责任必须用法律的形式固定下来，而且法律要同时满足两个条件，即法律形式要符合形式正义的要求，法律实践要符合实质正义的要求。

从以上假设可以推导出，政府在流域治理中的责任首先表现为对水这一基础性自然资源进行分配，因为对水的需求属于用水主体的最初始利益，所以这些初始利益对于流域范围内的每个主体都是必需的，无论作为理性的主体正在实施的还是即将实施的计划是什么。另外，政府有责任平等分配流域水

---

[1] 胡伟：《政府过程》，浙江人民出版社1998年版，第312~323页。

[2] 王勇：《论流域水环境治理的科层型协调机制》，载《陕西行政学院学报》2009年第3期，第22~28页。

[3] [美]约翰·罗尔斯：《正义论》，何怀宏、何包钢、廖申白译，中国社会科学文献出版社1999年版。

资源及其与水资源相关的其他的初始利益。虽然政府的这种责任是基于流域初始水资源利益分配的假设，但是却最有可能获得流域层面上所有水资源利益相关者的同意。同时，这种假设还催生了另一个有关政府责任的问题，即政府如何改善其行为才能保证每一个用水主体的利益可以维持或者高于初始利益的水平。最后，当政府在分配有关流域水资源的初始利益时，当然可能存在减少部分主体的自由权利而用其他经济社会利益进行弥补的可能性。笔者认为，只要这种权利减少能够控制在一定的限度内，并且对其进行弥补能够得到相关利益主体的认可，就应该被认为是合理的，因为流域水资源的开发、利用、保护与治理涉及多种利益的博弈和考量，让步和妥协是出于可持续的目的。

从初始利益分配的角度对流域治理中的政府责任法治的假设进行论述，初步得出政府责任法治对流域治理的重要性。但是，政府责任法治对流域善治而言并不仅仅停留在重要性的层面，对其必要性证明亦不可或缺，以下将参考公共服务视野下的政府责任法治原则的解释，对政府责任法治作为政府责任与流域善治的关联性要素进行进一步解释。

（1）政府责任法治与流域治理效率之间的优先性。效率是流域治理中需要考量的关键因素。在经济学中，效率是指对资源的有效配置和合理利用，反映了人与自然之间的关系。效率通常与公平进行合并讨论，而公平是指获取资源和积累财产的机会的公平，即不同主体被同等对待[1]，反映的是人与人之间的关系[2]。这种抽象的效率与公平体现在流域上下游之间，其关系甚是复杂。在流域开发利用过程中，除了存在一般意义上的效率与公平的冲突外，还存在着流域内特有的矛盾。一方面，同一流域内上下游之间在地形、地貌、植被、气候等方面存在着较大差异，一般情况下表现为下游经济发展膨胀，形成人口、交通、环境等压力，而上游则发展动力不足。上下游之间的两极分化现象，对流域整体经济发展和社会稳定造成极大的阻碍。另一方面，整个流域生态是一个由生命系统和环境系统组成的复杂系统，系统内无时无刻不在进行着物质、能量和信息流动。在正常条件下，系统总是处于相

---

〔1〕蔡守秋：《环境公平与环境民主——三论环境资源法学的基本理念》，载《河海大学学报（哲学社会科学版）》2005 年第 3 期，第 12~17 页。

〔2〕傅尔林、曾建生：《流域内区域协调发展的效率与公平关系研究》，载《广东水利水电》2002 年第 S3 期，第 36~38 页。

对稳定的状态，但是如果外界干扰超过其本身的生态阈值，系统就会失去自我调节能力，生态系统就会遭到严重的破坏。流域生态系统还有一个明显的特征是，流域下游对上游生态系统状况影响较小，而流域上游对下游的影响较大[1]。因此，追求流域治理效率的行为并不总是理性的，有时还会出现效率并未提高但却造成更大程度或更大范围的流域治理不公平。

那么，政府作为流域治理的最主要主体，政府责任法治是否是追求流域治理效率应该考虑的问题，以及二者之间具有怎样的优先性关系，对于证明政府责任法治于流域善治的必要性至关重要。效率与政府责任法治的最明显区别在于二者的认定不同，效率认定资源利用时对具备相应能力的主体平等开放，而政府责任法治认定资源利用时强调对所有主体公正而平等的开放[2]。虽然从直观的角度发现效率更符合常理，但是效率却缺乏伦理上的价值，而政府责任由于是建立在对所有用水主体的深切关怀的基础上而更加具有被赞同的社会属性，这种对所有用水主体的关怀正好与人类公平和流域发展的一般规则相吻合，即居住在流域内的所有水资源利益相关者都应该平等地享有利用或者占有水资源及其水环境容量资源的权利。所以，从这个角度来看，可以初步得出政府责任法治比效率更有利于实现流域公平的结论。

政府责任法治所包含的机会对所有主体开放，比效率所包含的机会对特定能力范围的主体开放更具合理性，还表现在流域治理中合作风险承担、特定能力的不可选择性两个方面。首先，流域治理之所以需要合作，是因为任何单个主体都无法实现如同相互合作所产生的更大生产力，但是，合作中也存在风险，因为不能保证所有合作主体都可以相互信任[3]。如果要求流域中某些用水主体完全放弃自己的权利，而甘愿为流域整体利益或者部分用水主体的福利做出牺牲，就等于是让这些人丧失了基本权利的同时还要自愿与其他人进行合作，从理论上讲这几乎是不可能的，即使使用暴力，仍不能保持长久的稳定性。比如，为了追求流域整体利益最大化而进行的水利枢纽工程修建，虽然能极大地提高流域内的整体经济效益，但是对于被淹没的地区而言，其

---

〔1〕 傅尔林、陈鸿宇、曾建生：《论流域可持续发展中的效率与公平关系》，载《生态经济》2001年第3期，第15~17页。

〔2〕 这里对政府责任法治的认识仍然援用上文关于政府责任法治在流域治理层面上的假设。

〔3〕 李燕凌、贺林波：《公共服务视野下的政府责任法治》，人民出版社2015年版，第46~48页。

损失往往无法准确估算，即使对其进行一定程度的补偿，也只是对有形生产要素的补偿，不能对全部损失给予补偿。所以，在效率层面上，以上状况发生的可能性更大，而政府责任法治因为从一开始就坚持对所有主体公平开放机会，因而在维系稳定性方面更占优势。其次，使机会对具备相应能力或条件的主体开放，表面上符合社会发展的竞争法则，但是这种机制容易对不具备这种能力的主体带来物质、尊严和社会地位方面的伤害，因为在流域环境中有些能力的实现与主体自身的努力无关，而是由所处环境所决定的，比如流域下游在发展机会上具有比上游更大的优势，那么对于处于流域上游的水资源利益相关主体而言，这种能力是无法选择的。所以，在效率基础上根据偶然性来决定流域资源的分配，具有不道德的嫌疑，而政府责任法治具有相对合理性与必要性。

（2）政府责任法治与流域利益的初始善。如果说流域环境中的效率与政府责任法治的优先性问题是关于政府如何配置和分配流域资源的问题，那么流域利益的初始善就应该是政府应该分配什么性质的或者是什么类型的流域资源的问题，毕竟政府不是上帝，不能随意创造人们所需要的资源并且以神秘的方式进行分配。这个问题关系的是作为人们期待基础的流域利益中的初始社会善是什么。

在功利主义观念中，能够由政府进行分配或配置的社会初始善带有明显的"效用"倾向性，很明显，流域治理中政府分配流域资源不能坚持效用的工具理性，否则又会陷入像上文所描述的效率至上的逻辑。在当前所倡导的法治主义观念下，人们在流域水环境中所期待的初始社会善是基本权利和物质资源的满足，即利用流域水资源的机会平等且权利切实得到满足。在政府责任法治的要求下，法治政府在流域治理中更能满足人们所期待的社会初始善，原因是政府责任法治具有如下属性：一是，关于流域水资源的立法致力于创设和维护流域上、下游中每个用水主体的尊严的各种条件；二是，法治主义不仅不能容忍政府滥用行政权的行为，而且能够为政府行政营造良好的环境[1]；三是，流域治理中关于矛盾纠纷解决的司法活用是不被干涉的。

法治主义是形式法治主义与实质法治主义的统一，形式法治主义强调法

---

〔1〕　侯保龙：《法治政府建设理念创新探究》，载《陕西行政学院学报》2009年第3期，第19～22页。

治的工具性和形式性，而实质法治主义关注的是法治的道德性与善治性，在两者的关系上，认为法治主义的实质目的就是以政府为主体实现人们关于基本权利和物质资源需求的满足的善治。政府责任法治不仅要实现善政，更要实现善治。从这个角度来讲，政府责任法治对实现流域治理中的初始社会善治具有明显的优越性，从而解释了其作为政府责任与流域善治的关联性要素的重要性与必要性。

## 第四节  小结

本章主要从治理和善治的视角论述了我国流域治理政府理念的转变。在可持续发展和生态文明的时代背景下，流域管理已不再是单纯的水资源利用问题，而是关乎水资源与经济社会、人与自然协调发展的重大课题，因此需要从理念上进行转变。治理是伴随经济市场化、政治民主化和全球多元化逐渐产生和发展起来的理念，其丰富的内涵决定了治理与政府角色定位有着密切关联，治理本质上就是政府治理现代化的过程，要求政府必须是服务政府、法治政府和责任政府。善治作为治理的最理想目标，反映在自然资源管理领域，就是使自然资源管理遵循善治的合法性规则、透明性规则、问责性规则、包容性规则、公平性规则、综合性规则、能力规则和适应性规则。根据治理与善治的关系，认为流域善治是流域治理发展的必然趋势，而流域善治除了遵循善治的基本规则外，还与水资源的可持续性和政府非管理责任的扩展密切相关，从而构成了流域善治的特有逻辑，体现了良好水治理产生之必要性和必然性。政府责任是流域善治实现的前提，但政府责任离不开法治保障，从而得出政府责任与流域善治之间的关联性在于政府责任法治化的结论。基于对政府责任法治在流域治理层面的假设，从政府责任法治与流域治理效率的有限性，以及政府责任与流域利益的初始社会善两个维度进行证明。笔者认为，政府责任法治所包含的机会对所有主体开放，比效率所包含的机会对特定能力范围的主体开放更具合理性和普遍接受性，而且政府责任法治在协调流域治理的公平与效率平衡、实现流域善治的问题上更具优越性，验证了政府责任法治化作为政府责任与流域善治的关联性要素，为流域治理政府责任法律规制奠定了理念基础。

# 第六章 制度层面：流域立法与治理体制优化对政府责任的回应

环境在变，治理要求也在变，不变的唯有公众对权利的诉求，以及对政府提供良好公共权益保障的期待。当前，我国流域治理虽已起步，但是政府主导流域治理的责任并未真正落实，在立法与体制层面上表现为流域立法体系和流域治理体制仍不健全，需要选择法治化路径，通过立法来设定政府在流域治理中的责任以及运用治理体制来促进责任得以更好地履行。法治是一种社会存在方式，也是一种良好的社会状态，强调国家和社会治理中法律具有普适性、权威性和稳定性。在流域治理中，流域立法与治理体制相辅相成并共同构成流域法治的重要组成部分，政府作为我国流域治理的重要主体，那么政府责任法治化就是流域立法与治理体制优化的重要依托。落实流域治理政府责任，需要优化流域立法与治理体制以对政府责任进行良好回应。

## 第一节 流域立法的适应性选择

20 世纪中期以前，国际上关于水法重要性的主流观点大概可以这样进行概括：与水资源有关的法律、法规和其他规则是流域治理体系的重要程序要素。气候变化和全球化对水法和水治理产生了重大影响，有强有力的证据表明，在这种变化背景下，法律法规往往不能保护水生态和促进水资源可持续发展[1]。而且在很长时期内，有关自然资源的法律和法规倾向于以保存和恢复为目的的范式，主要原因是认为生态系统的改变是可以预见的，也是可以逆转的[2]，从而得出尽管法律体系呈现出碎片化和原则化，但它所构建的生态系统往往是相互联系的、复杂的和动态的[3]。然而从20世纪中期开始，越来越多的学者开始批判这种保护范式僵化的法律结构[4]，认为要解决环境问题，特别是水问题，需要从适应性的角度对立法体制进行改革[5]，这种适应性指的是一种可以对关联的社会或生态系统所能够承受的扰动量的衡量，并且通过采取一定的措施可以保持相同的结构和功能。一个持久的系统能够承受一定的压力和变化（可以是积极的或消极的），系统对这种变化的反应揭示了它的适应能力[6]。所以，流域治理在众多压力（开发、利用、气候变化）下，需要有重点地确定治理要素，以提高生态系统的适应力[7]，流域立法的适应性选择也因此将成为流域治理的关键考量内容。

我国流域立法应该从适应性角度进行改革，改变对水环境和水生态系统的可恢复性和可预测性的认识和依赖，更多地关注对流域适应性能力的提高。现有流域立法呈现出的碎片化和原则化，特别需要一部完整的流域法，其适应性选择体现在立法要求和内容设计方面。

## 一、流域立法的具体要求

法律是流域治理的重要内容，为政府主导进行流域治理提供法律依据，

---

[1] Ebbesson, Jonas, "The rule of law in governance of complex socio-ecological changes", *Global Environmental Change* 2010, 20 (3): 414-422.

[2] Craig R K., "'Stationarity is Dead'-Long Live Transformation: Five Principles for Climate Change Adaptation Law", *Social Science Electronic Publishing*, 2009 (1): 9-73.

[3] Garmestani A S, Allen C R, Cabezas H. Panarchy, "Adaptive Management and Governance: Policy Options for Building Resilience", *Nebraska Law Review*, 2008, 87 (4): 1036.

[4] Verschuuren J M., "Adaptation to Climate Change: Opportunities and Barriers", *Ssrn Electronic Journal*, 2008.

[5] Steel B S, Davidson D J, Lamb B L., "Break Through: From the Death of Environmentalism to the Politics of Responsibility", *Proquest*, 2014, 5 (1): 32.

[6] Barnes R A., "The capacity of property rights to accommodate social-ecological resilience", 2013: 18.

[7] Chapin III F S, Folke C, Kofinas G P., *A framework for understanding change*, Principles of ecosystem stewardship, Springer New York, 2009: 3-28.

为公民和社会其他组织参与流域治理设定范围与框架[1]。从政府对环境立法的作用来看，许多学者将环境立法体制中出现的问题归因于政府的影响，其实不然，法律的制定源自于立法主体对政府行政过程的体会，以及环境问题多样性和不确定性背景下环境政策对环境立法的引导功能，使得政府责任对于环境立法尤其重要。我国流域问题产生已久，却未曾真正引起足够重视，流域治理专门立法缺失。曾有学者这样论断，进入 20 世纪 90 年代以来，以黄河流域为代表的中国流域问题越发严重，能否遏制流域水量减少、水质降低以及水生态环境恶化已然上升为关乎中国政府执政能力的问题[2]。在治理和善治理念下，需要加强对政府主导功能的认识，政府对流域立法的影响应该体现在多方面：

（1）流域立法要以已经存在的国家水资源政策为基础，考虑来自各方面、各领域的水资源利益相关者的诉求，并且由政府引导全社会突出对流域水资源的可持续利用和对流域水生态环境的保护。

（2）在明确流域水资源的水权（使用权）的前提下，允许和鼓励多主体参与流域治理，尤其是具有私营性质的企业、有条件的非政府组织等，都应该在流域立法中得以体现；政府要尽可能保证各类主体利用现代化方法和手段参与流域治理。

（3）流域立法要特别突出政府在防止和应对水市场中用水和水服务垄断中的作用，尤其是上下游之间对水的功能性需求存在差异的情况下更容易出现成本外溢的情形，就需要政府主导进行上、下游之间的生态补偿，减少对相对方以及第三方造成的损害。

（4）流域立法要体现一种可能性，即有利于政府在以经济利益为目的的资源开发利用与以生态效益为目的的水质和生态系统维护之间进行衡平。此外，流域立法还要创造有利环境，方便政府作出流域开发与水资源保护决策，并且该决策是基于对经济、社会和环境的综合评价而产生。

---

[1]  Ostrom E. , "Understanding institutional diversity", *Comparative Economic Studies*, 2005, 49（3）：482-484.

[2]  李国英：《黄河答问录》，黄河水利出版社 2009 年版，第 201~205 页。

## 二、流域立法的法治路径

流域立法是针对流域管理的相关事项而创设法律的过程。尽管我国流域立法取得了很大成绩，为流域治理工作奠定了一定的法律基础，但是流域水资源和水生态保护工作的法律依据不足，造成对流域治理工作的制约。下文将通过静态选择和动态选择两个层面解析流域立法的法治路径，为流域治理以及流域治理政府责任规制奠定制度基础。

（一）静态路径

综合性立法和单独立法是世界上比较流行的流域立法模式，而我国不仅没有一部综合性流域法，而且缺乏针对重点江河流域的单独立法，现有流域法律多表现为单事项法律形式，即针对水资源的某一特性或价值进行立法。比如，《水法》《防洪法》和《河道管理法》等是以水资源利用、保护为主要宗旨，《水污染防治法》和《水土保持法》等是从防治污染的角度进行的立法，《渔业法》《水生野生动物保护实施条例》等以保护渔业资源和水生野生动物资源为立法目的[1]。本书认为，我国流域立法应该坚持流域共性和流域个性相结合的原则，在流域立法的静态路径选择方面，按照"突出重点、先易后难、逐步推广"的步骤进行：一是针对流域管理共性问题，在《水法》《水污染防治法》《水土保持法》等全国性水法律的基础上制定具有综合意义的流域法；二是针对具体流域的个性问题，制定流域特别法。以上两个层面的立法，需要作为流域治理主体的政府对水行政、环境保护和其他相关部门的职权进行合理划分，也需要政府作为流域管理机构与水行政管理部门的桥梁和纽带，加强流域法律的有效落实。

（1）针对我国至今没有一部完整意义上的全国性流域法，建议制定一部综合性流域法。流域立法区别于国家立法与地方立法，是介于国家立法与地方立法之间的特殊立法[2]。流域是一定的集水区域，往往涉及多个行政区域，不同行政区域之间基于流域上下游、左右岸而形成关于水资源开发利用、

---

〔1〕 赵春光：《我国流域水资源可持续利用的法律问题及对策》，载《法学论坛》2007 年第 6 期，第 122~127 页。

〔2〕 刘文等：《关于推进流域立法的思考》，载《水利发展研究》2010 年第 1 期，第 1~5 页。

水生态和水环境保护以及水害灾害防治的复杂关系，从而需要一部全国意义上的综合性流域法，以对流域治理的一般性、原则性内容进行规定，并为具体的流域立法提供参考和指导。此外，制定全国性流域法还有一个原因是我国诸多流域在治理方面存在许多共性问题，比如流域水污染防治、流域防洪、流域水土流失治理等。针对这些共性问题，如果由一部具有统领性功能的流域法予以统一指导，不仅会节省立法资源，而且可以提高流域治理效率。

流域法律的内容设置与流域治理事项所涉及的领域的大小有关。基于流域管理与流域治理存在发展上的继受关系，认为最早的流域管理所涉及的范围较小，仅是指流域内的涉水事务管理，而流域治理则应该从广义层面来理解，其范围包括流域内水资源的开发利用管理以及土地、森林、生态系统维护以及城乡建设等内容。在治理和善治理念下，治理主体的多元化以及治理领域中利益博弈和权利义务关系变得十分复杂，对涉水事务的管理不可避免地需要同时考虑流域内诸如土地、森林等其他生态要素，单纯的涉水管理已然不可能存在。基于对流域治理范围的理解，认为流域法的主要内容应该包括如下方面：①流域水资源的利用与保护管理，主要包括流域管理体制的设计，流域内水资源权属关系界定以及初始水权分配的原则和基础，流域综合开发、水量调度、水量分配以及节水管理等；②流域内河湖水岸线管理，比如对与河岸相关的河口、河道、采砂和流域岸线的管理等；③对流域内防洪、抢险、抗灾等的应对和对突发事件的预防；④流域内水土流失相关工作的管理，具体包括水土流失防治规划、水土保持状况监测、预警和监督反馈等；⑤流域内水工程建设管理，包括水工程建设审批、水工程利用率评估、水工程运行安全监测等[1]；⑥水资源利用与流域内土地、森林、矿产资源、农业发展、环境保护和生态系统稳定性的关系，流域一体化管理理念、方式和目标的综合规定。

（2）针对我国具体流域的个性问题补充制定流域特别法。虽然我国各大流域有许多共性，但是不等于流域之间没有个性。事实上，流域之间必然具有不同的特点，在所面临的问题和需要采取的治理措施方面需要体现差异性。国外流域治理较为成功的国家，不仅针对特定流域制定了完善的法律，而且

---

〔1〕　王国永：《流域管理立法的调整范围和目标》，载《生态经济》2011年第9期，第185~187页。

在流域立法中还重视对政府责任的体现。笔者认为，我国也应该针对主要流域进行补充特别立法，对流域的范围，流域管理机构的设置、法律地位、职责和权力，流域管理机构与水利部和地方水行政主管部门的关系，流域治理与地方生态环境保护，公众参与，法律责任等作出明确的规定。当然，流域法的价值还体现在流域往往具有省际和市际等特点，所以，流域法的制定还需要特别突出对各地方政府之间的权利、义务关系的协调，真正体现流域立法的价值。

目前，许多国家在流域特别立法方面取得了良好成效。我国基于黄河、长江流域对全国生态系统稳定和经济社会发展的重要作用，制定了《黄河保护法》和《长江保护法》，使其成为流域特别立法的典范[1]。黄河流域的主要问题是水量少、水质差，流域所处地区植被覆盖率低、水土流失严重，流域内多种问题并存。因此，黄河流域的特别立法突出了对黄河流域水资源管理和保护、流域内防汛抗旱、流域水工程建设和管理、流域管理机构与水行政部门在该流域的权限和职责划分、水利工程投资和效率反馈等的规定。截至目前，黄河专门法包括一部《黄河保护法》以及以《黄河水量调度条例》为代表的 11 个行政法规和以《黄河下游浮桥建设管理办法》为代表的一些部门规章。法规或规章主要针对黄河的特定用途，且多是关于黄河的特定流域段。而《黄河保护法》从整体角度将黄河流域水资源开发、利用、管理与流域内经济社会发展和生态改善连接起来，有利于流域治理工作的推进，为其他流域立法提供了有效借鉴。所以，笔者建议针对其他流域的立法尽快落实，从而形成以流域法为核心，以其他水量调度、水量分配和水工程建设行政法规和部门规章为支撑的流域法律框架体系。

鉴于长江流域对全国生态环境保护与经济社会发展的重要性，有必要进一步完善《长江保护法》。长江流域面临的关键问题是防洪，如何在丰水期对流域水资源进行有效管理一直是流域内相关政府特别关注和研究的重点。从有关长江流域治理的现有法律法规来看，《长江保护法》加大了对长江流域的水污染防治、监管力度，有利于预防、控制和减少水环境污染；其他 2 部法

---

〔1〕 朱艳丽：《我国流域立法的困境分析及对策研究》，载《华北水利水电大学学报（自然科学版）》2017 年第 2 期，第 16~19 页。

律针对长江港口对外籍船舶开放的决定；29 个行政法规主要是针对长江三角洲地区城市群发展、水利枢纽安全保卫、移民安置、推动三角洲地区继续改革开放和经济带发展等的指导意见。此外，还有一些针对长江流域特定问题的部门规章和司法解释。这些法律法规和部门规章对长江流域许多特殊问题的解决发挥了重要的作用。因此，依据长江流域的特别立法，逐步部署长江治江战略，进而形成以《长江保护法》为核心，以长江流域水资源管理与保护条例和以三峡库区流域生态文明建设相关管理办法为辅助的长江流域立法架构。

从我国水法律体系的现状来看，其格局可以归纳为"一主两辅"型。"一主"指的是《水法》，其规定了我国水资源管理体制，确立了我国水资源管理的一系列框架制度，在流域治理中发挥着框架性和主导性的作用。"两辅"分别指的是我国针对水资源特定用途制定的法律法规和针对特定流域的特殊事项制定的法律法规。前者比如《水污染防治法》《防洪法》《取水许可和水资源费征收管理条例》《水量分配暂行办法》等，这些法律、法规和规章针对我国水资源的特定目的进行了专门规定，属于流域治理法律体系的重要组成部分，但是鉴于其是针对多个流域的单一目的，相比《水法》而言，其综合性和统领性较弱，所以将其定义为我国水法律体系的"一辅"。后者指的是针对我国特定流域而制定的单事项法律性文件，比如《长江河道采砂管理条例》《黄河河口管理办法》《珠江河口管理办法》等，这些法规或规章针对具体流域的特定事项进行了较为完整的规定，构成了我国流域治理立法的核心组成部分，但是其局限性也显而易见，从适用主体和适用事项来讲都显得十分单一，于是将其定义为另"一辅"。在这样的流域治理法律体系框架基础上，经过前述分析，制定全国综合性流域法和针对特定流域的特别法非常有必要，其中全国综合性流域法为我国以流域为单元进行流域治理的目标、方法、步骤、权责划分、相关主体间关系定位等拟定总体性框架，而流域特别立法从特定流域的实际出发，综合考虑流域内水资源保护、防洪、水土保持以及河道管理等内容，体现出流域内部的系统性和综合性。笔者将以上两条立法思路定义为流域治理法律体系的另一"主"，从而有效弥补目前流域治理法律体系的缺失，形成流域治理"两主两辅"型法律体系的稳定格局。

（二）动态选择

如果说静态意义上的流域立法路径偏重于流域治理法律体系的完整性和框架结构的稳定性，那么动态意义上的流域立法则需要关注流域法律形成后与现实情况的相容性，或是流域法律对于执行主体来说是否具有必要性和可能性。对法律运行来讲，政府责任是首先需要考虑的因素，因此，流域立法在动态层面上需要形成有利于政府责任发挥的机制。笔者认为，从推进流域治理整体工作的角度来看，这种机制的设计需要在综合考量流域法律法规现状的基础上，从合理性弥补合法性、比例原则补充依法行政、程序性补充实体性三个方面加强政府责任，形成流域治理政府责任法律制度的重要组成内容。

（1）合理性补充合法性。治理体系及治理过程的合理性与合法性反映了近现代以来社会建构的基本需求，并且这种需求更多地体现在公共治理中，比如环境治理、水治理等领域。合理性反映了由法律向法制迈进的国家理性，其在立法中得以产生和讨论的原因在于，法律内容出现了明显变化：从保护少数人的财产利益转变为保护一切私人财产的权益，从维护特权转变为为所有人提供平等机会，进而促进现代理性主义的出现以及根据理性主义去构建包括政治和法律在内的整个社会框架[1]。合理性和合法性本应该构成社会治理的关键两翼，但是现实中却出现了合理性与合法性分离的情况。流域治理不同于传统的流域管理，从适应性的角度来看，用合理性补充合法性的流域立法，更能祛除对环境问题可预测性和可恢复性的认识依赖。

流域立法中合理性原则补充合法性原则，主要体现在以下三个方面：一是，流域立法中的合理性本质上是关于流域环境行政中政府主体的自由裁量权的运用、监督与控制[2]。现代流域治理需要行政裁量权，但是流域治理必须是流域法治，那么就需要对行政裁量权进行限制，同时要保证这种行政限制与其他各种机制之间保持协调[3]，这就对流域立法的内容设计提出了一定

〔1〕 张康之、张乾友：《合理性与合法性视角中的近代社会治理》，载《河北学刊》2009 年第 4 期，第 161~168 页。

〔2〕 马波：《论我国环境法治的基本路径选择》，载《成都理工大学学报（社会科学版）》2009 年第 3 期，第 22~29 页。

〔3〕 袁署宏、韩春晖：《社会转型时期的法治发展规律研究》，载《法学研究》2006 年第 4 期，第 19~38 页。

限定。合理性作为合法性的必要补充，不仅在于对治理框架下政府行为的约束，同时又是避免流域法律沦为单纯的政策行政的理性选择。流域治理关系到水量分配、水质标准确定、水生态系统稳定性维护以及上下游之间基于地理因素导致的责、权、利的差异，对于流域立法内容的设计，要体现合理性原则的作用，一味地按照法律的确定性原则处理流域问题，不但不能解决流域用水冲突，反而会产生新的不公平与不合理。例如，上游地区虽然在用水方面占有绝对优势，但是为保证下游地区获得水的正常利用条件和状态，上游地区就需要限制其经济发展过程中的用水行为。基于法律确定性的考量，上游所做出的牺牲是履行法定义务无可厚非，但是从实质公平的角度来讲，只有基于合理性考量对上游地区进行相应的生态补偿才能体现流域层面上的真正平等。这种对合理性原则的运用，就是对政府协调上、下游地区用水行为、生态保护与经济发展的行政行为的监督与限制，构成对合法性原则的必要补充。二是，合理性原则补充合法性原则要求流域立法不仅要严格依照宪法、行政法、环境保护法等上位法的指导[1]，还要满足流域层面上的现实需求，使流域立法的内容经得起实践验证。三是，合理性原则补充合法性原则还要使流域立法与立法资源的现实状况相符，协调不同形式的法律之间的关系，重视流域立法对流域善治以及国家治理体系和治理能力现代化的重要作用，充分挖掘各种立法资源，形成完整、统一的流域治理法律体系。

（2）比例原则补充依法行政。比例原则本是行政法中的一项重要原则，其最初产生于对政府行政行为的制约[2]，笔者将其引入流域立法的内容设计中，是因为该原则对于平衡流域利益、实现流域公平具有重要的意义。比例原则的基本理念是，只有在具备如下条件时才可以对私法自治进行干预：该项干预相对于另外一种更高的利益来讲是十分必要的；干预的程度以达到欲求之目标为限度；干预的手段要尽可能和缓、容易接受。比例原则的基本要求是，禁止超越实现目的而对他人的自由和权利进行过度干预，因此，比例

---

〔1〕 王国永：《流域管理法制化的障碍与对策》，载《生产力研究》2011年第9期，第126~127，139页。

〔2〕 Cohen-Eliya M, Porat I., *Proportionality and constitutional culture*, Cambridge University press, 2013：24.

原则的根本在于对政府行政行为进行适度性干预[1]。在环境治理领域对比例原则的扩大适用，得益于比例原则所包含的公正与平衡的价值。治理和善治理念下的流域治理，更加注重法律的精神，关于流域行政行为手段和目标之间的关系的法律规范，要兼顾流域整体层面上的公共利益和所影响的个体利益[2]。基于流域主体的多元性、流域范围的广博性以及流域政策的普适性，流域治理中的政府行为几乎都会涉及不同利益之间的权衡[3]，现代治理对流域立法提出创新性和适应性的要求，必须考虑政府行为的适当性，所以比例原则需要体现在流域立法有关政府行为的法律规范中。

流域水资源分配和流域内生态补偿是流域治理的重要内容，因此将比例原则补充依法行政原则运用在这两个环节中，对实现流域内各主体间的利益权衡与流域内生态、经济和社会的可持续发展意义重大。以下笔者分别从水资源分配和生态补偿两个方面对比例原则补充依法行政原则的适用原理进行论述。

第一，流域水资源分配的比例原则。随着水资源短缺、水污染加重以及流域水生态环境的恶化，流域治理的难度逐渐增加，流域经济社会可持续发展对水资源合理分配提出了越来越高的要求，如何对流域水资源进行合理分配在很大程度上影响着流域整体效益的实现和流域内秩序的稳定。以长江流域为例，对流域内水资源的初始水权进行合理分配，清晰界定水权，促进流域内水资源的合理高效开发利用是该流域目前面临的主要任务。水资源具有流动性，在开发利用时体现出非排他性和竞争性，所以对水资源要进行合理分配，而如何做到合理分配，就需要在流域立法中充分体现水资源的分配原则。

《水法》规定，国家对水资源实行总量控制和定额管理相结合的制度，水资源使用权的获得需要通过申请并取得用水许可证。但是，在流域内存在的一个普遍问题是，流域内的水权尚未界定到各行政区，用水许可证制度无法在流域内发挥实质性作用。因此，流域水资源初始分配是一个需要解决的迫切问题。对于流域水资源分配的原则，除了坚持可持续利用原则、公平与效

---

[1] 郑晓剑：《比例原则在民法上的适用及展开》，载《中国法学》2016 年第 2 期，第 143~165 页。
[2] ［美］弗里德曼：《法律制度》，李琼英、林欣译，中国政法大学出版社 1994 年版，第 323 页。
[3] 陈泉生：《可持续发展与法律变革》，法律出版社 2000 年版，第 116 页。

率原则、行政分配与民主协商相结合的基本原则外，还需要坚持比例原则补充依法行政原则。以长江流域为例，长江流域水量在丰水年和枯水年差别较大，丰水年水量相对充足，可以满足生活、生产和生态用水的需求，而枯水年水量较少，用水十分紧张。所以对长江流域初始水权的分配，应该以枯水年总水量为基准，并且结合国外水权分配经验和长江流域的具体情况，优先采用比例原则。比例原则的具体要求是在流域各行政区内根据实际情况按照一定的比例进行分水，并且这种比例随着实际情况的变化体现出动态性。分水比例的确定是水权分配的基础性工作，对实现流域内实质公平非常重要，所以流域立法中关于水权分配的内容必须融入比例原则的相关规定。分水比例的确定，根据可用水资源量的充裕情况表现出不同的难易程度。对于水量丰富、水质良好的流域，各区域之间和同一区域内不同用水主体（目标）之间对水的分配优先性并不在意，但是如果存在水量性缺水或是水质性缺水的情况，分水的优先顺序就很关键[1]。结合国际水法以及国外流域治理的理论和经验，我国对流域水资源分配顺序的确定，应该同时考虑生活优先、水源地优先[2]、时先权优先[3]、生态环境用水优先等因素。我国虽然在政策法律上承认生态环境用水的法律地位，但是并没有将之确定为一种权利，鉴于承认和保障生态用水是一项反映国际社会共同愿望的法律原则[4]，所以流域立法中的比例原则应该突出对生态环境用水的保障。

第二，流域生态补偿的比例原则。在流域治理中还需要考虑的一个重要问题就是区域内存在发展权和环境权益分配的不平衡。为了维护流域内的社会公平和稳定，在流域立法过程中还要考虑生态补偿机制的问题。生态补偿机制的核心内容是补偿标准，其不仅关系生态补偿的运行效果，而且对整个流域治理过程具有重要影响。笔者认为，制定流域补偿标准需要在坚持水资源国有属性以及明确水资源权益归全流域共享的基础上，按照各区域对维持

---

〔1〕 范可旭、李可可：《长江流域初始水权分配的初步研究》，载《人民长江》2007年第11期，第4~5页。

〔2〕 水源地优先是指，在对流域水资源进行初始水权分配时，要优先保障流域水源地现状和未来的水量，而且在出现用水紧张的情况时，也要优先保障河流水源地的用水。

〔3〕 时先权优先是指，用水时间长、历史悠久的用水户对流域水资源享有优先权，其主要目的是对有利于经济社会发展的现状进行保障。

〔4〕 胡德胜：《论我国生态用水保障制度的完善》，载《河北法学》2016年第7期，第16~29页。

水资源可持续性的贡献的比例确定流域补偿标准。

实施流域生态补偿的目的是对流域内环境损益的差异及不平衡进行调节，是对流域环境利益进行的二次分配，而分配的基础是环境损益，表现为针对流域生态进行的环境投入与环境收益之间的差额。流域水资源的功能较多，如农业灌溉、工业用水、旅游景观、水利工程、生态用水等，除了生态环境用水以外，其他每一种用水方式都会对水资源造成不同程度的效益减损。针对流域水资源水质降低、生态环境恶化采取的改善措施往往具有周期长、成本高的特点，在这个过程中表现出的投入低于产出的部分就是流域资源的净收益。我国水资源所有权归国家所有，上述基于投入和产出之间差额的净收益本应该属于全流域共同享有，但是现实情况却是，我国法律法规对水资源的权属划分和产权界定并不明确，从而导致了流域内权责秩序混乱，上下游之间不仅对流域生态保护的基本原则认识不清，而且存在相互推诿责任的现象[1]。鉴于此，在平衡上下游之间和区域之间生态利益的过程中，生态补偿标准的确定必须坚持一定的比例，否则一味以流域内"大锅饭"的形式进行补偿，无疑会造成恶性循环的结果。

流域立法中的比例原则要通过合理的补偿标准来体现，进而调整流域内各区域之间投入和产出的不合理现象。确定补偿标准需要考虑两个方面的因素：一是考虑区域发展水平。流域内各区域之间存在经济发展水平上的差异，对于水资源开发利用的程度以及对维护水资源生态稳定性的能力不同。经济较为发达的地区通过水资源获取的资源权益更多，从流域公平的角度考虑，其应该承担更多的流域治理责任。二是考虑流域水量和水质条件。优良的水质和合理的水量是衡量流域水资源健康状况的重要指标，可以以此来考核各区域水资源保护工作的绩效。因此，流域立法中的比例原则补充依法行政原则，本质上是对政府行政行为的有效监督和制约。

（3）程序性补充实体性。世界各国普遍重视流域立法，并且主要形成两种立法模式：一是制定专门的流域法，比如美国针对田纳西河流域和科罗拉多河制定了《田纳西流域管理局法》和《科罗拉多河流法》，澳大利亚全国

---

[1] 林凌：《基于社会公平原则的流域生态补偿标准计算案例研究》，载《内蒙古农业大学学报（社会科学版）》2010年第2期，第257~259页。

范围内的用水主要依托于墨累-达令流域，因此澳大利亚针对该流域进行了严格立法，制定了《新墨累-达令流域协议》、联邦《水法》等。此外，还有日本的《河川法》、德国《鲁尔河保持法》等。二是针对流域的具体问题签订有针对性的协议，如美国和加拿大针对大湖水质问题签订的《大湖水质协定》[1]。这些流域立法中既有从一般流域角度出发，针对流域整体功能、开发目标、协调规划进行的实体性立法，也有针对流域机构的设置、权力分配与运用、纠纷解决机制、公众参与方法、责任追究与权利实现等程序性方面的立法[2]。相比之下，我国流域立法的缺陷不仅表现在实体性法律欠缺，而且表现在程序性法律不足，比如，关于流域法律制定程序和公众参与流域治理的听证制度、信息公开制度、回避制度、说明理由制度、流域管理机构与行政管理机构之间的职能分离制度、流域纠纷解决的协同处理制度等，在我国流域立法中均表现出诸多问题。因此，以程序法补充实体法也是我国流域立法工作的重要内容。

维护我国流域健康生命，是流域整体规划工作的基础，也是流域治理的根本性目标和主导思想，需要从实体法和程序法相结合的角度实现流域生态目标的法定化。针对我国流域立法现状，加强程序性法律制定工作以补充实体性法律，意味着从程序上对实现流域生态目标进行规定。在具体的立法工作中，除了需要从程序上完善以上所欠缺制度外，还需要从如下三个方面实现程序性立法对实体性立法的补充：

第一，对实体性法律中模糊概念的具体界定。例如，我国法律中经常出现"会同有关部门"等类似表述，如此规定不仅未能从实际上解决主体间的职责和权力划分问题，而且容易造成流域管理机构与水行政管理部门之间的权责混乱。因此，笔者建议对我国《水法》和《水污染防治法》中有关"会同"的程序作出明确界定，有关主管部门在进行规划制定时就应该吸收其他相关部门参加，从而在一定程度上起到监督和制约政府相关部门行为的作用，有利于促进政府依法行政和在流域治理中发挥积极主动的作用。

第二，解决流域中有关水资源开发利用的各类规划之间的不协调问题。

---

〔1〕　赵春光：《我国流域水资源可持续利用的法律问题及对策》，载《法学论坛》2007年第6期，第122~127页。

〔2〕　吕忠梅：《论水污染的流域控制立法》，出自2005年全国环境资源法学研讨会，2005年。

规划不协调的问题一直是我国水资源治理和环境治理中的旧账，是流域善治理念下流域立法亟待解决的问题。现有法律中，关于流域水功能区规划、流域水资源保护规划的工作由水行政主管部门根据《水法》进行编制和执行，而流域水环境功能区规划和流域水污染规划则由环境保护行政主管部门根据《环境保护法》予以编制和实施[1]。同样是针对流域水资源的相关规划，却由不同的政府行政主管部门负责，鉴于各部门本身存在的经济人理性，容易造成不利于流域保护的局面。所以，有必要解决规划主体不协调的问题，在程序上保障我国现有流域实体法律的运行。

第三，理顺流域相关规划制定的逻辑顺序。流域是按照地表水和地下水的分水线而界定的，流域内通常涉及多个行政区域范围。因此，在制定水资源规划时要理顺流域与区域的关系，遵循先制定流域规划后制定区域规划的顺序，确保流域规划的完整性和统一性，形成对我国流域管理与行政区域管理相结合的水资源管理体制的回应。此外，还需要理顺流域规划、区域规划与专项规划之间的关系。专项规划是针对流域内具体工作所制定的规划，属于流域规划与区域规划的子集，所以在制定的顺序上，专项规划应置于最后，并以流域规划和区域规划为基础，保持各个层级之间规划的逻辑兼容性。最后，在处理全国性和地方性流域水资源治理规划的关系时，地方各级人民政府应该从本地区流域实际情况出发，在不与全国性规划的原则和目标相冲突的前提下，制定本地区的水资源保护规划与水污染治理规划。

## 第二节　政府责任与流域治理体制优化

治理并不意味着不再需要政府强制性的行政管理，所以流域治理的产生也不可能削弱政府的作用，而且需要更加注重政府责任在流域治理体制优化方面的不可替代性。流域治理体制优化及其与政府责任的关系，是流域治理政府责任法律规制的重要组成部分，对政府责任的实现以及流域治理的成效至关重要。当前，我国流域治理体制的优化要坚持继承与创新相结合的原则。

---

[1] 余富基：《对长江流域规划生态问题的法律思考》，载《水利规划与设计》2006年第5期，第4~9页。

在继承方面，要合理坚持目前的流域管理与行政区域管理相结合的管理体制，国家水行政主管部门负责全国范围内水资源的统一管理与监督以及跨省流域中各行政部门与流域管理机构的协调与合作，同时要坚持流域管理机构作为法律法规授权的流域管理组织并在流域范围内充分发挥水资源配置、水市场监督等职能。在创新方面，要积极按照流域善治理念的要求，对流域管理体制进行改革创新，使其在流域层面解决水问题时更加符合客观需求和现实情形。从美国、英国和澳大利亚在流域治理中积累的大量经验来看，其不仅重视流域治理体制，而且充分发挥政府在该体制中的作用。本节主要从流域治理体制优化的价值取向、考量因素、框架体系三个层面论述政府的作用以及流域治理体制与政府责任落实的关系。

## 一、流域治理体制优化的价值取向

科学、合理的流域治理体制是对流域开发、利用与保护活动进行有效管理的先决条件，是实施流域可持续发展战略目标的基本组织保证[1]。我国流域生态安全危机固然有我国工业化中后期粗放型经济发展模式的原因，但是也与流域治理体制的价值取向密切相关，尤其以碎片化科层治理机制中政府责任异化对流域治理机制创新和治理效果的影响甚为关键。推进我国流域治理体制优化，在坚持政府治理主体的基础上，需要正确评估流域治理体制涉及的目标参数，以及流域治理体制相比行政区域管理体制具有的选择合理性。

（一）流域治理体制设计的目标参数

流域治理总是和国家行政管理及政治的关系十分密切，而且由于流域边界和传统行政边界之间的不匹配，使得将流域作为政策组织基础的流域治理总是不那么容易推进。以流域为基础的治理体制的设计需要建立在对如下问题了解的基础上：其一，流域的范围界定复杂，而且不同尺度的流域经常以相互嵌套或包含的形式存在，从而使得对流域范围进行精确界定是几乎不可能的[2]。例如，在特定一级支流、二级支流甚至其他层次支流上进行以水为

---

〔1〕 王树义：《流域管理体制研究》，载《长江流域资源与环境》2000年第4期，第419~423页。

〔2〕 Omernik J M, Bailey R G., "Distinguishing Between Watersheds and Ecoregions", *Jawra Journal of the American Water Resources Association*, 1997, 33（5）：935-949.

中心的土地活动时，往往会对河流主干线和河口产生较为深远的影响。那么，流域治理体制设计首先需要考虑的就是流域管理机构的规模，以及不同物理尺度上河流性质如何反映在行政边界上。其二，即使是按照水的行政边界来划分水资源，水质和水量问题也不能总是被及时识别和处理[1]，因为水污染会随水流动而对同一流域内其他流域段水质甚至是超出该流域边界的其他流域的水资源供应能力产生影响[2]。这些都是传统行政管理体制很难解决的问题，从而使得行政层面上的制度变革合法性很难建立和维护。第三，由于以水为对象的行政机构的服务目的具有有限性，如果对水资源实行一体化流域治理，那么由各种现有行政实体所享有的权力将被新的以水为基础的机构接管或者共享。所以，新的流域治理机构将如何基于现有行政框架进行优化，从而使传统行政权力得到合理尊重。

以上三个方面的问题是针对流域治理的规模、边界、控制、任务和一致性而提出的质疑，同时也构成了对流域治理体制设计以及特定流域治理项目和流域生态环境研究的基本考虑[3]。基于此，本书认为流域治理体制设计的目标参数具体如下：

（1）流域治理的制度结构必须享有与较高级政府匹配的权力以及权力类型，但也必须有能力在区域或地方层面上建立民主合法性，以及在该类区域或地方实施相关的监督和管理活动。也就是说，流域治理必须是全国范围的整体行动，其需要最高的行动权威和最广泛的认可度。

（2）流域治理的制度结构必须同时具备权力和责任，使其能够在系统层面上全面管理流域问题。这种结构至少需要某种形式的权力对如下活动内容进行管理，即对地表水和地下水、水量和水质产生影响的活动，对水生生态系统产生影响的关键性物理和生物活动，以及防洪、土壤保护、湿地保护、渔业、娱乐等对流域有重要影响的土地利用活动。

〔1〕 Reisner M. , "Cadillac Desert: The American West and Its Disappearing Water", *Quarterly Review of Biology*, 1993, 30（2）: 582.

〔2〕 Environmental Protection Agency. What are the Major Effects of Common Atmospheric Pollutants on Water Quality, Ecosystems, and Human Health, http:// www. epa. gov/owow/oceans/airdep/air3. html.

〔3〕 Cannon, Jon. , "Choices and Institutions in Watershread Management", *Wm. & Mary Envtl. L. & Pol'y Rev.* 2000（25）: 379.

（3）流域治理的制度结构必须依赖于自愿治理和自愿遵守特定标准和目标。特别是在依赖地方治理单位的情况下，必须在地方一级建立政府责任问责制。此外，还必须为流域治理体制的有效实施提供全方位的融资机制，并且所有的监管和市场激励、报告和信息要求、规划要求、自愿行动等都应该能够被有效利用。

（4）流域治理体制的实施主体必须具有一定的能力，如预算能力、专业的工作人员和专业知识，执行复杂的科学、经济和社会分析职能，以及通过公开、透明的程序制定政策和监管决策。这些公开、透明的程序需要主体通过自身职责和能力形成可供查询、追踪和质询的工作记录。该项目标要求其实是对流域善治透明性要素的体现，是流域善治理念下完善流域治理体制的重要考量。

（5）流域治理机构应该在不同流域类型、流域规模以及政治单位中推广，而且要符合流域治理体制所要求的信息收集能力和协议的标准化要求，以便允许各主体在横向和纵向上共享信息[1]。

以上关于流域治理体制设计的五项目标，涵盖了该体制下流域治理机构应该具备的权力、责任、标准、能力和运行方式，这种体制设计框架的重要前提是，需要流域各级治理主体之间均能做到全面协调。

（二）流域治理体制的选择合理性

在国家治理体系和治理能力现代化的背景下，作为国家治理主体的政府，其职责范围逐渐超越传统角色，生态环境和自然资源保护将成为政府责任体现的关键领域，进而要求流域治理体制比传统行政管理体制具有明显的选择合理性。尽管我国目前实行流域管理和行政区域管理相结合的水资源管理体制，流域管理得到法律上的重视，但是流域治理推进缓慢，流域管理的实践效果不明显。笔者认为，造成这种不良局面有很大原因是对流域治理体制认识不清，尤其是相对于行政管理体制，对流域治理体制的优先性理解不足。

（1）流域系统复杂性和多功能性的要求。建立以流域为单元的水资源治理体制，主要原因在于区域管理在许多涉水管理事项方面表现得无能为力，

---

〔1〕　Ruhl J B, Lant C, Loftus T, et al., "Proposal for a Model State Watershed Management Act", *Environmental Law*, 2003, 33（10）：169-185.

无法对流域特定问题进行有效管理。如果某项关于水资源的事务可以由区域单独进行管理，并且区域能够管理得好，一般情况下就不需要在流域层面上进行统筹考虑，也就没有必要研究流域管理，比如农村饮水安全工程管理等。相反，如果某项水资源事项由区域进行管理并不能从根本上解决问题，而且会引起水资源利用和保护秩序的混乱，那么就应该考虑从流域层面上进行统筹管理，研究以流域为单元的流域治理体制也就显得十分必要。比如，流域水资源总量控制、流域水资源开发利用效率以及流域水资源生态环境保护等。流域水资源具有开放性和流动性等自然特性，流域地表水与地下水、上下游、左右岸之间都存在复杂的相互联系，这就使得流域水资源在开发、利用与保护方面具有典型的流域性以及行政区域外部性（包括正外部性和负外部性），这种具有动态性和不确定性的流域生态系统，使得传统行政区域管理模式与许多流域事项的管理要求不匹配。因此，流域治理体制的选择必要性首先在于流域系统的复杂性和功能性要求。

与区域管理体制相比，流域治理体制在运行方面主要侧重两个角度，而且这两个角度都与流域善治理念下政府责任形式优化密切相关。一是，在流域层面上进行统筹协调，需要区域在涉水事务上给予配合和承认，包括对流域水资源整体规划、流域水量分配等方面。这方面的流域事项涉及流域管理的重大决策问题，需要在更高层次上由政府进行统一决策。比如，跨省、自治区、直辖市的流域水量分配方案，需要由国务院水行政部门会同有关部门、有关省级政府共同编制后，报国务院或国务院授权的部门批准。政府在这个环节中发挥的作用是对水资源在流域整体范围内进行考量，按照水环境功能区特点，在确保能够维持流域整体生态系统完整、稳定的基础上，对流域内上下游行政区之间水资源综合开发利用项目进行合理布局，从而发挥流域的综合生态效益[1]。二是，流域治理体制需要与区域管理体制相结合，包括流域水行政许可事项、流域管理机构对特定限额或特定河段的直接管理等。关于流域具体事项的管理，虽然在具体过程中仍然要坚持以流域治理体制为主，但是需要作为区域组成部分的各"条条"和"块块"的积极参与协调，这就

---

〔1〕 胡熠：《我国流域治理机制创新的目标模式与政策含义——以闽江流域为例》，载《学术研究》2012年第1期，第49~54页。

对政府流域治理责任提出了新的要求，需要政府对与水行政管理相关部门的职责、职权进行合理划分，并建立科学的监督体系，有效配合流域治理体制的推行。

（2）公共管理的要求。流域治理是环境治理的重要组成部分，而环境治理属于公共治理的范畴，从公共治理的角度来讲，治理的权力主体越多越分散，治理责任也就越趋向于松懈；相反，权力越是集中并趋向于单一中心，责任就越明确，权力主体之间的破坏性竞争和摩擦就越小。管理系统的专门化和管理体制的单一权力中心，有助于减少决策和办事过程中的资源消耗，提高管理效率，克服无责任性和混乱性[1]。这一点已被国外流域治理的理论和实践证明，许多国家在构建水资源管理体制时，在同一层次的政府中形成单一权力中心，在统一管理框架内推行管理机构的专门化，形成了以流域为单元的流域治理体制，而流域管理机构则是该体制中对流域进行集中、统一管理的关键主体。各国在建立流域治理体制时，将流域水资源和水环境管理的权力逐步集中于流域管理机构，尽管不同国家采取不同形式的流域管理机构，但本质上都是以流域为单元实现责任与权力的统一与集中。因此，公共管理视角下的水资源管理，再次说明了流域治理体制比区域管理体制更具有选择优先性。

## 二、流域治理体制优化的关键考量因素

水具有流动性，其并不遵守行政边界，因此，对水资源进行管理及对管理机构的设置不应该按照现有的行政边界来确定。单纯从水资源的特性来看，采用流域治理的方法或者至少将流域整体作为治理的规划单元是合乎逻辑的。但是，有一个问题是，一个河流流域机构的职能是根据一个可感受的和可表达的需求建立，而现有的行政管理条件不允许、行政管理部门不愿意和不鼓励建立以流域为边界的治理体制对水资源进行管理。而且，还需要正视的一个现实问题是，流域管理机构自身也并不能保证一定能够实现流域水资源及其生态环境的可持续。笔者认为，流域管理机构是建立流域治理机制的关键因素，而政府则是促进流域管理机构实现流域可持续的重要考量。

---

[1] 张建伟：《政府环境责任论》，中国环境科学出版社 2008 年版，第 82 页。

（一）治理机构是流域治理体制优化的突破

考察国外流域治理理论与实践，结合我国流域管理机构的产生和运行现状，笔者认为我国对流域治理体制的优化，应该将流域治理机构作为突破，而且无论是具有委托分水权和收费权的流域管理局，还是单纯的只是向水资源管理机构提供咨询和建议的委员会，都应该符合职权配置和功能设置的基本要求：

（1）从职权配置方面进行突破。一个合理、高效的流域管理机构应该能够自主行使职权、行政命令统一、协商参与决策。首先，自主行使职权是实施流域统一管理的第一要求。从我国现有的流域管理机构来看，七大水系流域管理机构都是水利部的派出机构，它们的主体地位、行政职权都没有得到相关立法的充分认可和授权，规划、组织和协调能力受到一定限制，而且在实际工作中，行使职责时表现出刚性力度不够，往往受到地方行政管理的过多牵制，从而使得流域管理机构的综合协调功能并未真正发挥[1]。鉴于此，为了保证流域管理机构能够在流域水资源管理中充分发挥调控能力，需要对流域管理机构进行法定授权，这种授权在力度和范围上都要有新的突破，使之区别于现有流域管理机构，从而可以真正代表政府履行流域治理责任。其次，行政命令统一是实施流域综合管理的重要保障。现代流域治理已不再是传统意义上的只有水资源部门在单打独斗，而是涉及环保、农业、国土等众多部门的集体行动，流域治理已然成为一项庞大的、复杂的系统工程，要求所涉管理部门之间必须统一命令，互相协调，以保护流域水资源和促进水资源的高效利用为共同目标。鉴于我国目前存在的水利部和生态环境部分别负责水资源管理与水环境保护而造成的职责交叉、权力交叉现象，需要将所有有关流域管理的职能，以及水利部和生态环境部均不管或是均可管但是管不好的内容都集中于流域管理机构，这样就形成了流域管理机构统一命令的权力单向运行模式。最后，协商参与决策是实施流域民主管理的有效方式。无论我国今后将建立何种类型的流域管理机构或者形成何种形式的流域治理体制框架，建立政府与流域管理机构之间的协商决策机制都是必不可少的。因为

---

[1] 王勇：《论流域水环境治理的科层型协调机制》，载《陕西行政学院学报》2009 年第 3 期，第 22~28 页。

从当前的情况来看，我国流域政府的地方保护行为是造成我国流域水资源和水环境保护不利、治理难度大的关键障碍，而地方政府之所以会产生保护主义倾向，主要原因是地方政府缺乏利益主张与诉求表达的平衡机制。那么，从这个层面上来看，流域政府及地方政府在流域治理中的责任也与流域管理机构的关系甚为密切。在流域治理中，需要创造一种平等、宽松的制度环境，即各流域政府能够有效参与流域管理机构的决策制定过程并充分表达其地方利益诉求，流域管理机构一方面考虑流域自身可持续发展的需求，另一方面也要尽可能平衡地方发展利益，从而既有利于实现流域管理机构的决策科学化、民主化，而且也可以促进流域管理机构与地方政府之间形成稳定的利益规范协调机制。事实上，流域管理机构与地方政府的共同参与，是流域善治理念下发挥政府主导功能并同时追求治理主体多样化的客观要求，也是改变我国流域管理机构没有委员以及协调、议事和仲裁能力不足的现实需求。

从上述流域管理机构职权配置的三个要素可以得出，如果流域管理机构的权力过小，那么在处理涉及不同行政区域的流域问题时就显得力不从心；如果权力过大，容易与流域内地方政府的权力和利益发生矛盾冲突。因此，无论我国采取何种形式的流域管理机构[1]，都应该兼顾法定全权、行政统一和协商民主。其中，法定全权意味着流域管理机构的权力由流域协议等相关法律文件明确规定，并且该协议同时对协议相关主体具有法律约束力。行政统一指的是流域管理机构能够在流域内统一行使权力，权力与责任相当。协商民主则是充分考虑流域管理机构与流域内地方政府的权力配置，目的是建立利益平衡机制。

（2）从功能设置上进行突破。职权配置为流域管理机构的运行提供了行

---

〔1〕 从国外流域治理的实践来看，目前主要有三种形式的流域治理机构，即协调的水资源理事会，规划与管理的流域委员会以及开发和管理的流域管理局。其中，协调的水资源理事会主要是马来西亚和斯里兰卡等国家采用的方式，理事会由农业用水管理部门、发展规划部门以及自然资源管理等部门的核心管理人员组成，其工作方式是利用不定期会面的机会进行政策建议磋商、规划设想讨论等，不具备实质上的行政管理权限和控制职能。规划和管理的流域委员会主要出现在欧洲的法国、德国等，相比流域理事会而言，该流域委员会根据流域大小和范围拥有相对较多的权力，但是除了在特殊情况下负责和监测站点、运行和管理特定水利工程外，一般情况下是基于与有关机构签署的协议或合同来监督、管理相关水利工程或其他工程。最为典型的流域管理局是美国的田纳西流域管理局，相比前两种流域管理机构，流域管理局拥有更大的权力，比如有权出售沿岸土地、经营电力、发放债券、开展示范工程等。

动依据或是前提，但是这种职权配置还需要一定的监督和约束，否则就会存在权力滥用的可能性。因此，流域管理机构除了需要在职权配置方面进行突破外，还需要在职能设置上考虑以下三个因素以确保流域管理机构的有效、合理运行。

第一，责任心。流域管理机构的责任心需要落实到组成流域管理机构的具体自然人主体，这就对流域管理机构的组成成员提出了要求。流域管理机构的成立，同时意味着要有系统完善的责任人选拔机制、监督机制和考核机制。在行政区域管理体制和流域管理体制的界限仍然模糊、人们对流域管理体制重要性和必要性认识不够深刻，以及流域管理机构主要负责人由水行政部门或环保等部门领导兼任的情况下，要使流域管理机构的主要负责人完全做到以流域水资源可持续和生态环境利益为责任目标，彻底摆脱地区经济利益的束缚或牵绊，无疑是具有难度的。而这正是说明了流域管理机构在以流域为中心进行流域相关活动中的责任心的重要性。笔者认为，应该改变目前由其他行政部门主要领导担任流域管理机构负责人的现状，改为向社会公开选拔、招聘。在政绩考核方面也应该建立区别于目前的政府考核体系，细化流域内环境权益增长指标，按照指标逐项对比考察。此外，对于责任心的考察，需要落实到具体环节，比如对流域内水资源信息的收集和评估、流域规划的制定、流域利益共享和协调机制的建立以及流域内水费、环境保护税的收取等。

第二，水论坛。从国外流域治理实践可以看出，水论坛或是水会议对流域管理机构具有重要的作用。我国也有必要在流域管理机构的职能设置方面考虑设立水论坛。水论坛是供流域内所有利益相关者参与讨论水资源问题或针对流域规划、政策等作出最终决策的平台，在整个流域治理过程中起到收集信息、评估信息和处理信息的作用。在水论坛中，参与主体往往通过讨论、修改和批准关系流域重大问题的决策和建议来影响责任者的行为，因此可以说水论坛的主要职责是监督"责任心"。除此之外，水论坛还有一个职责就是批准流域管理机构的预算。中央政府和流域内地方政府均应该委派代表参加水论坛。其中，中央代表应参与流域水论坛中涉及大区域短期发展计划和长期规划的制定环节，并且应该将流域水论坛形成的决议提交国家水利行政部门，以保证与国家发展规划相衔接。地方政府可参与论坛的全部议题讨论，充分表达地方区域的发展需求，有利于流域管理机构与区域政府之间形成长效、稳定的利益协调机制。

第三，投资与预算。流域治理属于公共治理，提供的是公共产品，对整个流域经济发展非常重要，因此国家财政在流域治理投资方面一直给予特别支持[1]。从流域治理的目前形势来看，我国流域管理机构的预算管理模式在收入上主要以中央财政拨款为主，支出则主要有基本支出和项目支出两种。由此可以看出，我国流域管理机构在收入方面的主动权较小，未来流域管理机构在投资和预算方面的改革，一是要建立以资金筹集为核心的投资管理体系，二是要加强预算支出管理[2]。投资是流域管理机构得以维持的基础，目前国家对流域管理机构的投资支持主要表现是为必要的运行提供基本的资金以及对与流域水资源有关的基础设施进行投资。鉴于这种投资方式的单一性，未来流域管理机构的优化还需要多样化资金来源渠道和投入方式，比如，流域管理机构可以通过向愿意为流域内有助于实现水资源综合管理目标而投资的区域、企业和个人提供贷款来鼓励对水资源进行可持续利用。预算建立在用水和排污收费的基础上，科学、合理的预算体系不仅能够提高流域管理机构的运行效率，而且有利于实现流域内用水主体之间的利益均衡。

（二）政府对流域治理体制优化的影响

流域治理体制的形成对制定和实施流域水资源政策和规划的作用是决定性的。但是，体制的形成并不仅仅指建立符合流域规模的流域管理机构（如流域管理理事会、委员会或者流域管理局等），还包括一整套正式的法令、规章、信息和意见，以及与流域管理机构的行动密切相关的流域政府的职能设置，因为如果作为治理主体的政府的职责不清、缺乏适宜的协调机制，不具备行动所必需的管理、引导和控制能力，那么流域管理机构的作用也将无法体现。从中央政府层面和地方政府层面分别解析政府对流域治理的影响，笔者认为以各级政府为主体建立不同层级关系的流域管理机构，形成流域治理体制的层级框架体系，是符合流域自身特点和治理规律的。

（1）中央政府缺乏直接进行流域治理的基础。许多国家的环境政策问题

---

[1] 程娟、吴凤平：《流域治理投资战略控制初探》，载《人民黄河》2004 年第 6 期，第 5~6 页。
[2] 王念彪：《新形势下流域机构的预算管理》，载《中国水利》2008 年第 6 期，第 53~54 页。

都是在中央政府层面上通过全面的国家监管法律来解决的。比如美国的《清洁水法》《清洁空气法》等，很明显这些法律依赖国家规定的标准和集中的监管和政策决策，尽管各州政府在这些联邦法规的管理和执行中扮演着重要角色，但是联邦政府处于主导性地位，州政府在地方层面上的权力是有限度的。全国性法律在国家统一管理中发挥了重要作用，尤其在应对被认为是未来环境政策挑战的城市和农业水源污染方面的作用值得关注。但是，随着流域的概念被广泛认识和接受，有如下几个因素强烈地表明，全面的国家管理监管法律并不是实施流域治理计划、解决流域问题的最有效工具。首先，在整个国家的地理环境中，流域在许多方面都有差异，这些差异反映在土地使用和用水行为方面，因此很难设计出一套全国通用的统一标准。其次，对自然资源集中管理的行动，总体上削弱了地方对关键资源决策予以关切的愿望。目前，许多国家在流域治理中开始转向强调强有力的地方伙伴关系，建立监管机构与地方政府和利益相关方的合作伙伴关系，对水资源管理开始偏向从地方层面上进行治理，这同时意味着管理流域的全国性法规将有可能无法在地方一级建立合法性。因此，从这个角度来看，在地方层面上建立流域治理体制框架，可能会更具有针对性和可行性。

当然，从另一个角度来讲，也不建议中央政府完全脱离对地方流域治理计划和目标的影响。国家治理框架可以在不直接干涉地方治理基本设计选择的基础上作为流域治理行动的方向，因为对于特定的流域治理目标而言，全国性治理框架的存在虽然不是导致进行国家统一标准的理由，但是却可以证明国家对地方流域治理予以支持的正当性和必要性，例如非点源污染防治、濒危物种保护等，虽然可能体现出地方性，但是对整个国家的影响较大，对这些问题的解决可以消除国家层面的担忧。所以，在坚持建立地方流域治理体制框架的前提下，允许一定的国家目标和标准倡议的存在，各地方流域治理体制建立在国家目标和标准框架下并需要经过国家层面上的审查或批准。具体来说，中央政府可以或应该在数据资源的获取和科学研究方面发挥重要的作用，不过，这不是通过制定详细全面的命令性法规来控制地方流域治理的具体实施，而是考虑通过一项框架性指令从宏观层面影响地方流域治理政策。

（2）有效的流域治理不能完全依赖地方政府治理倡议。一个与上述不同但同样具有说服力的理由可以证明有效的流域治理体制不能完全依赖于地方治理倡议，特别是如果通过传统的地方政治实体来实现的话，流域治理的效果很难保证。即使避开讨论传统地方政治边界和流域之间缺乏匹配的问题，地方政府也面临着制约有效治理的几个因素。首先，尽管大多数国家的政治制度允许地方拥有很大的地方权力，我国各级地方政府也在国家治理框架内拥有一定的流域治理自主行动权，比如制定流域治理领域的地方性法规、地方政府规章，采取特定的流域治理行动等，但是仍然面临这样的问题，即跨界效应的管理往往不在他们的权威范围内，或者只能通过繁琐的地方间流域治理协调程序来进行。其次，大多数流域治理问题同时伴随着艰难的政治选择，并且可能带来严重的经济影响，地方政府可能不愿意做出别人也不会做出的经济牺牲。最后，即使大多数地方政府都致力于进行流域治理，但令人怀疑的是，不是所有的地方政府都能负担得起进行有效的科学、社会和经济数据收集和分析的成本[1]。而且，越是落后的地区，水资源利用不可持续的现象越明显，流域治理难度更大，但是地方政府往往缺乏有效的治理能力和手段。这并不奇怪，因为在许多地方，地方政府往往是自己辜负了全面管理水土质量问题的承诺[2]。因此，基于地域的自然资源管理建议，在优化流域治理体制并强调地方治理的同时，应该努力避免出现这样的情况。

此外，还需要了解如果国家将许多与水资源利用和保护有关的权力下放给地方政府会产生什么样的后果。以流域上下游用水主体的供水为例，虽然下放权力有助于确保流域内各主体可以更加公平地享有水资源权益，以及方便服务提供者对自己的服务行为负责，但是权力下放却意味着需要特别注意如下方面的问题：为了提高供水服务效率，需要保证服务商的行为不会受到短期政治行为的影响；供水服务主体的财务状况需要与当地政府的财务状况严格地区分开；为了最大限度减少因供水服务系统出现故障而造成用水者的权益受损，需要将性能检测、标准检查、程序管理等重要事项委托给独立的水资源管理机构或者更高一级政府代为执行；流域内的供水行为不可避免地

---

〔1〕　Bagi, Faquir Singh, "Small Rural Communities' Quest for Safe Drinking Water", *Rural America*, 2003, 17（3）：40-46.

〔2〕　Davidson J H., "Protecting the Still Functioning Ecosystem：The Case of the Prairie Pothole Wetlands", *Journal of Chromatography A*, 2002, 494（1）：143-56.

会牵涉流域上、下游不同主体的利益，因此，要确保供水机构的行为不会对下游用水户或者流域内其他利益相关者的用水权益造成损害；流域内可能涉及两个或两个以上地方当局的权力管辖范围，为保证跨界水问题能够及时、有效地解决，需要建立政府间利益协调机制；出于规模效应的考虑，小地方或小城市需要将用水设备或用水行为予以合并，从而获得用水利益或实现用水利益最大化；土地利用规划、经济社会发展、政治制度等都有可能造成水体污染或消耗大量水资源而对用水需求产生影响，地方政府需要对这一点保持清醒的认识。

（3）各级政府主导的多层次流域管理机构的必要性与可行性。基于上文从政府层级关系对流域治理进行的分析，一方面，我们有充分理由相信，中央政府不应该试图启动一项针对全国所有流域管理的综合性流域监管计划；另一方面，对于流域水资源的管理不能完全依赖于地方政府治理层面上的主动性和权威性。那么，流域治理体制优化既然不是中央政府层面上的治理，也不是地方政府层面上的治理问题，就需要在中央政府主体和地方政府主体的基础上，考虑设计和授权区别于政府水行政部门主体的多层次流域管理机构。上文已论述了流域管理机构的设计参数，在组织形式上体现为围绕物理流域单元的层次来设计流域治理体制的内部结构框架，并且应该考虑如何实现各自流域管理工作的跨区域协调。建立一个多层次的流域治理体制框架的最明显的好处是，在各级行政单位内，如省、市或者县，为实施流域治理政策的多样性提供了便利。通过共享相同的治理框架，各地方可以更加自由地交换数据和经验，从而以更协调、更有效的模式解决区域内或区域之间的流域问题。虽然各国经验均表明，以地方权力为基础的机构可以有效地管理流域范围的水文过程[1]，例如19世纪后期，美国中西部和其他几个州的示范立法授权的排水区，都是通过运用州政府的税收和征用权来实现大规模湿地排水的目标[2]。但是，出于不同的目的，笔者仍然认为，多层次的流域管理机构更具有灵活性，如果组织的机构与问题的规模相匹配，流域管理组织就

[1] Mccorvie M R, Lant C L., "Drainage District Formation and the Loss of Midwestern Wetlands, 1850-1930", *Agricultural History*, 1993, 67 (4): 13-39.

[2] Davidson J H., "Commentary: Using Special Water Districts to Control Nonpoint Sources of Water Pollution", 1989 (2): 503.

有可能发挥作用。例如，与区域规划有关的个别地方问题应该是当地自行组织的流域委员会的职权范围，而较大的组织则应该处理更广泛的问题。此外，这些较大的组织必须在其感兴趣的领域包含嵌套较小的流域组织，并且必须考虑到流域下游的切身利益。因此，制定一个国家流域治理体制的多层次框架体系是十分必要的。

### 三、流域治理体制优化的多层次框架体系

体制的优化本质上属于体制的能力建设范畴。体制优化意味着对特定机构授予一定的权力、配备适当的工具、提供可持续的人力和财力资源以供机构运行所用。体制优化本身不是对问题直接进行解决，而是当优化的目标实现后，作为体制载体的机构或者个人能够更有效率地发挥作用。从水资源综合管理的角度来看，流域治理体制优化即是指通过一定方式提高和挖掘国家、地方以及其他层次上的机构技能和能力建设，进而形成稳定、高效的框架体系。

通过考察美国、英国和澳大利亚流域治理的理论与实践，认为我国流域治理体制优化可以建立在一种多层次机构框架基础上。该种多层次体制框架体系旨在为地方层面的流域治理建立合法性，同时不牺牲更广泛意义上的国家和地区利益。该框架依赖于在政府间建立相互协调的机构，包括国家流域管理机构、区域性流域协调机构和地方流域管理委员会。各级政府需要针对各自范围内的重点问题制定流域管理计划。在区域和地方实体所管辖的范围内，该计划必须与分层系统中垂直向上的计划保持一致。国家机构将继续负责全国范围内的政策制定，包括制定一个全国性流域管理计划，但是需要将大部分流域管理政策制定、实施的权力下放给地方区域。区域性和地方性流域管理机构将在国家总体流域计划的基础上制定更加细化的规则以更好地实施国家计划，这样，区域和地方政府就将成为大多数规划和政策作用于流域治理活动的直接法律依据。三级政府流域管理机构的运行，需要满足以下两方面的要求：一是，需要建立一支专家团队，这个团队应该包括工程师、生物学家、经济学家、水文水利专家、信息专家、环境保护专家、环境法学专家以及律师在内的工作人员。从我国目前的情况来看，水资源管理机构，尤其是流域管理机构的专业性不强，机构组成人员专业情况复杂且与水资源管

理的关联性不强。因此，组建专家团队对我国流域治理体制的构建至关重要。二是，区域性和地方性流域治理还将在很大程度上依赖于地方人大常委会和地方政府，因为流域治理机构的组织形式、运行方式和与其他治理主体之间的协调机制，都需要通过地方性法规和地方政府来制定流域治理的地方性政策法律。

为了促使以上多层次流域治理体制得以真正落实，还需要清楚一点，就是各级政府在流域治理中的分工不同、作用有别，而且从流域本身的特点来看，三级治理框架的重点其实在地方政府。这里要求地方政府不仅仅只是行政区域的代名词，而应该在传统政府基础上发挥更大的作用，以流域为基础，通过地方计划与区域计划相一致的要求对所代表和管辖范围内的利益负责。此外，地方政府还将协调与同级政府的关系，以及协调本级政府内流域管理机构与土地、交通等行政部门的关系，使得各个层面上的流域管理计划保持一致。这将扩大流域规划的作用领域，使其超出直接管理水资源的范围。这一框架体系使流域管理机构能够在垂直和水平维度上匹配流域的物理情况，地方、区域与国家规划的管理权威的垂直作用范围与流域规模的嵌套层次结构相匹配。这种结构中每一层次的能力都可以检验政府当局对流域资源的决策所产生的影响，该种能力与每个物理尺度上的流域资源动态过程相吻合。流域治理体制的三级结构框架体系是一个整体，对每一个维度的审查都至关重要并关系到流域治理能否成功。针对国家、区域和地方三级结构，建议将流域管理机构的职责和权力分配如下：

（一）国家流域管理机构

从国家层面来看，我国水利部主要负责全国水质和水量保护相关工作，除此之外，生态环境、农业、交通和国土等部门也涉及部分水资源相关内容。据此，笔者建议，将所有这些部门中具有流域整体性特点的水资源开发、利用与保护工作由一个新的部门或者机构承担，称为国家流域管理机构。该机构将继续作为全国水质和水量监管的原始权威机构以执行国家法律，如《水法》《环境保护法》以及未来可能制定的《流域法》中的水资源可持续利用规定。根据我国水资源法律的相关规定，并结合流域治理体制框架的特点，建议对该国家流域管理机构的职能设置如下：①制定一项国家流域管理计划，具体说明全国流域管理的目标。②对区域性流域协调机构分配任务以实施对区域或地方流域有重要影响的项目。对区域或地方流域有重要影响的项目应该在国家水资源相关法律中明确规定，或者该国家流域管理机构也有权对区域或地方流域有重大影响的项目作出界定。③对区域流域协调机构提供的任何信息和评论，国家流域管理机构都有权在其职权范围内进行审议。④审查区域流域管理计划是否符合国家流域管理计划，并在计划存在不足的情况时向其提供纠正建议和措施。⑤对被认为具有重要流域效应的所有区域协调机构或地方流域管理中的行动进行审查和评论。重要的流域效应指的是国家流域管理机构认为并总结的可能会严重影响国家流域管理计划、任何区域流域管理计划或任何地方性流域管理计划的任何影响。

（二）区域性流域协调机构

区域性流域协调机构产生的前提是国家层面上已经存在若干个亚流域水文单位，但是，目前来看，我国并没有划分出类似这样的区域性流域单位。笔者提出该项建议是源于对美国流域治理实践的考察，美国地质勘探局（United States Geological Survey）[1]将全国流域地理情况按照一定的关联性划分为 222 个亚区域水文单元，这些单元内部具有物理相连性、特征相似性、资源共享性，按区域进行统一治理，不仅有利于节约成本，而且能够在很大程度上提高效率[2]。据此，笔者建议围绕我国长江、黄河、珠江等主要流域建立全国性亚流域区域，进而针对亚流域成立区域性流域协调机构。从流域治理体制三级框架体系上来看，区域性流域协调机构处于中间层，其关键作用在于承上启下，成为国家流域管理机构和地方流域管理机构的桥梁和纽带。总体来讲，区域性流域协调机构的职责和权力一般包括：①在其认为适当的地方建立地方性流域管理委员会的边界，但这种边界认定要符合国家水法律的相关原则性规定。②针对区域流域治理的情况建立区域性流域管理计划，并表明其能满足两方面要求，即遵守国家水质、水量等相关法律的基本规定，以及不与国家流域管理计划的总体目标相违背。③按照全国性水法律和国家

---

〔1〕　美国亚流域水文单元的具体情况详见：USGS（United States Geological Survey），*Hydrologic Unit Maps*（*explaining USGS hydrological unit maps of the United States at various watershed levels*），http://water. usgs. gov/GIS/huc. html（last updated Oct. 29, 2003）.

〔2〕　Omernik J M.，"The misuse of hydrologic unit maps for extrapolation, reporting, and ecosystem management1"，*Jawra Journal of the American Water Resources Association*，2015, 39（3）：563-573.

流域管理机构的规定，对区域性流域治理具有重大影响的事项进行列举和解释性说明。④对地方性流域治理计划进行审查，并且，当地方流域管理委员会不能制定出符合国家流域管理计划和区域性流域管理计划的地方性流域治理计划时，指导、帮助或代替其形成一个满足要求的计划。⑤综合考虑水质、水量、地理位置和对全国经济社会发展的影响等因素，对特殊的集水区域进行定义。⑥对土地利用和水工程的发展标准所进行的定义需要按照区域流域发展的影响进行分类。⑦审查地方政府的土地利用和水项目决策，而无论这些决策是针对特殊流域还是针对区域发展的影响。⑧在其管理范围内为区域流域管理计划和各地方性流域管理计划的有效实施提供科学、经济和社会数据的收集和分析工作。⑨当发生其认为可能严重干扰区域性流域管理计划实施的情况时，向国家流域管理机构通知任何国家机构或者区域性机构正在实施的或已经实施完毕的行动。

（三）地方性流域管理机构

对于地方性流域管理委员会，笔者建议可以沿用我国目前已经存在的流域管理机构的定义，即针对特定流域所设立的旨在促进对该流域进行可持续的开发、利用与保护的机构。当然，该机构名称中的"地方性"并不是地方政府的代名词，这一点应该区别于作为地方政府组成部分的美国的州层面上的流域管理委员会[1]。之所以称其为地方性的，主要是因为该流域管理机构是针对特定流域而设立的，单个流域的流经范围一般较小，所以表现出地方性。不过，这里仍然可以借鉴美国的流域治理思路[2]，关于地方性流域管理机构的地位和属性，认为可以按照流域的流经范围定义为水利部的派出机构或者作为省水利厅的派出机构，如果流域涉及两个或两个以上的省，那么由水利部派出，如果仅涉及一个省，就应该由省水利厅派出，这样在职权范围

---

〔1〕 美国流域管理机构的设置和运行呈现出一个明显的特点，即地方社区对地方选举的机构的信任超过对地方行政机构的信任。关于这方面的讨论参见 Catterall C P., *Ecological Restoration*, Island Press/Center for Resource Economics, 2013：165（美国流域治理目标的实现，关键在于确保地方流域管理机构的民选官员有资源、权力和政治意愿来制定和实施有意义的政策选择）。另参见 Janssen, Marco A., John M. Anderies, and Elinor Ostrom, "Robustness of social-ecological systems to spatial and temporal variability", *Society and Natural Resources* 20.4 (2007)：307-322（涉及多级系统的核心问题是如何授权当地资源使用主体与公共基础设施提供者在设计与当地情况相匹配的规则方面拥有相当大的自主权）。

〔2〕 Catterall C P., *Ecological Restoration*, Island Press/Center for Resource Economics, 2013：165.

上比较匹配[1]。另外，建议将流域管理机构的属性仍然定义为事业单位比较合适。具体来讲，地方性流域管理机构的职责和权力可以明确如下：①制定地方性流域管理计划，并且对如何遵守和实现该流域管理计划进行解释和说明。②有权审查所有地方政府的土地使用和水资源项目申请。这里的地方政府主要指的是市、县政府以及灌溉区和土壤保护区等地方实体，他们在拟进行以上活动之前应该将相关决定通知地方性流域管理机构。流域管理机构经过审查后，要么认为以上活动对当地流域、区域性流域或特殊的流域区没有重大影响因此无需采取进一步行动；要么流域管理机构认为其对当地流域有潜在的重大影响，而需要向当地政府提供必要的保证以确保该行动与地方性流域管理计划相适应；要么认为以上地方实体的行为可能对特殊流域区产生影响，进而将该事项提交给区域性流域管理协调委员会。③获取和管理其认为对地方性流域管理具有重要影响的土地管理权，并且有效实施地方性流域管理计划。④通过征收水资源使用费来筹集运行资金。⑤向国家流域管理机构或者区域性流域协调委员会通知其认为的任何可能对地方性流域管理计划的实施有重大影响的行动或事件。⑥通过在流域层面上规划和组织论坛等，为公众提供参与流域管理计划发展的程序和机会。

# 第三节　小结

本章从法治化角度论述流域立法和流域治理体制优化对政府责任的回应。在流域立法方面，20 世纪中期以前，国际上对水法重要性的认识大致采用以保存和恢复为基础的范式，认为生态系统的改变是可预见、可逆转的。而在此之后，这种僵化的保护性的立法结构越来越遭到批判，认为包括流域立法在内的环境立法应该摒弃对资源环境和生态系统可恢复性和可预测性的认识依赖，从提高生态适应性能力的角度优化水资源立法。流域立法源自立法主体对政府行政过程的体会，以及政府水资源政策对水资源立法的引导功能，这使得流域立法与政府责任之间的关系尤为密切，因此流域立法的适应性选

---

〔1〕　Janssen M, Anderies J, Elinor Ostrom, "Robustness of Social - Ecological Systems to Spatial and Temporal Variability", *Society & Natural Resources*, 2007, 20（4）: 307-322.

择在很大程度上体现为对政府责任的回应。鉴于此，笔者首先提出了政府主导下流域立法的四项具体要求，进而从流域立法路径的静态选择和动态选择两个维度对流域立法的法治路径进行解析。针对我国流域法律现状，建议制定综合性流域法和流域特别法，最终在静态选择上形成"两主两辅"型流域法律体系格局。动态选择关注流域法律与现实情况的相容性以及流域法律对于执行主体具有的可行性，在综合考量流域法律现状的基础上，认为流域立法在动态选择方面需要突出合理性补充合法性、比例原则补充依法行政、程序性补充实体性。

在优化流域治理体制方面，笔者概括了价值取向、考量因素和框架体系是流域治理体制优化的重要环节。通过论述流域治理体制设计的目标参数和流域治理体制的运行特点，突显流域治理体制相比区域管理体制的选择合理性。基于水资源的流动性特点，认为流域水资源管理的界限及其管理机构不应该按照现有的行政边界来确定，但是流域管理机构本身又不能保证一定能够实现流域可持续，所以有必要将流域管理机构和政府的影响作为体制优化的关键考量。最后，从水资源综合管理的角度提出我国多层次流域治理体制构建的建议。三层框架体系具体指国家流域管理机构、区域性流域协调机构和地方性流域管理机构，并对每一层次的流域管理机构进行了定义以及对其职责和权力作出阐释。

# 第七章 实现方式层面：流域治理政府责任的实现方式

流域治理本质上属于公共治理的范畴，需要遵循公共治理的基本逻辑。本章从内部实现方式和外部实现方式两个维度论述流域治理政府责任的实现，其中内部实现方式指的是政府如何处理其与内部机构和工作人员以及政府与政府之间的关系，外部实现方式指的是政府如何处理其与市场、社会等其他治理主体之间的关系。就内部实现而言，流域治理中强调由政府作为主导性和第一位主体，那么它的管辖边界就应该与流域问题的影响规模和范围相符，而且必须运用特定手段来对政府行为的公众满意度和偏好进行测试，本书将这种测试称为对政府行为绩效的评价。另外，如何处理好政府与其他各级政府之间的关系，也关系到政府责任的实现。政府组织进行流域中公共产品的生产，并不是要求政府亲自进行生产，而是负责寻找能够高效率生产该公共产品的提供者，并且对所生产产品的成本在受益者中进行公平、合理分摊，以及对该产品进行有效管制。因此，本书将政府在流域治理中的这些功能定义为主导，而主导的好坏代表着政府责任的实现程度。

就外部实现而言，政府主导的流域治理包括多维内涵，在理念层面、制度层面和运行层面上分别具有不同的涵义，其中运行层面上的流域治理主要是流域法律秩序和流域法律实现的过程。关于流域治理政府责任的外部实现，主要是流域治理在运行层面上的相关问题。运行层面上的流域善治需要解决好三个方面的关键问题：一是正确处理好政府与市场的关系，以及流域问题的产生和流域治理的效果分别在政府和市场层面上的内容；二是确保所有流域利益相关者的参与权利，通过多主体之间的协商与合作来增强治理中的优势互补和监督制约，尽管拒绝出现个别主体的绝对权威，但仍保证政府在治理中的主导性地位；三是为了降低委托代理成本，必须保证信息和知识交流畅通，从而减少信息不完全和信息不对称的现象[1]。从流域管理向流域治理的转变，虽然只是一字之差，但是却改变了政府在流域治理中的无所不能和单纯使用行政强制方式的行为惯性。本章体现了本书的第三个创新点，即在流域治理政府责任法律规制的实现方面，梳理了政府、市场、社会三者之间的关系，并从内部实现方式和外部实现方式的角度提出流域治理政府责任实现的路径。在法治状态下，内部实现表明政府行为满足社会对政府管理效果的期待，外部实现反映主体多元和目标多元的治理本质。

## 第一节　流域治理政府责任的内部实现方式

道格拉斯·诺斯（Douglass North）从经济学的视角将制度定义为："制度是一个社会的游戏规则，是决定人们相互关系的系列约束，制度构造了人们在政治社会或经济方面发生交换的激励结构，制度变迁决定了社会演进方式。"[2]制度约束不同，活动参与者的决策选择和行为模式就会发生相应的变化。我国流域治理政府行为出现偏差是政府作为理性"经济人"并基于现实制度条件和政策环境所作出的自主决策，那么按照制度的逻辑和政府经济人的理性特征，流域治理政府责任的内部实现，需要通过一系列影响政府自身行为决策以及对政府行为进行客观评价的制度约束。笔者认为，在治理和流域善治的背景下，流域治理政府责任评估和流域政府间博弈均衡治理体系共同组成政府责任内部实现的重要方面。

### 一、流域治理政府责任评价

政府责任的内部实现，首先表现为政府在流域治理中的公共服务效率，

---

[1]　胡鞍钢、王亚华、过勇：《新的流域治理观：从"控制"到"良治"》，载《经济研究参考》2002 年第 20 期，第 34~44 页。

[2]　North, Douglass Cecil, *Structure and change in economic history*, Norton, 1981：3.

以及对政府行为进行科学、有效的评价。政府在流域治理中的作用属于公共治理的范畴，评价政府责任的标准不在于供应方面的技术标准，而在于服务方面的回应性标准，即政府是否对流域治理中相关主体的水资源权益保持较高的敏感度，以及政府对流域主体的多元需求的回应性。

（一）公共行政转变视角下政府责任考核的必要性

所谓"治水先治河，治河先治污，治污先治人，治人先治官"，说的就是对流域治理中政府责任考核的重要性。20世纪末，西方许多国家均出现了政府管理从传统的公共行政向新公共管理过渡的历史转变，这种转变包含的理论基础即是行政管理学中的公共选择理论、经济学中的交易成本理论以及代理委托理论。经济合作与发展组织对西方行政管理改革进行了调查研究，并总结出新公共管理包含的四项核心要素是：服务效率、质量与效果被赋予更为重要的意义，而这三项指标需要通过政府绩效评估；分权的管理思路逐步取代了等级制和高度集权，分权框架下的资源配置与服务提供更加接近第一线并具有社会基础；对于成本效益的选择有更多的可替代方法，从而很大程度上避免了由政府进行直接提供的多种弊端；更加强调国家的综合应对能力，尤其是在应对外界环境变化或者面对不同利益主体的需求时所具备的灵活回应机制〔1〕。由此可以看出，新公共管理既是政府责任转变的运动，同时也是政府责任理论形态的更新。美国学者曾在书中这样描述政府，即，政府不在于规模大小，而在于效率；政府做什么不重要，重要的是政府怎么做；不纠缠政府征税多少，只要政府征税适当且使用得当；不管政府做事的动机如何，而在乎政府的办事后果。这样的政府似乎在当时被认为是理性的、符合公众期待的。但是很快，新公共服务理论的出现，对以上新公共管理的理论进行了深刻批判，因为在后者看来，政府组成人员在管理公共事务和执行公共政策时，应该着眼于公共服务以及向公众放权，政府组成人员不应该成为政府组织的掌舵人或者划桨人，而应该通过其认真努力使政府真正成为人民权益的维护者并对人民有关权益的诉求能够做出及时回应〔2〕。事实上，无论是新

---

〔1〕　李传军：《管理主义的终结——服务型政府兴起的历史与逻辑》，中国人民大学出版社2007年版，第200~202页。

〔2〕　Denhardt R B, Denhardt J V., "The New Public Service: Serving Rather than Steering", *Public Administration Review*, 2010, 60（6）：549-559.

公共管理理论还是新公共服务理论，其在很大程度上都体现了政府的存在合理性，但是对于如何衡量和确保这两种理论的最终目标，还差非常重要的一步，即对政府进行行为考核，这种考核就是对政府是否履行以及是否恰当履行责任的科学判断程序。如果缺乏对政府责任的监督和考核，无论看起来有多么完善的法律都不过是形同虚设，就像是美国 1969 年《国家环境政策法》一样〔1〕，尽管该法得到的评价很高，但是因为其缺乏对联邦政府执行环境影响评价报告行政行为进行监督和考核的程序和机构，从而使该法在环境法领域的影响力和对环境治理的作用大打折扣。由此可见，强化政府在流域治理中的责任并对该责任进行考核对流域治理极其重要。

客观地说，我国近年来已经开始对水资源管理中的政府责任进行考核，比如生态环境部（原环境保护部）会同发改委、监察部、财政部、住房城乡建设部、水利部制定的《重点流域水污染防治专项规划实施情况考核暂行办法》于 2009 年 4 月经国务院同意予以贯彻实施，该办法适用于对重点流域各省级人民政府实施相关专项计划情况的考核。该办法规定，重点流域各省级人民政府是实施各专项规划的责任主体，要切实加强对本行政区内水污染防治工作的组织领导，将相关规划目标、任务分解落实到市、县级人民政府，并纳入地方国民经济和社会发展计划。此外，该办法还对考核内容、考核方式和考核结果的处理等作了规定。再如，2011 年中央一号文件出台以来，最严格水资源管理制度也是政府责任规定的集中体现。2013 年国务院办公厅《关于印发实行最严格水资源管理制度考核办法的通知》，规定了国务院对各省、自治区、直辖市关于最严格水资源管理制度目标完成、制度建设和措施落实情况进行考核。2021 年 9 月，国务院办公厅发布了《关于对"十三五"时期实行最严格水资源管理制度成绩突出的省级人民政府给予表扬的通报》。2021 年 10 月，中共中央、国务院印发了《黄河流域生态保护和高质量发展规划纲要》，规定了沿黄各省区要履行主体责任，完善工作机制，加强组织动员和推进实施。相关市县要落实工作责任，细化工作方案，逐项抓好落实。由此可以确定，我国流域治理政府责任考核已经进入了法治轨道，并将逐渐形

---

〔1〕 李挚萍：《美国〈国家环境政策法〉的实施效果与历史局限性》，载《中国地质大学学报（社会科学版）》2009 年第 3 期，第 50~56 页。

成常态化制度体系。本书中所讲的流域治理责任考核，主要目的是试图从流域善治的角度探索考核体系和评价方法，以促进政府良好履行流域治理责任，实现流域善治。

（二）数字化政府责任考核体系

针对我国地方政府流域生态保护的指标体系缺乏系统性以及具体指标表现出模糊性，建议建立数字化政府责任考核体系。我国已有学者对数字化管理提升生态环境保护政绩考核水平进行了研究[1]，但缺乏对流域治理政府责任数字化考核方面的研究。结合生态保护政绩考核的数字化研究基础，认为建立我国流域治理政府责任数字化考核体系应该分三个层次进行：首先，借鉴国际流域生态环境保护经验，进一步细化现有的流域保护指标类别；其次，充分结合和利用水文科学、环境科学等相关知识，参照国际流域生态保护指标体系，科学设置流域生态每一个类别的保护指标；最后，建立流域生态保护指标的调整机制，根据社会经济发展和流域生态环境变化，合理调整流域生态环境保护指标。数字化流域治理政府责任考核体系是建立在功能强大的信息系统基础上的，是科学化、规范化、智能化的数字绩效考评体系。数字化流域治理政府责任考核体系的建立，需要将中央政府目标、上级政府目标逐级分配至下一级政府，通过精确制定年度、季度工作计划、总结和科学考评，掌握每一级政府的工作进展和业绩，实现对各级政府绩效的智能化管理，从而最大限度转变政府职能、优化管理机构、理顺上级关系、提高政府效能。依托信息技术和网络层级技术，该体系的建立有望提高问题的发现能力，但是还需要建立一整套有效解决问题的约束机制，否则无法从根本上达到考核的目的。笔者认为，创新数字化流域治理政府考核体系，需要从考核方式、考核周期、考核激励三个方面进行。

（1）自上而下与自下而上考核方式相结合。将流域水资源和水环境保护纳入政府责任考核范围，首先需要解决的问题就是由谁执行考核以及如何进行考核，所以考核方式与考核主体是政府责任考核的关键内容。从我国目前的情况来看，对地方政府的责任考核主要采取的是自上而下的考核方式。自

---

[1] 曾水英：《完善地方政府生态文明建设绩效考核制度》，载 http://theory.workercn.cn/c/2012/12/31/121231100522791867218.html，2024 年 2 月 6 日访问。

上而下考核指的是上级政府对下级政府流域治理情况的考核，这是由于我国政府层级之间存在领导和被领导的关系，所以这种考核方式对下级政府行为和决策执行效率具有重要影响，并且成为我国政府评估不同于西方国家政府评估的主要区别。从中央政府到省级政府再到市县和乡镇政府，每一层级之间都应该设置科学、可行的考核内容，而且考核的对象既有针对政府领导干部的，也有针对政府部门的。但是，尽管这种自上而下的考核方式能够对下级政府的流域政策法律的执行起到很好的监督作用，有利于提升下级政府执政能力，但是其存在的缺陷也是显而易见的，比如下级政府为了应付检查而进行数字造假，欺上瞒下，会出现上级政府耗费大量的行政资源但是效果甚微的现象。此外，目前还存在另一种考核方式即政府内部的自主考核〔1〕。自主考核是指地方政府对与水资源相关的部门的考核，比如对水行政部门、生态环境部门、农业部门等的考核，其中对水行政部门的考核是主要内容。但是，由于政府行为具有目标多元性和公共责任性，对政府责任的考核更侧重对其行为的公共性和合理性考量，从而直接影响了部门行政效率的提升。而且，基于政府的经济人特性，政府在对水利部门的水资源保护设定考核指标时，总是受到政府管辖范围内经济状况的影响，所以在具体考核时也会出现睁一只眼闭一只眼的现象，从而导致考核效果不理想。

　　基于以上对政府流域治理绩效考核方式的论述，认为应该将考核主体多元化、完善公众考核、增加专家考核，改变考核方式单一的现状。公众考核也称为公民满意度评价，这种考核方式目前虽已存在但是由于缺乏科学、有效的考核方式而效果不佳。公共治理的效果如何，最终都取决于公民的满意度。正如哈佛大学巴达克（Bardach）所说：“新公共管理本质的内容是为结果而管理，其中最重要的结果就是使公众满意，而不是努力去完成那些被期望的事。”〔2〕完善公众考核方式，重要的是形成方便公众参与的条件：一是在政府网站设置数字化意见反馈系统，公众在提出意见时同时对政府绩效进行评分，而且这个分数将直接进入政府季度和年度考核的分数库，作为计算最

---

〔1〕　汪锦军：《政府责任、合作提供与混合竞争——现代公共服务体系构建中的组织与机制》，中国社会科学出版社 2015 年版，第 207~212 页。

〔2〕　Bardach E. , "Getting Agencies To Work Together: The Practice and Theory Of Managerial Crafts-manship", *Journal of Politics*, 2000, 28 (6): 830-833.

终得分的组成部分；二是为信息化和网络化水平较低的地区集中提供意见反馈的设备和平台。数字化流域治理政府责任考核建立在计算机和网络的基础上，所以完善公众考核制度需要保证落后地区计算机网络软硬件条件齐备；三是要进行水科学知识和流域健康指标内容普及。当前许多领域的公众考核之所以有效性不足，很大原因是公众对水科学知识并不了解。因此，要提高公众考核的准确性和有效性，就需要为公众普及有关流域水资源和水环境健康的相关知识，这样才有利于公众做出正确的判断和评价。专家考核是充分利用水工程、水生态、水污染治理、水环境规划、水法律等专家的知识和优势对流域治理政府责任进行考核的方式，专家考核与公众考核相比具有专业性、技术性和有效性。数字化政府责任考核体系的建立，需要以数字信息为基础形成专家考核制度：一是建立水科学专家信息库，每次考核随机抽取一定数量的专家组成考核小组，而且专家库信息需要根据流域水资源考核侧重点的不同而进行不断更新；二是要建立专家隔离考核制度，专家根据政府所提供的流域治理实践的相关材料以及专家自主搜集到的信息进行量化考核，原则上不提供专家之间进行互相交流沟通意见的机会，以保证考核的公正性和客观性；三是要建立最低分再评议制度。专家考核最低分往往能够反映政府在某些或某项工作方面存在的重大缺陷，因此需要针对最低分重新组成考核小组进行集中讨论，以针对特定问题形成最后意见并反馈给政府。

上级政府对下级政府的考核和政府内部的自主考核属于自上而下的考核，而公众考核和专家考核则属于自下而上的考核，两个方向的考核方式各有优缺点，因此需要将二者结合起来实现优势互补，从而培育全社会水生态建设和流域环境保护意识，充分调动各种类型的资源优势，形成一套政府主导、公众参与、程序透明的流域治理数字化政府责任考核体系。

（2）解决政府政绩考核与流域生态考核周期错位的问题。流域治理政府责任考核，是将生态环境保护责任纳入地方政府政绩考核的问题。但是，地方政府的政绩考核周期相对生态环境保护考核周期来讲较短，那么如何协调和解决这两个考核周期不一致的问题将是影响地方政府履行流域治理责任的重要因素。此外，地方政府官员每一届任期时间有限，那么进行流域治理政府责任考核就意味着要求地方政府官员在有限的任期内尽力做出更大的成绩，同时，流域水资源和流域水生态环境保护又具有投入多、见效慢以及治理效果不容易量化等特点，这就使得地方政府一方面由于政绩考核压力想要在水资源保护中做出成绩，另一方面又受各种客观因素的影响对流域治理的积极性和主动性不足，多种因素交叉影响和制约着政府对流域治理的态度和流域治理的政策导向。鉴于此，笔者认为，建立流域治理政绩追踪制度和激励制度，合理解决政府政绩考核与流域生态考核周期错位的问题是建立数字化政府责任考核体系的关键环节。

一是要完善流域治理追踪制度。建立数字化政绩追踪系统，政府官员卸任或者调离之后，在流域治理的考核周期内仍然可以追究相关负责人的责任。建立追踪制度的目的是防止政府官员以任期为由对流域治理不负责以及避免表面敷衍现象的发生。追踪制度还有利于激励政府官员，尤其是在其调离至其他岗位或职位后，如果对其前一段任职内工作考核为良好或优秀的，那么将直接对其在新的岗位上的工作产生积极的影响。二是要提高流域治理考核在地方政府整体绩效考核中的比重，从而提高地方政府对流域生态保护重要性的认识，促使地方政府增加对流域治理领域的投入，增加地方政府政绩考核中绿色 GDP 的比例。三是按照各地方流域问题的复杂性程度、难易程度制定地方差异性考核周期。对于流域问题不是很突出，治理难度不大的地方，考核周期适当设置得长一些，这样容易在两个考核周期内形成对比，将发现问题和解决问题有效结合起来；对于流域问题比较突出，治理难度大、影响因素多、涉及范围广的地方，考核周期应该相对较短，方便对每一个周期内经过考核后发现的问题及时研究、反馈和上报。当然，差异性考核周期还意味着对同一个政府设置多样性的考核期限，比如实行月考核、季度考核、年度考核，依据数字化管理系统自动生成的考核数据，将每一次考核结果按照名次在更高一级政府网站予以公布，方便总结性考核阶段的评比表彰，从而确保考核的有效性和连贯性。

（3）建立同级政府之间的奖惩激励制度。流域水资源和水环境长期以来得不到有效治理的原因很复杂，各级政府由于经济压力而缺乏流域治理的主动性和积极性，建立同级政府之间的奖惩激励制度对提高政府治理积极性有一定帮助。当然，针对政府采取的奖惩制度应区别于针对企业和个人的奖惩制度，而且要在省级以下地方政府中推行，即市、区县、乡镇级政府，毕竟流域生态问题的地域性差异较大，在同一省内进行考核评比更具有可行性和目的性。笔者认为，政府间奖惩激励制度可以采用保证金[1]形式，同级政府根据考核期长短缴纳一定数额的保证金，考核后根据分数等级确定保证金的退还数额以及奖励数额。比如，可以考虑同一省内的市级政府针对时间跨度相同的考核期缴纳 1000 万元保证金，待考核周期结束后进行汇总分数和排名。得分在 85 分以上的政府，全额退还保证金，并且按照名次第一名奖励 500 万元，第二名奖励 300 万元，第三名奖励 100 万元；得分在 60 分—85 分之间的，退还 50% 的保证金；得分在 60 分以下的，其缴纳的保证金将予以全部扣除。在具体的制度设计和实践运行中，保证金的数额多少以及奖励数额、等级之间的奖励幅度和奖励的个数，需要根据参与考核的同级政府所在地的经济发展程度和流域整体状况予以确定。

除此之外，同级政府之间奖惩激励制度的设计还需要特别注意如下三个方面的问题：一是，使用数字化系统对政府所缴纳的保证金进行严格管理，并且该系统要设置方便查询、监督的功能，坚决杜绝保证金被挪作他用。二是，保证金制度在形成的过程中，要经过充分的调研、论证，确保所设定的缴纳金额、奖励幅度和考核等级划分具有科学性和合理性。并且制度形成之后要尽量确保制度的长期有效性、固定性和权威性，从而确保制度所产生的广泛影响力。三是，所扣除的保证金一方面用于数字化考核系统和平台的建设与维护，另一方面用于对考核结果为优秀的政府的奖励。而且，为了推动各级政府加强对数字化考核系统的应用和推广，数字化建设工作本身也应该纳入考核范围。

## 二、流域政府间博弈均衡治理体系建构

治理资源分布在不同层级政府之间，这就涉及对流域内不同层级政府之间的资源整合。笔者认为，这种资源整合本质上是对政府间权力和利益博弈的诠释和再分配，因此，流域政府间博弈均衡治理体系的构建是流域治理政

---

[1] 流域治理政府责任考核的保证金制度是对保证金制度作用的充分利用，当然，保证金制度在其他领域也有较多的使用，比如有学者在对城市管理体制创新研究中就曾对保证金制度进行了研究，而且在实践中，扬州市在数字化城管运行机制创新的过程中，保证金制度就发挥了很大的作用。所以，尝试将保证金制度运用于流域治理政府责任考核的数字化管理中，虽然需要探索和研究的内容还很多，但是笔者认为这种设想具有很大的价值。

府责任实现的关键内容。

政府间权力和利益博弈常以政策博弈的形式出现，其结果通常是导致流域治理政策制定时公共利益异化和政策法律执行受到阻碍[1]，而究竟是什么原因导致的政策博弈，还需要从政府间利益冲突的显性化来解释。有学者认为，政府之间关系的内涵首先应该是利益关系，然后才是权力关系、财政关系、公共行政关系[2]。在计划经济时期，几乎所有的资源和权力都集中于中央政府，地方政府权力和私人权利处于被限制的状态。但是自改革开放以来，政府政治体制和政治生态环境开始发生变化，市场经济体制逐步确立，尽管中央政府仍然具有统领和指挥全国整体发展的地位，但是地方分权制改革以及政策逐级下放的过程，很大程度上调动了地方政府的积极性，从而出现了地方区域之间经济发展差距逐渐增大以及区域性地方利益的显性化[3]。地方区域利益显性化意味着地方政府开始从各自辖区经济发展利益的角度考虑行政行为的选择问题。受自利性和经济性特征的影响，地方政府唯独对本地区内的经济发展、社会福利增加和生态环境保护格外在意，目的是创造地方经济 GDP 和财政收入，而对具有明显跨行政性的流域水资源保护和流域生态环境治理的积极性不高。事实上，地方政府不仅对跨行政性的流域治理具有抵触情绪，即使对本级政府区域内的流域治理问题的关注程度也远不如直接经济建设，毕竟经济增长对 GDP 的影响更为直接。于是，地方政府利益扩张不可避免地导致了中央政府与地方政府之间的利益诉求和政策性行动错位以及地方政府与地方政府之间的矛盾冲突，地方保护主义与区域壁垒成了地方利益显性化的集中体现。鉴于此，笔者认为有必要通过政府间分层治理与政府间伙伴治理来建立流域政府间博弈均衡治理体系。

（一）政府间分层治理

中央政府与地方政府之间在流域治理方面具有目标差异性和行动差异性，地方政府的双重代理身份对流域治理造成一定的障碍。根据利益博弈理论，

---

[1] 周国雄：《博弈：公共政策执行力与利益主体》，华东师范大学出版社 2008 年版。

[2] 谢庆奎：《中国政府的府际关系研究》，载《北京大学学报（哲学社会科学版）》2000 年第 1 期，第 26~34 页。

[3] 王佃利、史越：《跨域治理视角下的中国式流域治理》，载《新视野》2013 年第 5 期，第 51~54 页。

中央政府和地方政府要实现政策和目标的一致性，关键在于合理设计二者之间的组织函数，而决定该函数的核心是政府间分层治理的格局。分层治理是指，在流域管理协调要求的前提下，政府和流域管理机构共同制定流域治理制度、政策以及对制度和政策执行情况进行监督，不同行政区政府及其职能部门根据流域功能区划的特点和流域发展的整体目标承担流域治理责任。流域政府分层治理仍然要以流域管理为基础，进而建立以行政区为单元，以主体功能区划为依据，以及各行政区域之间财权与事权相匹配的流域治理体制和运行机制。纵向政府间分层治理的根本目的是改变中央政府与地方政府间"财权上收，事权下放"的畸形权责模式，激发地方政府的积极性和主动性。具体来讲，分层治理需要从以下两方面着手：

（1）明确划分中央政府和地方政府的流域治理责任。如果要减少中央政府和地方政府在流域治理中讨价还价的成本，就需要用法律将中央政府和地方政府的流域治理责任予以明确规定，形成稳定的责任体系对提高政府履行流域治理职责的积极性至关重要[1]。在坚持激励相容和参与约束的原则下，中央政府的流域治理责任主要为：制定全国性流域治理战略规划，并通过中、长期战略规划和重点专项治理规划明确各个规划的治理目标和治理方案；国务院水资源利用和保护相关各部委之间进行有关经济发展和环境保护的综合决策，制定统筹协调的流域政策，协调跨行政区域的大江大河的流域治理，形成综合协调经济、社会、环保、资源的政策体系；负责制定和完善全国性的资源和环境保护制度，并监督制度的执行情况。对于中央政府而言，其承担着国际和国内两个层面的流域治理责任，责任范围广、影响程度大，因此有必要建立中央政府流域治理的宪法性基础[2]。美国学者斯坦佐（Steinzor）曾强调：美国联邦政府需要对空气污染防治、水资源保护、湿地保护和濒危物种保护等环境保护工作和其他具体工作建立更加广泛的宪法基础以提高政

---

〔1〕 金乐琴、张红霞：《可持续发展战略实施中中央与地方政府的博弈分析》，载《经济理论与经济管理》2005 年第 12 期，第 11~15 页。

〔2〕 马波：《区域经济一体化背景下政府环境责任法制化问题探析》，载《理论月刊》2014 年第 2 期，第 137~142 页。

府的公信力，而不能仅仅通过国有土地的调节活动进行环境保护[1]。我国虽有《水法》第12条第1、2款规定国务院水行政主管部门对全国水资源的统一管理和监督工作负总责，以及《环境保护法》第10条规定国务院环境保护主管部门对全国环境保护工作实施统一监督管理，但是与宪法相比，《水法》和《环境保护法》的位阶低、适用范围有限，以及鉴于水资源对我国国家治理现代化的重要性和流域本身所存在问题的严峻性，建议对《宪法》中有关资源保护的关键条款"国家保护和改善生活环境和生态环境，防治污染和其他公害"的表述进行修改，形成明确的中央政府有保护流域水资源等其他自然资源的责任，为中央政府的流域治理责任奠定宪法性基础。

地方政府的流域治理责任主要包括：结合当地社会、人口、资源、环境和经济因素，制定符合当地具体情况的区域性流域治理策略；制定地方性流域治理规划，并对每一阶段的流域治理目标和重点予以明确；在坚持分级管理的原则上，对地方所有的资源进行合理开发利用，同时要符合中央政府的统一政策，配合落实全国性水资源治理政策。我国《水法》第5条规定，县级以上人民政府应当加强水利基础设施建设，并将其纳入本级国民经济和社会发展计划。解读该法律条文发现，其将水资源治理的主体限定为县级以上人民政府，这也就意味着乡镇人民政府被排除在水法规定的政府主体范围之外。另外，《水污染防治法》第4条规定县级以上人民政府应当将水环境保护工作纳入国民经济和社会发展规划，也未提及乡镇人民政府。事实上，乡镇人民政府作为我国基层重要的环境和自然资源治理主体，如果法律缺乏对其水资源保护和流域治理责任与职权的规定，显然不利于地方流域治理工作的全面有效开展，尤其是农村地区的水资源保护。因此，从法律规定的完整性方面考虑，建议在对水法律进行修订时增加对乡镇人民政府流域治理责任和权力的规定，从而形成完整的流域治理纵向分层体系。

（2）从执行概率的角度减少上下级政府之间的信息不对称。地方政府对流域治理的积极性不高，在很多时候并没有而且不愿意监督地方企业是否从防治水污染、保护水资源的高度从事生产经营活动。比如，位于流域上、下

---

[1] Flournoy A C, Driesen D M., *Beyond environmental law: policy proposals for a better environmental future*, Cambridge University Press, 2010: 145-146.

游的不同政府对流域污染防治的态度往往不同，上游政府对防止和治理污染缺乏积极性，而下游政府经济发展又在很大程度上依赖于上游政府对流域水量和水质的保证。那么，就需要中央政府在承认和尊重地方政府发展权益的基础上加强对地方政府的监管，减少信息不对称。根据博弈理论，中央政府与地方政府之间存在着利益博弈，影响地方政府执行效率的主要原因在于信息不对称。博弈是一种相机行动的方案抉择，信息是博弈的关键要素，为了避免自身情况被别人识别，博弈参与者往往会发出一些虚假信号，所以对于博弈各方来说，对信息的识别极其重要。从中央政府与地方政府的代理委托关系来讲，中央政府需要对地方政府的以下行为进行识别：当中央政府与地方政府的目标一样时，即中央所制定的需要由地方执行的政策同时符合地方政府的发展诉求时，地方政府就会积极支持和响应中央政府的决策；反之，当二者的目标存在差异时，地方政府往往会做出如下反应：一是从中获取租金，二是敷衍了事。因此，为了确保中央政府与地方政府之间目标不一致时地方政府仍然严格执行和落实中央政策，就需要加强中央政府对地方政府的监管，从监管成本与行政效率的视角减少信息不对称，进而增强流域治理效果。

（二）横向政府间伙伴治理

政府间伙伴治理指的是隶属于不同行政系统的政府及其职能部门之间的伙伴关系，尤其是同一流域范围内的不同层级政府和职能部门应该从流域整体出发，通过协商合作机制，实现全流域水生态系统的可持续性。根据博弈理论，主体之间要达成稳定、有效的合作关系，就需要在他们之间建立激励与约束机制。基于中央政府与地方政府之间存在着长期合作的基础，以及流域治理自身的特征，构建中央政府与地方政府间的伙伴治理体系可以考虑从如下两个方面入手：一方面，通过任期目标书制度来激励地方政府。中央政府与地方政府之间的特殊关系，使得地方政府要保持与中央政府进行长期合作，就必须努力按照中央政府的目标书完成任务，使中央政府承认该地方政府及其领导是其可以信任的合作伙伴。另一方面，由中央政府主导建立流域协调委员会，该委员会由中央政府、上下游地方政府和流域内其他利益相关主体的代表组成，在政策制定中起到建议、咨询和意见反馈的作用，有利于实现流域权益划分的公平合理，激发主体间流域治理的主动性和积极性。

除中央政府参与的流域治理之外，流域内还普遍存在着上、下游地方政府之间的治理关系。对于地方政府之间的伙伴治理，建议采用行政区际民主协商机制和行政区际经济合作机制的方法。行政区际民主协商是建立在行政分包治理基础上的协同治理机制。流域生态环境质量的供给关系着国家财政资源的配置，各个层级的政府之间应该在流域整体基础上进行合理的功能分工，并形成相对独立的财政和规制责任，包括财政功能和环境责任的分配[1]。当流域治理的成本和收益局限在某一特定行政区域内时，对该区域具有行政管辖权的地方政府就应该对流域资源政策的制定具有相对独立的权限，形成分包治理的基本前提。因此，地方政府之间为了实现利益最大化，需要通过政府领导之间的高层会谈和协商，针对各自面临的问题和共同面临的问题提出合作共赢的方法策略，从而实现消除矛盾冲突、形成行政区域伙伴治理的多赢格局。行政区际经济合作机制的存在基础在于不同行政区在资源禀赋、发展条件和经济基础等方面存在差异，需要通过经济合作来实现互通有无。具体方法可以是，在流域治理方面具有同样需求或者类似问题的地方政府消除差别待遇，充分利用市场机制形成区域聚合力，促进流域内生态保护和经济发展一体化。此外，行政区经济合作机制的形式还可以是不同地方政府间建立自治化组织，比如处于流域上下游的政府出于对流域问题的高效率解决以及对流域权益的合理划分而签订流域治理协议，那么作为治理主体的政府之间就形成了一种约束机制，彼此之间的合作产生了合作博弈效应，进而有利于实现帕累托最优。

## 第二节　流域治理政府责任的外部实现方式

治理和善治理论虽然最初产生和发展于国外，但是其作为一种社会公共事务治理的分析框架，可以对中国流域治理政府责任的实现提供可靠的理论基础。现代国家治理有三只手可以运用：一是政府权力，又被称为看得见的手。政府运用国家强制力来配置经济和社会资源，从而对经济活动和社会生活进行干预和安排。二是市场力量，又被称为看不见的手。市场通过自由竞

---

〔1〕　Oates, Wallace E., and Paul R. Portney, *The political economy of environmental policy*, Elsevier, 2003：325-354.

争形成的价格体系来配置社会资源，对经济活动进行适当调节。三是社会力量，也被称为自组织力量。社会力量推动经济社会发展的原动力来自具有公共精神和公共责任的社会组织和个体，他们通过自我管理、自我服务和自我监督，并遵循一定的公共管理规范，从而承担公共治理责任〔1〕。20世纪70年代以来，公共治理领域发生的最大变化就是传统的国家管理体制逐渐被新兴的公共治理体制所取代，与此同时，包括流域法治在内的环境法治也开始从环境管理向环境治理转变，这一转变意味着政府、市场、社会三种力量的消长和回应。我国流域治理所呈现的政治性、经济性、社会性特征，正是与以上三种力量形成对应，说明了推进流域法治和流域治理实践的关键在于综合运用政府行政、市场和社会三种调整机制，通过治理模式的转变来实现流域善治。本节关于政府责任实现外部方式的讨论，就是将政府作为一方主体，论述政府与社会、政府与市场之间的协同，以及主体间通过综合运用各种治理手段而实现协同性目标。

## 一、流域治理主体协同制度

国家治理可以划分为政府治理、市场治理和社会治理。流域资源属于准公共物品，从公共物品管理的角度来看，由政府实施的单主体管理模式容易形成以权力为分界的权力中心，具体表现为以行政指令代替协商互动、地区利益代替流域整体利益，流域治理效果无法突显〔2〕。因此，有关公共水资源的治理既要关注国家"公"的治理，也要关注私人"私"的治理〔3〕。环境私主体治理扩张已不可避免〔4〕，在市场经济条件下，克服现行制度缺陷〔5〕，构建流域治理协同制度就显得十分必要。而流域善治正是以政府为主

〔1〕 方盛举：《国家治理现代化进程中的政府与社会》，载《哈尔滨工业大学学报（社会科学版）》2017年第1期，第24~30页。

〔2〕 许源源、尹菽凡：《流域治理中的社会组织：角色定位与行动原则》，载《天府新论》2013年第6期，第86~89页。

〔3〕 肖盼晴：《理性一致：公共水资源的协商治理规则及逻辑——以云南省大具乡的"轮水班"为个案》，载《山东社会科学》2019年第1期，第76~81页。

〔4〕 杜辉：《环境私主体治理的运行逻辑及其法律规制》，载《中国地质大学学报（社会科学版）》2017年第1期，第37~45页。

〔5〕 胡德胜、刘志仁：《市场经济条件下杜绝滥伐林木犯罪善治机制之构建》，载《环境保护》2017年第10期，第49~52页。

导的多元主体治理结构为特征，突破流域治理主体的单一性缺陷。流域治理主体协同制度的关键是政府从发展的角度进行适当程度地放权，融合市场、企业、社会组织和公众的作用，形成制度合力，即综合运用政府治理、市场治理和社会治理，促进流域治理从垂直管理向多主体治理结构转变。

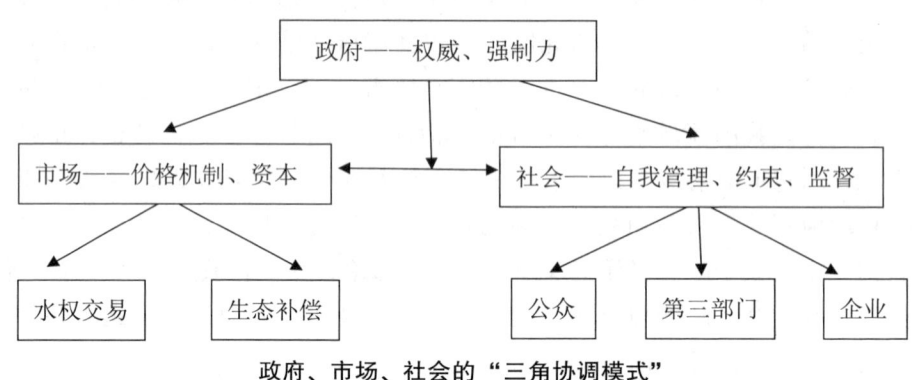

政府、市场、社会的"三角协调模式"

（一）政府与市场互补

经济体制改革的核心问题是政府与市场的关系，其中蕴含着必须尊重市场规律和更好地发挥政府作用的理论，从治理的角度将其定义为政府主体与市场主体互补的协同治理。建立政府与市场主体在流域中的协同治理，笔者选择了政府与市场功能交叉较为明显的水权交易和水生态补偿领域，进而对政府主导下的水权交易机制和生态补偿机制进行分析。

（1）政府对水权交易的制度供给。水权交易制度对提高用水效率、优化用水结构、促进水资源合理配置和实现水资源可持续利用具有关键作用[1]。政府主导下的水权交易虽然仍以市场机制为基础，但是相比以市场为主导的水权交易，其最大的优势在于可以节约交易成本。交易能否发生，取决于交易成本的大小。如果水权主体并不明晰，单个经济主体其实很难进入水权市场，而地方政府尤其是县级政府作为公共产品供给者，由其推动水权制度改革的成本——收益比较是最合适的[2]。事实上，我国目前存在的水权交易尽

---

〔1〕 胡德胜等：《我国可交易水权制度的构建》，载《环境保护》2014年第4期，第26~30页。

〔2〕 沈满洪：《水权交易与政府创新——以东阳义乌水权交易案为例》，载《管理世界》2005年第6期，第45~56页。

管还未形成完善的交易体系，但是政府在其中发挥的作用不容置疑。从绝大多数真正的水权交易实践来看，其并不是自由市场驱动的交易，交易的实现与政府指导和推动密切相关。在具体实践中，涉及的交易主体往往不仅是直接参与交易的双方政府主体，还有可能是受该交易影响的其他同级政府和上级政府，为保障交易顺利进行，对相关政府之间利益关系的协调非常重要[1]。水权交易产生的最直接原因是水资源分布的非均衡性，不同流域之间需要通过水量调节来满足发展需求，鉴于流域的特点，同一流域内的水权交易往往发生在上游（或者水源地）与下游（或者引水工程的受水地）之间。在市场交易中，上级政府扮演的角色是"公共事务"管理者，负责制定法律与规则、维护市场交易秩序、界定和保护产权等；而地方政府则应该扮演公共利益代表者的角色，作为区域水权或流域水权的代表者，直接参与市场交易并成为交易主体。

中国水权制度改革仍处于初始阶段，政府仍将继续发挥重要作用。除传统意义上的初始水权界定、对区域水权和用水户水权进行分配、创造水权交易环境等，结合当前流域状况和水权交易特点，政府主导水权交易还应表现在如下方面：一是，预测和分析水权交易对社会、经济和环境的影响。气候变化和水资源短缺是相互交织的，我国是农业大国，未来农村社区面临的压力无疑将包括气候变化以及由此带来的不确定性，水权交易在应对这些问题方面将发挥重要作用，但是仍然需要政府在政策方面给予支持。而且，构建水权交易长效机制，政府应该长期关注适应气候变化的方法、策略，而不仅仅是着眼于短期危机管理。二是，厘清水资源管理体制改革与水市场之间的关系。随着水市场的逐渐深入，其在分配农村、城市、环境用水之间水资源方面将发挥越来越重要的作用[2]。水市场可以提供一定程度的适应性，以应对干旱气候或供应中断的情况发生，但也面临如何确保这种提供的灵活性，进而满足人们所期望的用水公共利益的问题[3]。为了实现这一目标，政府需

---

〔1〕 沈满洪：《水权交易制度研究——中国的案例分析》，浙江大学出版社 2006 年版，第 7 页。

〔2〕 National Water Commission，"Australian Water Markets：trends and drivers 2007–08 to 2011–12"，*National Water Commission*，Canberra，2013.

〔3〕 Grafton，R. Quentin，et al.，"An integrated assessment of water markets：a cross-country comparison"，*Review of Environmental Economics and Policy*，2011，5（2）：219–239.

要为水权交易市场的发展建立可持续的转移限制，这种限制需要以科学数据的提供、可持续的水环境流动和水质的考虑以及补充流域和集水区水资源规划安排为手段，以达到公众对水资源权益的期待为目的，因此，流域管理体制改革和水市场之间的紧密联系应该成为维持和实现预期的公共利益的必要条件。[1]三是，政府应该思考如何将水权交易扩大到更大范围的不同区域。从目前我国水权交易的情况来看，水权交易仍然局限在邻近的上下游之间，受交易条件限制，很大程度上影响了那些寻求出售水资源的地区的需求，同时也给那些通过出售多余水配额或购买水配额以进行经济活动的用水者造成了障碍。因此，摆在政府面前的紧迫任务是进一步研究如何将水权交易扩展到不同流域和区域。例如，在地下水使用和交易方面制定进一步的规则和条件；开发新的水市场产品，如远期合同、期权和发展城市水权交易等。当然，扩大水权交易的范围还需要考虑的一个重要问题就是交易成本增加的难题。为了减少水权交易的成本，需要尽可能减少复杂性，改进现有的信息处理、评估过程、投诉机制等关键环节的程序。最后还需要关注如何减少流域水资源政策之间的跨界冲突。

水权交易关系到水政治、水经济、水科学和水安全等多个层面，在水权交易的初级阶段，水市场并不是完全意义上的市场，而是"准市场"，需要运用政府和市场两种手段。政府作为水权制度改革的最重要管理主体，其责任的实现集中地体现为对水权交易提供制度供给。在市场转型过程中，政府水行政主管部门不再同时具备"裁判员"和"运动员"的双重身份，而应该主要担任制定标准和监督管理的调控职责[2]，进而形成稳定的制度供给。

第一，市场经纪人制度。水权交易很容易对社会、经济和环境产生影响，包括积极影响和消极影响，因此，需要政府以特定形式作为市场经纪人，尽可能为市场运行提供及时有效的信息。水价、气候、水量分配信息是灌溉者对水市场进行战略评估的关键，而现实中水市场分析的一个重要障碍是价格信息缺乏，从而降低了人们有效管理用水需求的能力。市场经纪人需要承担

---

〔1〕 澳大利亚对墨累-达令河流域进行管理的成功经验表明，流域治理必须同时考虑水资源管理体制改革和水市场改革。

〔2〕 王守坤、常云昆：《我国水权交易制度变迁及交易市场中政府的角色定位》，载《经济问题探索》2006年第3期，第12~15页。

这样一些职责，即以公告或/和预测的形式，增加对流域水资源分配和流转的透明度，允许具有更大适应性能力的市场行为；为了增加农业灌溉者的信心，需要进一步对经纪人增加许可事项，使其发挥减少市场交易中不道德或不适当行为的作用；更好地监测水资源分配，并进一步加强对灌溉基础设施经营者的监管；制定基于市场的工具，将更大的基于风险的方法纳入决策，规划整个流域应对极端自然状况的策略；帮助农业灌溉者应对未来水资源短缺危机，关注未来水资源短缺的风险，以及规划水资源开发利用以提高农业收益和农民的生存能力[1]；了解农业灌溉基础设施投资的效益、机会成本，以及地下水使用和地表水交易之间的复杂关系等。

第二，市场调节基金制度。建立市场调节基金制度的主要原因是，政企分开后政府不再直接参与市场经济中的交易活动，但是鉴于政府的宏观调控职责和在特殊情况下弥补市场失灵的需求，需要以政府为主体建立市场调节基金制度。该基金的主要职能有两项：一是公布水文水资源相关信息。水文资料是进行水资源利用和水权交易的基础性资料，不应该被少数人垄断或是成为个别人的专利，因此，需要政府增强对水资源信息的收集能力，通过对水权交易市场实际运行状况进行监测和统计分析，对所掌握的信息进行披露。政府披露水文信息的费用来自市场调节基金，对公众和市场交易主体而言应该是免费的。披露的方式可以是定期发布公告，并将水权交易的情况在政府水行政部门网络平台上进行实时推送。信息披露所针对的主体应该包括流域内各省和各部门的地表水、地下水消耗量，流域内各引水口的取水量和各个灌溉区域的用水量、用水效率以及水权交易的具体情况（交易主体、价格、交易合同有效期以及对第三方主体的影响评估等）。二是通过购买市场中的水资源来影响和引导水价。不同年份和同一年份内不同季节的水量不稳定，当水资源相对丰富并造成水价严重偏低时，政府就需要利用市场调节基金购买市场中的水资源，从而防止水价过低造成对水资源的浪费，起到间接引导水价的作用。事实上，如果水价频繁出现过低或过高现象，会给水权交易主体造成心理上的不安全感，不利于水权交易市场的持续稳定运行。

---

　　[1]　Wittwer, Glyn, and Janine Dixon, "Effective use of public funding in the Murray-Darling Basin: a comparison of buybacks and infrastructure upgrades", *Australian Journal of Agricultural and Resource Economics*, 2013, 57 (3): 399-421.

第三，水权储备制度。该制度是指政府掌握一定数量的水权，并以此来对水权交易市场进行调节，发挥政府主导水权交易的职能。水权储备制度与市场预备金制度有些相似，但是与预备金制度直接影响三级水权市场〔1〕不同的是，水权储备制度是通过对一级水权市场的影响从而间接影响三级水权交易市场。政府的水权储备来自三个方面，一是水权初始分配时的预留水权，二是水权交易中对违反规则的主体的罚没所得水权或者是待分配水权，三是在特定情况下政府所使用的"准储备水权"。目前，已有学者对水权储备制度进行了初步研究，但是针对性不强，笔者认为，水权储备制度的设计应该突出两个方面，一方面是水权储备的比例问题。对于该比例的设定，需要结合水文、水环境监测调查的资料数据，根据水市场水资源状况计算出科学合理的提取比例，并在提高和降低水权储备比例时相应地影响一级水市场的水权数量，进而影响水权交易主体的交易动机，避免水权储备制度虚设。另一方面是储备水权的使用问题。对储备水权的使用同样需要建立在科学准确的市场监测基础上，在确实需要政府出手所储备之水权时，该储备水权的存在价值才会显现，否则不仅不能对水权交易市场博弈产生正面影响，而且造成政府行政成本无法回收，因为无论是政府行政还是市场运行，都需要对成本-收益进行考量。

（2）政府对生态补偿的制度供给。现阶段，以市场为基础的生态补偿机制的运行仍然离不开政府的指导，与市场补偿相比，政府补偿的优势更加突出。但是基于对市场经济发展的要求，政府补偿不能完全代替市场补偿，只是在目前情况下需要由政府主导并对市场补偿提供制度供给。流域生态补偿在政府主导下进行有三层涵义：一是在政府与市场之间，政府是主导；二是当流域生态补偿涉及多个地方政府主体时，上级政府是主导；三是无论何种生

---

〔1〕 可以认为，目前学者对水市场归纳为三个层次，即一级水市场、二级水市场、三级水市场。一级水市场以国家征收水资源使用费为标志，即国家作为水权所有者向水资源经营者或者使用者出售水权。二级水市场指的是水资源经营者向水资源的直接使用者提供水商品和水服务，二级水市场反映了水资源经营者和使用者之间的关系，又被称为水商品市场。三级水市场指的是作为水资源使用者的水权持有者之间进行直接水权交易的市场，三级水市场是交易市场、消费市场，同时也是水市场中最为活跃的市场，需要政府更多关注和指导的市场。参见殷会娟、何宏谋、张文鸽：《黄河水市场的构建研究》，载《人民黄河》2011年第6期，第42~43页。

态补偿机制，都离不开政府主导[1]。得出该结论的主要原因是国家转型背景下市场机制仍然不稳定、不健全，还不足以独立为生态服务交易提供满足需求的市场运行环境。我国市场化程度不高，产权未能得以清晰准确地界定，而且法制基础薄弱，使得流域生态补偿机制的运行不能完全依赖市场调节。在这种情况下，要实现生态服务和生态产品的交易，就离不开政府的主导作用，政府理应通过经济、行政和法律方式在流域生态补偿中发挥作用。

政府主导并不意味着政府补偿可以代替市场补偿，而且，既然治理理念要求治理主体多元化，那么更不应该片面强调政府补偿而忽视市场以及以非政府组织为代表的社会对生态补偿的重要作用。政府与市场协同治理是流域治理的题中之意，且市场补偿有其存在的合理性与必要性。但是，目前对于市场补偿的争议较多，尤其集中在政府补偿与市场补偿的关系方面，究竟是非此即彼还是互为补充。因此，有必要对这两种补偿机制进行比较，在充分了解两者的形式、特征、优缺点的基础上做出合理判断。政府补偿是以国家或上级政府为实施补偿主体，以区域、下级政府或农牧民为补偿对象，以国家生态安全、生态稳定、区域协调发展等为目标，以财政补贴、政策倾斜、项目实施、水费改革和人才技术投入等为手段的补偿方式[2]。政府补偿主要与市场补偿相对，是目前采取的最多的补偿机制。政府补偿最为明显的特征是，在形式上表现为命令性和控制性，在过程上表现为受益者补偿的间接性，即只能由政府组织进行，而不是由生态效益受益方对生态效益受损方进行直接补偿，在补偿资金上表现为资金来源的强制性，比如收费或税收。当然，政府补偿的弊端也是显而易见的。首先，资金来源单一，使得资金保障能力不强。其次，受政府有限理性条件的约束，政府对资源的定价在很大程度上脱离了自然资源和生态环境价值，生态补偿对生态利益在不同环节之间的利益再分配功能存在内在缺陷[3]。最后，政府补偿是利用生态税费对生态

〔1〕　陈瑞莲等编著：《中国流域治理研究报告》，格致出版社，上海人民出版社2011年版，第191页。

〔2〕　陈晓华、张红宇主编：《中国农村劳动力的转移与就业》，中国农业出版社2005年版。

〔3〕　葛颜祥等：《流域生态补偿：政府补偿与市场补偿比较与选择》，载《山东农业大学学报（社会科学版）》2007年第4期，第48~53页。

保护者或是生态受损者进行补偿，不能完全体现"谁受益谁补偿"的原则，无疑具有纵容生态破坏者之嫌，对生态保护者而言，其难免会产生心理落差，进而丧失继续保护的动力。市场补偿则是基于市场机制，由流域生态服务受益者对保护者的直接补偿，交易主体之间通过市场机制确定的价格达成互相承担责任和享有权利的权责关系，从而满足各自的利益诉求。作为生态补偿发展方向的市场补偿，其突出特点是补偿主体多元、平等，补偿机制具有激励性。相比政府补偿，市场补偿同样存在一些弊端，比如由于在确定补偿受益者和供给者方面存在难度，以及针对补偿形式和标准需要经过多次谈判和协商，导致补偿难度非常大。再比如，市场补偿供给主体的补偿行为严重依赖于其对自身权益实现程度的评估，也就是说受自身权益实现程度的影响，市场补偿表现出明显的短期性和主体自利性，未能从流域生态效益的角度进行长远考虑。

基于以上两种流域生态补偿机制的比较分析，认为政府补偿和市场补偿均有优缺点，说明政府补偿机制和市场补偿机制之间不应该是非此即彼的关系，而应是相互补充。随着市场体系不断完善，市场经济将逐渐成为我国经济发展的主导，只是鉴于目前完全市场交易条件还不具备，仍然应该由政府进行主导，而且这种政府主导集中地表现为政府能够为市场运行提供政策和制度供给。美国在实施基于政府主导的水资源生态补偿过程中，于1985年和1986年分别制定并开始实施"土地休耕计划"政策和"湿地保护政策"，应美国联邦环保局要求，纽约通过购买上游流域地区的生态服务，其环保投入比直接要求对所有地表水进行过滤减少了许多，这种通过政府购买生态服务的方式对市场补偿起到了直接的引导和促进作用[1]。此外，德国通过法律限制农民在耕地尤其是饮用水水源保护区过度使用氮肥，对达标土地使用者给予一定的补偿[2]；欧洲的流域生态补偿方式有区域转移支付、生态补偿税和产业规定方式等[3]。结合我国流域生态补偿现实以及对域外经验的借鉴，认

---

〔1〕 Mayrand K, Paquin M., "Payment for Environmental Services: a survey and assessment of current schemes", *Journal of Helminthology*, 2004, 1（2）: 77-80.

〔2〕 Perrotmaître D, Davis P., "Case Studies of Markets and Innovative Financial Mechanisms for Water Services from Forests", *American Journal of Human Biology*, 2001, 1（2）: 185-189.

〔3〕 闫彦：《建立和完善水资源补偿机制》，载《浙江经济》2006年第4期，第44~45页。

为我国政府对市场补偿的制度供给需要考虑如下方面：

第一，资金供给和保障机制。基于"成本—收益"目标的补偿方式对提高补偿资金的使用效率非常重要[1]，所以政府在为市场补偿机制提供资金供给制度时需要建立在成本—收益的理论框架下。"成本—收益"目标下的资金供给和保障机制的具体要求有：首先，建立资金预算制度。资金的多少以充分发挥政府与市场的双重功能为参考，如果资金过于充足，以至于可以通过市场补偿完成的交易内容也由政府提供，就会出现市场补偿供给主体的付出小于既有收益，从而出现成本与收益不相匹配的现象。对政府而言，不仅加重了其财政负担，而且不利于通过引导市场运行实现政府的流域治理责任。其次，建立资金使用测算制度。资金使用既要考虑流域水资源、流域内土地资源等公共产品的属性和政府对于水资源公共安全的服务职能，而且要充分考虑流域内与水资源和其他生态环境相关的产业发展的经济属性和经济价值[2]，所以需要建立一套科学的资金使用去向测算和评估制度，并重点规定资金使用覆盖范围、对区域生态效益的影响指数、对经济增长的贡献。最后，创新中央政府流域生态补偿的方法体系。中央政府在流域生态补偿机制中，不仅是主导力量，更应是补偿资金的主要承担者之一。作为上级政府，中央政府的责任除了扶贫项目的财政转移支付外，还应该增加生态补偿份额的财政转移支付，为当地封山育林、恢复植被、治理水土流失等项目提供资金补偿。

第二，政府间生态补偿利益协调机制。流域生态补偿机制是一种纠错机制，可以缓解流域上下游之间因水资源保护与利益分配引起的矛盾冲突，从而使流域生态建设运行顺畅。同时，流域生态补偿涉及上下游地方政府、上级政府和中央政府等多个政府主体，纵使生态补偿以市场补偿为主，地方政府间利益协调也是政府对生态补偿予以制度供给的关键内容。荷兰水资源支付制度的运行，充分表明通过利益协调可以实现水资源各地方的利益最大

---

[1]　Chen X D, Lupi F, Viña A, et al., "Using cost-effective targeting to enhance the efficiency of conservation investments in payments for ecosystem services", *Conservation Biology*, 2010, 24 (6)：1469-1478.

[2]　江激宇、孙军：《"成本-效益"法核算生态补偿额度——基于流域上下游产业间视角》，载《东北农业大学学报（社会科学版）》2014年第5期，第19~25页。

化[1]。建立政府间生态补偿利益协调机制，主要是消除中央政府的缺位和错位现象，即中央政府需要设计合理的财税制度，制定面向生态系统服务地区的区域政策，建立事关国际合作、生态补偿机制政策，加强对生态补偿市场的引导和管理服务，为地方政府之间的生态补偿利益协调提供明晰、有效的政策支持和引导[2]。此外，我国水资源时空分布和经济发展水平具有明显的区域性差异，不可能建立适用于所有区域的统一的生态补偿体系，无论依据何种标准选择补偿机制，都不可能满足所有主体的利益诉求，这就必然会产生跨区域政府间利益冲突，所以跨省流域的水资源生态补偿尤其需要中央政府进行干预协调[3]，为跨省域生态补偿政府的行动提供指导和依据。

（二）政府与社会合作

当前我国流域治理主要依靠政府的行政命令控制，采取的措施以具有明显约束性的行政和经济手段为主，政府与公众之间的非合作共存，政府与企业之间的非合作博弈，严重影响和制约着我国流域治理及政府责任的实现。实现政府、公众和企业等多元主体之间的合作型流域治理，能够充分发挥各主体的知识、技术和资源优势，而构建政府、企业、社会合作治理的基础是社会资本，即信任、规范与关系网络，其对推动协调和行动的效率尤为关键[4]。因此，有必要引导政府与公众和企业进行合作，建立以政府为主导的政策体系，充分发挥多元主体的积极性和主动性以达到"整体大于部分之和"的流域治理效果。

（1）政府与公众合作治理的两种方案。公众参与的理论基础是关于社会管理的、基于民主政治的现代公共/政府治理理论[5]。《21 世纪议程》强调

---

〔1〕 Groot R B A D, Hermans L M., "Broadening the picture: negotiating payment schemes for water-related environmental services in the Netherlands", *Ecological Economics*, 2009, 68 (11): 2760-2767.

〔2〕 安晓明、郭志远：《跨省域生态补偿的政府作为研究》，载《广西社会科学》2012 年第 7 期，第 109~114 页。

〔3〕 肖加元、席鹏辉：《跨省流域水资源生态补偿：政府主导到市场调节》，载《贵州财经大学学报》2013 年第 2 期，第 85~91 页。

〔4〕 ［美］罗伯特·D. 帕特南：《使民主运转起来——现代意大利的公民传统》，王列、赖海榕译，中国人民大学出版社 2015 年版，第 195 页。

〔5〕 胡德胜：《"公众参与"概念辨析》，载《贵州大学学报（社会科学版）》2016 年第 5 期，第 103~108 页。

了公众参与自然资源管理决策的重要性，要实现可持续发展，就必须使可能受到环境决策影响的个人、团体和组织不仅享有被告知的权利，而且具有参与决策制定的权利，这些个人、团体和组织被称为利益相关者。1991年，世界自然保护联盟（IUCN）、联合国开发计划署（UNEP）、世界自然基金会（WWF）联合发布了一份保护地球的报告，其中也提到了利益相关者参与的观点。之后，一体化流域管理的相关理论特别强调了公众参与的重要性，使公众参与逐渐成为世界广泛提倡的流域治理方法[1]。公众参与的涵义十分广泛，其涵盖了信息收集、信息传播、咨询和参与等各种活动，但是人们越来越认识到，不同的表述代表的参与程度不同，正如世界银行认为咨询和真正参与之间存在区别[2]。协商涉及当局倾听利益相关者的意见，而参与则是更有吸引力的过程，在这个过程中，公众与当局之间分享、谈判和控制决策。学者阿恩斯坦（Arnstein）提出了公众参与的层级结构，认为公众参与包含8个层级，即操纵、治疗、通知、咨询、安抚、伙伴关系、授权、完全参与[3]。结合流域治理的特点，认为流域治理中公众参与的主要目标在于：增加行政当局制定的流域管理决策的可信度；有助于识别公众对流域水资源和水环境的关切程度；针对流域可持续发展的共同问题在公众和政府之间寻求共识[4]。

　　基于以上对公众参与的重要性、层级结构和目标的分析，认为在流域治理中促进公众参与以实现政府的流域治理责任，有两种方案可以采用：

　　第一种方案是公众自组织供应机制。在一个民主国家，公众有权参与任何公共治理过程，流域治理也不例外。就中央政府而言，其直接参与流域治理显得缺乏灵活性，因为中央政府在识别与流域问题有关的利益相关者时，

〔1〕　Bellamy J A, Johnson A K., "Integrated Resource Management: Moving from Rhetoric to Practice in Australian Agriculture", *Environmental Management*, 2000, 25（3）: 265-280.

〔2〕　World Bank Environment Department, "Environmental assessment sourcebook update: public involvement in environmental assessment: requirements, opportunities and issues", *World Bank*, *Washington*, DC. 1993.

〔3〕　Sherry R. Arnstein, "A Ladder Of Citizen Participation", *Journal of the American Institute of Planners*, 1969, 35（4）: 216-224.

〔4〕　Massey S J., "The Public Involvement Manual", *Journal of Policy Analysis & Management*, 1981, 1（4）.

往往会将其他利益不相关者也纳入进来。地方政府有条件强制辖区内的居民和企业分摊治理成本，但是由于其管辖范围的局限性，不能保证所有利益相关者都被纳入到政策范围内以使其承担公共治理成本。在这种情况下，就需要公众通过自己组织供应单位参与流域治理。政府允许公民自己组织供应单位来解决流域公共治理问题，是政府将权力授予给那些拥有与决策制定相关信息的人，并通过激励机制来保证他们能够有效地使用这些信息服务政府的决策制定。

流域治理公民自组织供应机制的核心是第三部门矫正制度。公民需要的也许并不是突然为他们建立一个官方的或是半官方的全国性机构，而是允许他们在"私权自治"的基础上，从经济利益联合、合作开始，自发地进行尝试[1]。第三部门作为公民自发尝试的载体有着与生俱来的优势，其可以根据流域公共利益的需要和集体长远利益的需要，对地方政府的资源开发利用政策和措施形成一种持续影响的作用力，这种作用力一方面制约着地方政府的决策过程，另一方面也对地方政府的错误决策起到很好的矫正作用。对于第三部门矫正制度的组织形式，笔者认为目前存在的农民用水者协会、各类水资源保护协会等依然可以作为很好的形式，其在流域水资源调配、用水纠纷协调、政策宣传等方面起到重要的桥梁纽带作用[2]。澳大利亚在墨累–达令河流域治理中实行的社区参与小组制度[3]可以参考。如果流域治理过程中没有公众参与，任何较严重的流域问题都将无法得到彻底解决[4]。当然，公民自组织供应机制并不排除地方政府的作用，地方政府仍需要作为一级政权组织，只是与其他自组织供应单位之间并不是竞争性、替代性关系，而应该是补充性关系，即地方政府发挥的是"剩余作用"。

---

〔1〕 孟雷：《山东农村的新合作化波澜》，载《经济观察报》2003年3月8日。

〔2〕 刘志仁、严乐：《当前西北内陆河流域农民用水者协会健全法制路径探析》，载《宁夏社会科学》2013年第1期，第31~36页。

〔3〕 20世纪80年代，澳大利亚森林面临严重威胁，这主要是由于墨累河水资源被大量开发造成的。1992年1月，墨累–达令流域管理委员会发布了一份供公众评论的议题文件，题为《浇灌巴尔马森林的赤桉树》（Watering the Barmah-Millewa Red Gum Forest），该文件审查了森林的用水需求、用水选择、效益和成本。随后，一个旨在提高公众对森林补水意识的社区咨询项目产生，并据此提出创建社区参与小组的计划，以社区参与小组为载体，扩大公众参与力度。

〔4〕 ［美］罗纳德·J.奥克森：《治理地方公共经济》，万鹏飞译，北京大学出版社2005年版，第175页。

　　第二种方案是通过政府自身作为供应单位来建立其与公众的合作机制，即政府供应机制。协商和参与都取决于有效的信息收集和传递，当协商发生时，信息在权威和公众之间得以交换。这一双向过程要求公众了解政策的发展情况，并向当局报告其观点，从而影响决策制定。然而，公众参与不仅需要信息交流，而且需要政府当局、社区团体和更广泛的社区之间真正分享权力和责任，这是一个复杂的过程。并且，鉴于我国市民社会并不成熟以及当前在我国建立完全以公众为主体的自组织结构成本较高、难度较大，因此建议利用已有成熟的供应单位，即具有流域治理责任的相关县、乡镇地方政府，通过平等谈判以达成合作方案。也就是说，如果公众未能组织其自组织供应单位来提供流域治理产品，地方政府就应该作为基本的供应单位承担起供给责任。事实上，鉴于我国公民社会的发展状况，虽然有意以公民自组织供应单位为主解决问题，但仍离不开政府的强有力引导和指导。

　　政府供应机制的关键是通过恰当的制度安排改变地方政府的激励结构和约束机制，使其追求地方经济增长的冲动建立在地方资源可持续发展的基础上。笔者认为，公众委托人制度和公众研讨会制度可以作为政府供应机制的制度载体。公众委托人制度，指的是重视公众的委托人身份，在中央和地方政府之间，将公众作为第三方引入流域治理模式，从而利用公众所掌握的信息，改变中央政府的信息偏在的状态，利用公众的委托人身份以较低的成本解决中央政府与地方政府之间的信息不对称。从目的上看，公众委托人制度其实是为中央政府在地方设立了信息库，所以公众委托人制度的重点应该是中央政府如何使公众方便地、持续地、有效地获取有关流域资源与环境的信息并对其进行安全存储，方便中央政府随时获取。公众研讨会制度指的是在整个流域定期举行研讨会，以使分散的个人和社区能够与管理者直接接触，其目的是促进水行政管理部门与流域管理机构与公众和社区的直接沟通。政府应该为公众提供这样一个稳定的、透明的参与平台，并从中听取有关管理策略、程序和治理成效的意见或报告。当然，公众提供意见的形式既可以是口头的也可以是书面的，避免因过多的形式要求造成参与障碍。从目前情况来看，第二种方案更为可行，但第一种方案仍然需要不断推进，以适应治理的内在要求。

　　（2）政府与企业合作治理的三条路径。政府与企业的合作治理是政府通过政策法律约束企业排放污染和其他水资源利用的外部性行为，把外部监管转化为内部约束机制，使政府与企业之间在环境保护目标设定、政策执行和政策监督方面形成伙伴治理关系。如果说价格竞争是市场的核心机制，行政命令是等级制的核心机制，那么合作与信任就应该是多元治理的核心机制〔1〕。政府与企业是流域治理的主体，基于流域善治理念，政府与企业之间的约束机制的组织形式主要是通过企业自愿签署环境协议来实现的。所谓自愿性环境协议，指的是政府与企业之间达成的非法定的合作协议，企业按照该协议自觉高效利用流域资源以及保护水生态环境。对于政府而言，企业的自愿性约束也表现为自愿承诺，政府所做的是通过非强制性措施进行监督。从目前情况来看，企业的自愿性环境协议主要有三种类型，即单边协议、公共自愿计划和谈判协议。企业颁发"生态标志"或"绿色标志"以说明企业所生产产品或提供的服务有利于资源保护，说明了即使是单边协议也离不开政府的间接促进。相比单边协议，公共自愿计划中的政府参与因素明显增多，虽然是否参与和服从的最终选择权在于企业，但是该计划是由政府当局所制定，是政府确定的污染目标和达到这些目标之后对企业具有何种影响。谈判协议是最能体现政府和企业伙伴治理的组织形式，它是政府与企业经过磋商和讨价还价后达成的契约。单边协议似乎与政府合作无关，因为其是一种自发的自我管理行为。其实不然，政府虽然没有采取直接干预，但是企业之所以能够自觉行动，是因为受到政府前期的持续的倡导或行动的影响。不同国家采取的谈判方式不同，比如美国的对抗方式、英国的检察官员施压、日本的行政指导等，越是发达的国家，采取谈判协议的方式进行环境资源治理就越普遍。我国在这方面需要发展的空间很大。

政府与企业的合作治理不仅体现在以上三种组织形式，而且为了促成合作组织形式的产生，政府还需要实施如下三类政策引导：

第一，实施分类政策引导。我国各类企业在所有制形式、资金实力、经营内容、所处位置等方面存在很大差异，对水资源和流域环境的影响程度也各不相同，因此，政府对企业的引导也应避免一刀切，实行分类指导、分层

---

〔1〕 赵景来：《关于治理理论若干问题讨论综述》，载《世界经济与政治》2002 年第 3 期，第 75~80 页。

次推进。不同层次企业[1]环境行动的特征不同，因此，政府针对其采取的措施也应该有所不同，这样才能做到因地制宜、有的放矢。

第二，实施激励性优惠政策引导。斯蒂文·兰德斯博格指出，可以将整个经济领域简单归纳为"人对激励作出回应"，其他的都只是说明[2]。可见，激励对经济人的行为以及对整个经济活动的巨大影响。科层制水资源行政管理体制以命令性、强制性和控制性手段为特征，本质是利用行政权威对水资源浪费、污染和水环境破坏行为进行末端治理。而合作性和伙伴性的治理模式则是通过激励性措施引导企业自愿执行资源保护政策，鉴于我国目前的发展状况，需要采取激励与约束相容的政策体系。政府通过运用财税、金融和公共采购等政策，从投资、税收、信贷等方面进行政策扶植，引导企业自觉进行改进生产工艺，采用清洁、环保方式。此外，促进生态环境有偿使用制度的执行、提高环境保护税征收标准等，也可以作为激励和引导企业的有效手段。

第三，加强约束性政策引导。"违法成本远远低于守法成本"是造成我国生态环境和自然资源利用领域违法行为数量增多、程度加重的主要经济动因[3]。约束性政策引导就是充分利用"违法成本大于守法成本"的逻辑来促使企业落实环境资源责任的方式，是促进政府与企业伙伴合作的制度保障。相比分类政策引导和激励性优惠政策引导，约束性政策引导表现出更明显的强制性和控制性，以及在企业不予执行情况下的惩罚性。政府通过出台环境管理政策法律，促使企业制定统一的环境会计制度，进而形成符合环境保护目标的生产规划。

---

〔1〕　爱德华·弗里曼按照环境保护主义的分类，将企业环境保护分为四个层次，即轻微绿色、市场绿色、利益相关者绿色和深刻绿色。其中轻微绿色是最低标准，是国家法律所要求的所有企业必须推行的标准。市场绿色以顾客重视环保为基础，适用于生产消费资料的企业；利益相关者绿色以部分或全体利益相关者的需求为出发点，适用于具有较强实力、带动力强的龙头企业；深刻绿色从关爱人类共同的生存家园出发，仅适用于少数企业。参见［美］爱德华·弗里曼等：《环境保护主义与企业的新逻辑》，苏勇、张慧译，中国劳动社会保障出版社2005年版，第14页。

〔2〕　N. Gregory Mankiw, *Principles of economics* (*6th ed.*), South-Western Cengage Learning, 2012: 7.

〔3〕　胡德胜：《论我国环境违法行为责任追究机制的完善——基于涉水违法行为"违法成本>守法成本"的考察》，载《甘肃政法学院学报》2016年第2期，第62~73页。

## 二、流域治理目标协同制度

流域治理目标是流域治理的根本，是流域治理规划的核心内容。现代流域治理的一体化治理理念就是基于治理目标而提出的。流域一体化管理需要综合运用多目标方法来寻求整体最优的治理方案，而且这些目标是动态变化的，需要以解决流域水资源的水量、水质和水生态环境问题为导向，同时根据经济发展程度不断调整目标和战略，从而提高流域治理手段的适应性。

（一）流域治理目标多元化与一体化流域管理的关联性

河流是淡水资源的存在载体，对水文循环和生物多样性具有重要作用。流域作为基础性资源覆盖了多个行业需求，如饮用水供应、农业、水电、娱乐、交通等。但是河流流域被过于频繁地超负荷利用，使得许多流域面临的自我修复压力已达到流域可持续水平的最大限制，从而引起用水户、行业、地区之间的水竞争，上下游水资源冲突频繁。"水战争"的产生不仅印证了水质和水量意义上的可用水资源减少与人类占领和破坏流域水资源之间具有直接的因果关系，而且说明了水对不同利用主体的功能性减弱，以及在此情况下流域治理目标的多元化。治理目标多元化表现在水体健康目标、污染控制目标、流域生态环境保护目标、水资源与其他自然要素协调目标、水资源与经济社会发展需求相适应等，由此构成了流域治理的目标管理体系。而如何对多元化的治理目标进行考量或是采取何种管理方式实现这些目标，是事关流域治理中政府行政行为的重要抉择以及流域治理政府责任外部实现的重大问题。

一个以行政划分边界为基础的水行政管理机构，其管理范围与流域的边界不一致，很难对水资源及其优先性进行合理配置。也就是说，水必须在水文边界上进行管理，因为水总是会流向下游，且不会停留在某个地区或地区的边界上。并且不同环境要素之间总是发生着持续互动，水资源亦不能独立存在。此外，水资源管理和规划还应考虑所有相关的社会用水需求，消费性用水和非消费性用水之间的调整必不可少。因此，为了有效管理水质、水量和环境完整性，并同时考虑流域社会经济发展状况，就需要综合协调行政和水文边界的多种要素，实施一体化水资源管理。水是一种有限和脆弱的自然资源，水危机表现形式的多样性使得水治理目标呈现多样性和动态性。为了体现流域治理目标多样性和动态性，各国在具体实施流域治理政策法律时，需要将其建立在流域一体化管理的基础上[1]。一体化流域管理的基本涵义是将全流域范围内的水资源与土地等其他自然资源和水生态环境视为不可分割的整体，并综合考虑流域内经济社会发展需求以及法律、政治和行政程序的正当性[2]。那么，需要考虑的问题就是如何实现基于协调性目标的一体化管理，以及政府作为流域治理主体应该通过采取哪些行动以达到理论与实践相结合的效果。

（二）基于目标协同的政府引导

如果说基于多元化目标的一体化水资源管理是关于用水户和政府之间的关系，那么它的前提就应该是良好水治理。然而许多用水户没有足够的良好用水的自觉性和客观条件，这一事实凸显了水资源治理中政府责任的缺失，使政府面临着解决这些关键问题的挑战。

（1）政府在发展与可持续性之间的两难选择。发展与可持续性之间的两难困境提出了一个这样的问题，即社会如何评价环境及其产生的服务。在发展中国家，大多数决策者倾向于首先支持发展，其次才会考虑环境，而且是以他们认为在发展之余可以负担的起对环境考虑需要付出的成本为前提。与此同时，他们可能忽视许多以环境服务为生的群体的境遇以及他们自己的子孙后代可能面临的问题。因此，对环境资源与经济效益进行适当评估应该是当前优先关注和研究的领域。从流域治理的角度来看，对环境与经济效益进行评估，即意味着政府需要基于治理的多元目标在发展与可持续性之间做出合理选择，以及政府引导社会做出合理选择。笔者认为，为了在发展与可持续之间做出合理选择，政府需要针对一体化流域水资源管理制定综合规划。综合规划过程可以以多种方式促进流域一体化管理运行：描述流域的现实状况和对未来可期待流域发展状态进行评估，并通过制定一套全面的措施以达到对流域

---

〔1〕　Shaw D J.，"International Conference on Water and the Environment"，1992，*World Food Security*，Palgrave Macmillan UK，2007.

〔2〕　Utton，Albert E.，"Water Law in Historical Perspective"，*Natural Resources Journal*，1988：885.

整体状况（水、水质、水生态环境、流域经济发展条件）的预期目标[1]；为简化多主体参与流域治理过程提供机会，而且可以提高决策的透明度；促使决策的制定者从横向和纵向全面考虑问题，比如流域上下游、左右岸之公平利用水资源，以及当代人和后代人享有平等的发展机会。

一体化流域治理规划需要最大限度地整合水量、水质和环境完整性因素，而且应该包括对所涉及利益的充分考虑，即规划应该根据能够让所有利益相关者均可以参与决策制定的程序来建立。如果流域所经范围较大，那么整个流域规划应该至少由基础计划、集水区计划和流域计划三个部分组成。流域规划要体现发展与可持续的选择问题，所以设计流域规划需要特别重视以下几个方面：首先，无论规划所针对的对象是政府机构还是公民，流域规划都应该具有战略性和可操作性。而且，不同的流域规划可以侧重不同的时间范围，从而体现流域治理目标的多样性和动态性。可以借鉴荷兰在水资源管理中引入的开放性规划方法，即政府机构在制定规划时，针对每一个关键环节，都突出与利益集团、非政府组织和普通公众在伙伴治理的基础上保持联系。此外，我们还可以从湄公河治理中吸取经验，湄公河下游非政府组织在反对水电大坝建设运动中，认为大坝建设的决策违反了平等参与和民主协商原则，进而对整个湄公河流域治理起到很好的监督和制约作用[2]。其次，就战略规划而言，对水的数量、水质和环境完整性的管理是相关联的，为了统一管理或是简化管理，应该适当减少规划的数量。当然，并不是说流域治理的所有方面都应该被一个规划所覆盖，而是应该避免同一层次上出现多个目的相同、内容相似的规划。在现行管理体制下，必须解决好流域整体规划、分区管理、任务分解、协同推进的问题，要求流域规划必须同时具备整体性和指导性，并且要有相对详细的分期分段目标，进而根据目标确认书进行分工以及根据目标完成情况进行量化考核[3]。再次，流域治理规划要融入到地方经济、社

---

〔1〕 Hofwegen P V, Jaspers F G W., "Analytical Framework for Integrated Water Resources Management", *Journal of Reliability Engineering Association of Japan*, 1999, 30 (2).

〔2〕 韩叶：《非政府组织、地方治理与海外投资风险——以湄公河下游水电开发为例》，载《外交评论（外交学院学报）》2019年第1期，第81~112页。

〔3〕 刘秀娟、董谦：《白洋淀流域水资源管理模式选择与创新体制构建》，载《生态经济》2011年第10期，第185~189页。

会和政治建设中，确保流域规划与区域规划相一致。发展与可持续性的最优选择是可持续发展[1]，这种发展的基本要求是子孙后代不会比现在一代过得更糟[2]。从经济学的角度来看，如果自然资源的存量随时间的推移保持不变，那么发展道路就是可持续的[3]。在正确处理发展与可持续性之间的关系时，政府需要将流域治理与区域产业发展结合起来，统筹生态效益与经济效益，从而实现经济发展与流域生态环境保护的协调统一。从社会角度看，流域可持续发展还要同当地人们的生活习惯保持连贯性，能够为当地提供或改善生产条件，融合和继承当地文化。从政治角度看，流域规划需要结合当地的管理制度和管理机构设置，同时要有保障流域规划实施的制度体系，切实将流域治理与区域发展统一起来，实现综合性的规划目标。最后，发展与可持续性的合理选择还意味着流域治理要适度，这首先是对流域治理规划提出的要求。不同区域生态环境、经济发展条件以及国家对特定流域或区域的生态要求不同，所以要因地制宜确定治理目标，体现适度原则。流域治理规划不仅要符合自然规律，更要与当地经济社会发展条件和民众的基本需求相匹配。

（2）政府水行政机构的反射性能力建设。流域治理目标的多样性和动态性，要求加强对政府水行政管理机构的反射性能力建设。反射性能力指的是能够找到解决问题的新颖性方法，并且这些问题是目前还不能预见的。政府是否在流域治理中发挥了主导作用，其治理责任能否实现很大程度上表现为政府水行政管理机构是否为未来做好准备，是否能够应对不断变化的环境并且具有能力弹性。从发展与可持续的关系来看，建设政府水行政机构的反射性能力就是要建立一个可持续的管理机构，因为以目标多元化为出发点的一体化流域管理方法的基本要求就是正确处理用水主体与政府之间的关系，进而实现流域善治。如果在流域内有许多人缺乏足够的水和基本的卫生设施，

---

〔1〕　罗杰·珀曼（Roger Perman）等从环境经济学的角度将可持续发展的基本涵义概括为六个方面：（1）消费是恒定的或者随着时间的推移是增加的；（2）管理资源以维持未来生产的机会；（3）自然资本存量不会随时间推移而减少；（4）管理自然资源以保持资源服务的可持续收益；（5）保持生态系统得以恢复的最低条件；（6）可持续发展包括共识建立和制度建设。See：Perman R，Ma Y，Common M，et al.，*Natural Resource and Environmental Economics*，Pearson Education，2003，p. 16.

〔2〕　Tietenberg T，Lewis L.，"Environmental Economics & Policy：Pearson New International Edition CourseSmart eTextbook"，*Ambientalmente Sustentable*，2006，71（6）：17-20.

〔3〕　Perman，Roger，*Natural resource and environmental economics*，Pearson Education，2003：16.

那么流域治理就不再是单纯的水资源管理问题，而被赋予了政治属性，政府水行政管理机构的反射性能力建设也因此变得十分必要。笔者认为，从治理的视角出发，政府水行政机构的反射性能力建设需要遵循从权力下放到水文分区，再到水文监测网络建设的三个步骤。

步骤一：政府权力下放机制。在水资源综合治理的语境下，关键是要处理好政府的多种职能关系，在这些职能中，任务和能力属于我们所称的公共行政管理范畴，因此，权力下放指的是将政府的部分任务和能力永久地或者在特定时期内从权力中心转移至其他部门、机构或者管理层，以便组织和实施政府职能。权力下放的目的可能是多方面的，首先是保证其措施的有效性，其次是创造透明度以及通过参与和上诉程序来激励公共责任。政府权力下放还蕴含着一个现代意义上的理念，即把政策决策权交给见多识广的并且允许利益相关者参与其中的人，同时要求决策者有能力及时做出重大决策。此外，由于可访问性的原因，决策应该尽可能在接近最终用户的水平上进行。基于流域一体化管理的要求，权力下放正是为了尽可能考虑水资源直接利用主体，而且政府的任务和能力应该由流域水资源治理的功能组成。在公共行政部门内部或者从公共行政部门到半公共部门或私人部门，都有多种权力下放的方式，且权力下放包含的三个环节依次是权力集中、权力下放、权力运行〔1〕。当然，权力下放与完全转移权威和放弃看守职能存在根本上的差异，没有一个政府愿意这样做而且民众也不可能同意政府这样做，否则基于契约或集体委托理论形成的政府又将沦为无责任政府。尤其是关乎政府最为敏感的公共职能，比如回应流域水资源与流域生态环境这样的关键性需求方面，政府更应该将权力下放与完全转移权威和放弃看守职责严格区分开来，以实现政府的流域治理责任。

步骤二：基于流域水文分区的目标管理制度。流域治理是将流域作为整体治理对象，从全流域的角度考虑水量、水质和水环境稳定性问题，那么理应从流域的影响范围出发对流域进行识别，同时考虑注入流域的水资源的类型（地表水、地下水、废水、海水入侵等）。作为治理主体的政府，其许多管

---

〔1〕 Jaspers F G W. , "Institutional Arrangements for Integrated River Basin Management", *Water Policy*, 2003, 5（1）: 77-90.

理职能只有以全流域为对象才能得以实现。比如，需要建立一个全面的水文监测网络以监测所有类型的水资源，就应该从流域整体的角度进行。而且所有监测数据均需对公众开放，从而起到促进水资源合理规划和运营管理的目的。然而，并非所有的流域问题都能从全流域层面予以识别，通常情况下，大江大河流域规模太大，不容易管理，那么就需要对流域进行分区管理，对政府部门和政府职能相应地进行具体划分。目前，世界范围内有许多国家在流域治理的原则下划分流域分区，取得了较好的成效，比如津巴布韦、坦桑尼亚、南非、法国、荷兰、土耳其等。[1]流域分区的规模很大程度上取决于其物理特性、流域内职业密度、土地利用类型等，并同时考虑行政边界的因素，这与目前的水资源管理体制形成呼应，对增强流域治理主体间协调能力非常重要。

流域水文分区治理制度与我国目前存在的水功能区划制度不同，后者指的是为结合水资源开发与保护，协调合理利用与有效保护之间的关系而做的一项具体工作[2]。目前，水功能区以人类的用水需求为依据划分为一级区划和二级区划，这种划分方式忽视了水生态系统的用水需求，没有落实流域综合管理理念，从而形成水资源、水环境与水生态系统之间的畸形关系。本书中的流域水文分区治理制度，是以流域治理多元目标为出发点，以政府主导下的政策体系为依据，试图弥补水功能区划的不足，并且如果能形成稳定的法律制度，其将是水法的重要补充。流域水文分区治理制度的核心要素是：一是流域水文分区的时效性。流域水文分区是否准确取决于对流域进行的功能定位。流域生态功能分为产品提供、环境调节、文化供应、生命支持四大类[3]。水生态目标需要根据水质和水生态特征的关系确定，而这种关系并非

---

〔1〕 津巴布韦在修订水法的过程中，将全国流域划分为七个流域单位，每一个流域单位再被划分为5个至6个逻辑子流域，到现在，该国家都是将最低层次的子流域作为管理单元。See Jaspers F G W.，"The New Water Legislation of Zimbabwe and South Africa-Comparison of Legal and Institutional Reform"，*International Environmental Agreements*，2001，1（3）：305-325. 坦桑尼亚也进行了类似的尝试，全国9个主要流域又被划分为不同的子流域，而且这些子流域由较低层次的用水户协会组成。See Jaspers F G W.，"Institutional Arrangements for Integrated River Basin Management"，*Water Policy*，2003，5（1）：77-90.

〔2〕 石秋池：《关于水功能区划》，载《水资源保护》2002年第3期，第58~59页。

〔3〕 欧阳志云等：《水生态服务功能分析及其间接价值评价》，载《生态学报》2004年第10期，第2091~2099页。

总是恒定的，因此需要针对流域水环境的具体状况对水文分区进行动态调整和维护。二是生态环境需水量核算体系。水资源在满足人类生存用水之前，首先需要考虑生态环境需水量，因为生态环境需水量是限定水资源最大开发利用的根本依据[1]。而且，生态环境需水量还关系着流域生态内在敏感性[2]，其核算过程同时是流域治理效果评估和政府责任考核的重要组成部分。三是流域分区与区域管理的会商机制。流域水文分区尽管也考虑了区域管理的因素，但是其毕竟具有强烈的宏观指导性，而区域管理是从本行政区的微观层面把握流域的具体内容。因此，有必要针对流域分区与区域管理建立会商机制，以增强交流沟通能力[3]。

步骤三：治理成本分担机制。如果说权力下放、流域分区是政府在流域治理中发挥主导作用的手段，那么治理成本分担就应该是政府实施流域治理的经济保障。流域治理是一项长期任务，需要持续的资金支持。流域治理的对象是流域内的自然资源及其环境，属于公共治理的范畴，通常由政府提供公共治理资金。然而，公共资金的有限性与流域治理的复杂性和长期性总是不匹配，这就不得不考虑私营部门对治理成本分摊的重要作用。许多自然资源管理部门通常会从公共投资的项目中获得收益，造成针对自然资源管理的公共投资在流域内利益分配不均衡。因此，政府需要利用成本分摊机制为实现流域治理目标而与私人部门建立伙伴关系，以及从经济学视角对公共和私人成本与收益进行合理运营[4]。成本分摊不仅与支付意愿有关，而且与支付能力有关，在任何情况下，尤其是在需要对基础设施进行大量投资时，直接向用水户收回成本总是不容易的。当然，成本分摊也必须遵循一个基本原则，即获得水服务的价格、防洪的价格或者处理排放污染的价格应该由使用者/受益者/污染者支付，这就与环境法中的"损害担责"原则保持了一致。政府与

---

〔1〕 Müller F, Hoffmann-Kroll R, Wiggering H., "Indicating ecosystem integrity — theoretical concepts and environmental requirements", *Ecological Modelling*, 2000, 130（1）：13-23.

〔2〕 阳平坚等：《水功能区划的问题识别及相应对策》，载《中国环境科学》2007年第3期，第419~422页。

〔3〕 穆宏强、汪洁：《长江流域水功能区分级管理制度建设探讨》，载《人民长江》2008年第23期，第38~39、51页。

〔4〕 Hooper B., *Integrated River Basin Governance：Learning from International Experience*, IWA Publishing, 2005：255.

私营部门在流域治理中的成本分摊，需要高度的组织和具体的制度安排，尤其要考虑将水价和污染收费作为需求管理的重要工具。为形成有效的水价和对水污染进行收费，一项全面的权利许可证制度是为必需，水权和污染物排放许可登记、管理、监督、执行以及水质保护措施等，均应该是成本分摊机制的重要组成内容。

# 第三节　小结

本章主要从实现方式层面论述政府作为流域公共产品的间接提供者如何满足公众对流域水资源、水环境以及流域内经济社会发展的需求。实现方式是流域治理区别于传统的流域管理模式的重要方面。其中，内部实现方式是一系列影响政府自身行为决策以及对政府行为进行客观评价的制度约束，从公共行政的转变和数字化政府责任考核体系诠释政府责任的必要性，以此为流域治理政府责任评估方式的优化抛砖引玉。另外，以政府间分层治理和政府间伙伴治理为架构的流域政府间博弈均衡治理体系，也是政府责任内部实现的重要方面。外部实现是有关政府权力、市场力量和社会力量的关系界定以及通过政府与市场、政府与社会的协同，推进流域一体化管理并取得协同性目标。一体化流域治理是水资源治理的主流趋势，其内在地包涵了主体协同与目标协同。主体协同的关键是政府从发展的视角出发，进行适当程度的放权，融合多种力量形成制度合力，构筑以政府为主体的多元主体治理结构，本书重点论述了政府与市场的互补治理和政府与社会的合作治理。目标协同关注流域水量、水质和水生态环境的耦合，以及根据流域内经济社会发展程度和需求进行适度调整。多元化流域治理目标与一体化流域管理之间是目的和手段的逻辑，维持这种逻辑关系的稳定性需要政府在发展与可持续之间做出合理选择，并加强政府水行政机构的反射性能力建设。

# 第八章 结论与展望

## 第一节 结论

随着水危机在全球范围内出现，水资源治理已成为世界性话语，各国均已认识到以流域为单元对水资源进行治理的必要性。我国作为人均水资源量不足世界平均水平三分之一的国家，面临水资源少、水污染严重以及水生态环境与经济社会发展不协调的多重压力。流域管理与行政区域管理相结合的水资源管理体制实施以来，我国流域治理尽管在局部取得了一定成效，但是流域水环境恶化的总体形势并未得到遏制。流域问题表面上看是水危机，实质上体现为政府责任缺失，政府在流域治理中出现责任弱化、异化和虚化等现象，进而导致地方政府目标与全国整体性目标相脱节。从社会治理的角度来看，流域治理问题也属于社会公共治理的重要内容，市场失灵是流域治理问题产生的主要原因，但是，如果政府宏观调控足够有效，政府责任足够到位，流域治理便会取得良好的效果。换言之，我国流域问题长期得不到解决，流域治理存在缺陷，根本上是政府责任问题，即政府未能在流域治理中高效发挥其职能以实现良好水治理。治理和善治是现代社会管理的理念，对政府流域治理责任的实现至关重要，政府在流域治理中履行其公共治理责任的过程也是实现流域善治的过程。本书围绕流域治理中政府如何充分发挥公共服务职能进而实现以政府为主导性主体的流域善治这一学术问题，通过对所研究问题的理论基础和法律规制现状进行分析，比较国际水法律和非法律文件对流域治理政府的相关规定以及美国、英国、澳大利亚流域治理的理论与实践，得出如下三项主要结论：

（1）流域问题表面上看是水资源危机，实质上体现为政府在流域治理中的失灵，市场失灵只是流域问题产生的主要原因，但流域问题长期得不到解决的根本原因在于政府责任缺失，这一点也是本书的创新结论之一。从市场经济的角度来看，流域水资源问题也属于经济问题，主要是由经济活动的负外部性引起的。世界各国成功的市场体制及其运行实践证明，市场失灵可以通过政府行为予以矫正，而市场自身的失灵不能由市场自行解决，需要市场之外的政府进行调控。从政府责任角度来看，我国现行流域管理与行政区域管理相结合的管理体制存在多重委托代理关系，错综复杂的关系内生出不同主体之间的利益差异与信息不对称，不需要政府干预时的政府干预和需要政府干预时的政府不干预，使政府在价值选择和守法选择上出现偏差，从而使政府行为偏离了流域治理的最终目标。因此，流域治理问题是政府治理问题，是政府责任落实和责任政府的建立问题。

（2）流域治理政府责任的落实问题同时也是流域善治的实现问题，实现良好水治理是政府进行流域治理的最终目标，此为本书的第二个创新点。随着公共服务的要求逐渐多元化，科技发展和经济结构的调整对公共行政提出了更高要求，政府作为公共治理主体，需要在更多领域和更大范围发挥重要作用，于是对其进行流域治理的价值取向提出了新的要求。治理的目标取向是"善治"，而善治意味着避免"无效治理"并使公共利益最大化的社会协作管理过程，按此逻辑，流域治理的目标就应该是流域善治。流域善治与政府责任的关系建立在三层逻辑关系上：其一，流域善治与水的可持续性逻辑。水的可持续性指的是水资源管理体系的设计应该完全有助于实现社会综合目标，同时要有利于维护水环境、水生态和水文系统的整体性和稳定性。但是传统的流域管理往往会导致管理主体之间结构异化与利益冲突，使得可用的有限水资源并未被利用至社会发展最大化的领域中，未能达到社会综合效益的最优增长，水的可持续性目标无法实现。而流域善治正是以主体多元、协商沟通、民主法治为特征的综合性方法，符合流域水资源可持续利用的内在逻辑。其二，流域善治与政府责任扩张的逻辑。从流域管理到流域治理，既是价值取向的转变，同时也是政府责任重心的转变，尤其是政府管理责任向非管理责任扩张的趋势符合流域善治视野下多元主体之间的协同合作与优势互补，从而使得流域善治成为政府流域治理的最终目标。其三，政府责任与流域善治之间的关联性要素是政府责任法治化。政府责任是流域善治得以实现的前提，而政府责任又需要法治作为保障，从而说明了政府责任与流域善治之间的关联性在于政府责任法治化。责任与法治均为善治的构成要素，解释了政府实现流域治理责任本质上是促进流域善治，流域善治的实现取决于政府责任法治是否有效落实。

（3）流域治理中的政府责任法律规制，体现在理念层面、制度层面和实现方式层面。理念层面主要解释政府主导下的流域治理需要以流域善治为基本出发点和落脚点。治理和管理的关键区别在于政府行为的选择以及政府责任的实现方式，将治理和善治作为流域治理的基本理念，是流域管理向流域治理转变的首要环节。制度层面解释的是我国流域立法与流域治理体制的优化，以及这种优化如何对政府责任进行良好地回应。实现方式层面解释的是政府与市场、政府与社会之间的关系，以及如何有效协调这三种力量以实现流域利益相关者的权益均衡。实现层面上的政府责任就是通过提升政府在流域治理中的公共服务效能，进而从多元主体和多元目标的角度实现流域善治。此为本书的第三个创新点。政府责任的实现方式有内、外部两种，其中内部实现方式是通过社会满意度来对政府绩效进行评估以及通过特定方式促使政府提升其满足社会需求的公共服务能力。外部实现方式突出政府与其他主体之间进行协同治理，并在一体化流域水资源管理方式下追求水资源、水生态环境与流域内经济社会发展的多元目标。

## 第二节　展望

本书对流域治理政府责任的分析以概念界定、理论基础为铺垫，从基本内容和问题以及国际比较出发，在理念层面、制度层面和实现方式层面提出了政府主导下流域善治的实现路径。本书所提出的流域治理与政府责任的关系，是针对全国意义上的流域治理问题，即主要围绕普遍存在的问题进行的研究，而对关系我国经济社会发展的具体流域，如长江流域、黄河流域、珠江流域等，需要根据流域具体情况设计有针对性的流域治理制度，对其水资源和水生态环境状况进行全面调查，在掌握基本知识和数据之后，今后进行具体地流域治理研究。另外，我国有许多跨国界流域，其涉及国家主权、领土安全和国际经济秩序等问题，针对这些流域治理，有待日后进行专项研究。

# 参考文献

## 一、中文文献

［1］《马克思恩格斯选集》（第1卷），人民出版社1995年版。

［2］黄晶：《对当前全球及我国水资源问题状况及对策的讨论》，载《软科学》2001年第5期。

［3］陈嘉健等：《中国水资源法律颁布的时空分布特征及影响因素分析》，载《水利水电技术》2023年第4期。

［4］陈金木、王海珍、李政：《内蒙古地下水管理立法创新与启示》，载《人民黄河》2022年第A2期。

［5］熊敏瑞、李昭阳：《长江流域生态环境立法问题研究——以长江大保护为背景》，载《生态经济》2020年第10期。

［6］高明侠：《我国流域水空间管理的立法完善》，载《江西社会科学》2013年第12期。

［7］徐林：《黄河上中游流域水行政执法存在问题及对策》，载《人民黄河》2013年第7期。

［8］刘志仁：《西北内陆河流域水资源保护立法研究》，载《兰州大学学报（社会科学版）》2013年第5期。

［9］王国永：《流域管理立法的调整范围和目标》，载《生态经济》2011年第9期。

［10］刘文等：《关于推进流域立法的思考》，载《水利发展研究》2010年第1期。

［11］胡德胜：《围绕可持续发展 破解重点流域治理难题》，载《环境保护》2013年第13期。

［12］张菊梅：《中国江河流域管理体制的改革模式及其比较》，载《重庆大学学报（社会

科学版）》2014 年第 1 期。

[13] 唐纯喜：《关于推进长江流域综合管理的思考》，载《人民长江》2014 年第 23 期。

[14] 郑晓、郑垂勇、冯云飞：《基于生态文明的流域治理模式与路径研究》，载《南京社会科学》2014 年第 4 期。

[15] 郑晓、黄涛珍、冯云飞：《基于生态文明的流域治理机制研究》，载《河海大学学报（哲学社会科学版）》2014 年第 4 期。

[16] 黄锡生、王国萍：《流域管理的善治逻辑与制度安排》，载《学海》2014 年第 4 期。

[17] 陈红卫、陈蓉：《完善我国流域水资源管理的对策思考》，载《人民长江》2013 年第 S1 期。

[18] 李正升：《从行政分割到协同治理：我国流域水污染治理机制创新》，载《学术探索》2014 年第 9 期。

[19] 王建华：《生态大保护背景下长江流域水资源综合管理思考》，载《人民长江》2019 年第 10 期。

[20] 陈俊红：《水资源管理模式与管理对策探讨》，载《技术与市场》2019 年第 1 期。

[21] 李加林等：《水资源管理研究进展》，载《浙江大学学报（理学版）》2019 年第 2 期。

[22] 罗育池等：《水环境治理模式创新与关键对策——以广东省为例》，载《环境保护科学》2020 年第 1 期。

[23] 刘佳奇：《论流域管理法律制度的实施机制》，载《湖南师范大学社会科学学报》2021 年第 2 期。

[24] 邱秋：《〈黄河保护法〉的管理体制创新》，载《水利发展研究》2023 年第 3 期。

[25] 张君明：《黄河流域水生态保护与修复法律机制研究》，载《人民论坛（学术前沿）》2022 年第 2 期。

[26] 吴迪、韩凌月：《基于"河长制"的黄河流域综合管理模式再思考》，载《延边大学学报（社会科学版）》2022 年第 4 期。

[27] 左其亭等：《流域水资源协同管理模式及体系》，载《水资源与水工程学报》2022 年第 1 期。

[28] 朱艳丽：《长江流域协调机制创新性落实的法律路径研究》，载《中国软科学》2021 年第 6 期。

[29] 邱秋：《多重流域统筹协调：〈长江保护法〉的流域管理体制创新》，载《环境保护》2021 年第 C1 期。

[30] 董战峰、璩爱玉、冀云卿：《高质量发展战略下黄河下游生态环境保护》，载《科技

导报》2020 年第 14 期。

[31] 黄馨娴、胡宝清：《五大发展理念视角下的南流江流域综合管理研究》，载《人民长江》2018 年第 15 期。

[32] 刘琛璨：《黄河上游河道管理制度研究》，载《人民黄河》2016 年第 5 期。

[33] 覃新闻等：《塔里木河流域水资源统一管理与调度实践》，中国水利水电出版社 2014 年版。

[34] 丰云：《从碎片化到整体性：基于整体性治理的湘江流域合作治理研究》，载《行政与法》2015 年第 8 期。

[35] 胡早萍、陈立立：《长江委实施水行政许可工作的实践与思考》，载《人民长江》2014 年第 4 期。

[36] 薛刚凌、邓勇：《流域管理大部制改革探索——以辽河管理体制改革为例》，载《中国行政管理》2012 年第 3 期。

[37] 钟玉秀等：《流域水资源与水环境综合管理制度建设研究——以海河流域为例》，中国水利水电出版社 2013 年版。

[38] 肖文燕：《20 世纪国外流域管理经验及对鄱阳湖流域管理的启示》，载《江西财经大学学报》2010 年第 6 期。

[39] 席酉民等：《国外流域管理的成功经验对雅砻江流域管理的启示》，载《长江流域资源与环境》2009 年第 7 期。

[40] 王莉：《加拿大流域管理法律制度解析》，载《郑州大学学报（哲学社会科学版）》2014 年第 6 期。

[41] 李占伟：《国外流域水资源管理模式对漳河上游的启示》，载《地下水》2016 年第 2 期。

[42] 杨朝晖、褚俊英、陈宁等：《国外典型流域水资源综合管理的经验与启示》，载《水资源保护》2016 年第 3 期。

[43] 李奇伟：《流域综合管理法治的历史逻辑与现实启示》，载《华侨大学学报（哲学社会科学版）》2019 年第 3 期。

[44] 顾向一、曾丽渲：《从"单一主导"走向"协商共治"——长江流域生态环境治理模式之变》，载《南京工业大学学报（社会科学版）》2020 年第 5 期。

[45] 韩雪莹：《白洋淀流域生态环境治理的实现机制研究》，载《河北环境工程学院学报》2021 年第 3 期。

[46] 陈建先、王春利：《"政府责任"的语义辨析》，载《探索》2007 年第 4 期。

[47] 殷峰、胡冰冰：《政府的生态伦理建构责任：生成依据、逻辑内涵和实践路径》，载《唐都学刊》2021 年第 6 期。

[48] 李蔬君：《政府责任的逻辑前提分析》，载《云南行政学院学报》2006 年第 1 期。

[49] 涂春元：《治理理论视角下"责任·责任意识·责任理念"辨析》，载《行政论坛》
2006 年第 6 期。

[50] 唐志君：《政府责任核心价值取向的嬗变及其启示》，载《吉首大学学报（社会科学
版）》2009 年第 5 期。

[51] 蔡守秋：《论政府环境责任的缺陷与健全》，载《河北法学》2008 年第 3 期。

[52] 刘志仁、王嘉奇：《黄河流域政府生态环境保护责任的立法规定与践行研究》，载
《中国软科学》2022 年第 3 期。

[53] 周孜予、迟旭笛：《论新时代地方政府环境责任的完善路径》，载《大庆师范学院学
报》2023 年第 2 期。

[54] 巩固：《政府环境责任理论基础探析》，载《中国地质大学学报（社会科学版）》
2008 年第 2 期。

[55] 胡德胜、王涛：《中美澳水资源管理责任考核制度的比较研究》，载《中国地质大学
学报（社会科学版）》2013 年第 3 期。

[56] 马波：《政府环境责任考核指标体系探析》，载《河北法学》2014 年第 12 期。

[57] 韩康宁：《黄河流域生态环境保护的政府责任及其实现》，载《鲁东大学学报（哲学
社会科学版）》2023 年第 1 期。

[58] 张建伟：《完善政府环境责任的若干思考》，载《河北法学》2008 年第 3 期。

[59] 陈晓永、张云：《环境公共产品的政府责任主体地位和边界辨析》，载《河北经贸大
学学报》2015 年第 2 期。

[60] 李胜、陈晓春：《跨行政区流域水污染治理的政策博弈及启示》，载《湖南大学学报
（社会科学版）》2010 年第 1 期。

[61] 卢洪友、祁毓：《日本的环境治理与政府责任问题研究》，载《现代日本经济》2013
年第 3 期，第 68~79 页。

[62] 胡德胜主编：《法学研究方法论》，法律出版社 2017 年版。

[63] 吴敬琏主编：《比较》（第 3 辑），中信出版社 2022 年版。

[64] 张建伟：《政府环境责任论》，中国环境科学出版社 2008 年版。

[65] 邓可祝：《政府环境责任研究》，知识产权出版社 2014 年版。

[66] 刘卫先：《也论生态整体主义环境法律观》，载《政法论丛》2013 年第 2 期。

[67] ［美］霍尔姆斯·罗尔斯顿：《环境伦理学：大自然的价值以及人对大自然的义务》，
杨通进译，中国社会科学出版社 2000 年版。

[68] 胡德胜：《西方国家生态文明政策法律的演进》，载《国外社会科学》2018 年第

1 期。

[69] 薛勇民、路强：《自然价值论与生态整体主义》，载《科学技术哲学研究》2014 年第
4 期。

[70] 黄云、辛敏嘉：《生态整体主义伦理下法律转向之探析》，载《求索》2011 年第 7 期。

[71] 曹刚：《法律的道德批判》，江西人民出版社 2001 年版。

[72] ［美］E. 博登海默：《法理学：法律哲学与法律方法》，邓正来译，中国政法大学出版
社 1999 年版。

[73] 任敏：《"河长制"：一个中国政府流域治理跨部门协同的样本研究》，载《北京行政
学院学报》2015 年第 3 期。

[74] 胡德胜：《关于改进我国水资源区分类体系的探讨——基于水资源管理范围演进的视
角》，载《华北水利水电大学学报（自然科学版）》2016 年第 4 期。

[75] 胡兴球、张阳、郑爱翔：《流域治理理论视角的国际河流合作开发研究：研究进展与
评述》，载《河海大学学报（哲学社会科学版）》2015 年第 2 期。

[76] 周海炜、高云：《国际河流合作治理实践的比较分析》，载《国际论坛》2014 年第
1 期。

[77] 靳敏：《加拿大格兰德河流域管理经验及借鉴》，载《环境保护》2006 年第 2 期。

[78] 王国永：《流域管理法制化的障碍与对策》，载《生产力研究》2011 年第 9 期。

[79] 左其亭等：《最严格水资源管理制度研究——基于人水和谐视角》，科学出版社 2016
年版。

[80] 李婉晖、潘文斌、邓红兵：《水资源利用与保护的途径——流域管理》，载《生态学
杂志》2004 年第 6 期。

[81] 张成福：《责任政府论》，载《中国人民大学学报》2000 年第 2 期。

[82] 简军波：《权力与合法性》，复旦大学 2006 年博士学位论文。

[83] 张文显：《法哲学范畴研究》，中国政法大学出版社 2001 年版。

[84] 张贤明：《政治责任与法律责任的比较分析》，载《政治学研究》2000 年第 1 期。

[85] 陈鉴波：《现代政治学》，华冈书局 1974 年版。

[86] 郭道晖：《法的时代精神》，湖南出版社 1997 年版。

[87] 李德国、蔡晶晶：《作为公共管理的治理理论》，载《理论与现代化》2004 年第
5 期。

[88] 沈大军：《论流域管理》，载《自然资源学报》2009 年第 10 期。

[89] 熊晶：《国际河流管理和内河流域管理比较研究》，载《长江流域资源与环境》2005
年第 2 期。

[90] 吕志祥、成小江：《基于流域治理的河长制路径探索》，载《中国水利》2019 年第 2 期。

[91] 刘成军：《城镇化进程中政府的生态责任研究》，东北师范大学 2016 年博士学位论文。

[92] 忻林：《布坎南的政府失败理论及其对我国政府改革的启示》，载《政治学研究》2000 年第 3 期。

[93] 胡熠：《论流域治理中地方政府的行为偏差及其矫治》，载《中共福建省委党校学报》2009 年第 12 期。

[94] 陈莉：《亚当·斯密的市场经济理论》，载《经济科学》1994 年第 5 期。

[95] ［英］戴维·W. 皮尔斯主编：《现代经济学辞典》，宋承先译，上海译文出版社 1988 年版。

[96] 危昱萍：《淮河治理"再攻坚"：专家建议强化流域考核联动机制》，载 http://news. sina. com. cn/c/2017-09-12/doc-ifyktzim9746166. shtml.

[97] 蒋京议：《国家干预环境问题的战略思考》，载《国家行政学院学报》2008 年第 4 期。

[98] 朱光磊：《现代政府理论》，高等教育出版社 2006 年版。

[99] 李铮：《解决国际淡水资源争端的条法化综述》，载《国际资料信息》2002 年第 10 期。

[100] 田向荣、孔令杰：《国际涉水条法研究》，中国水利水电出版社 2011 年版。

[101] 张晓京、邱秋：《跨界地下水国际立法的发展趋势及对我国的启示》，载《河海大学学报（哲学社会科学版）》2012 年第 1 期。

[102] 水利部国际经济技术合作交流中心编译：《国际涉水条法选编》，社会科学文献出版社 2011 年版。

[103] 何艳梅：《跨国水资源保护的法律措施——兼及中国的实践》，载《长江流域资源与环境》2009 年第 10 期。

[104] 张帆、孔令杰：《〈跨境水道与国际湖泊保护和利用公约〉的全球化及其对中国的影响研究》，载《武大国际法评论》2016 年第 2 期。

[105] 蔡守秋主编：《环境资源法教程》，高等教育出版社 2004 年版。

[106] 王曦：《美国环境法概论》，武汉大学出版社 1992 年版。

[107] 陈瑞莲等编著：《中国流域治理研究报告》，格致出版社、上海人民出版社 2011 年版。

[108] 《鄱阳湖研究》编委会：《鄱阳湖研究》，上海科学技术出版社 1988 年版。

[109] 邓可祝：《论我国流域管理法律制度的完善》，载《科技与法律》2008 年第 5 期。

[110] 孙义福、赵青、张长江：《英国水资源管理和水环境保护情况及其启示》，载《山东水利》2005 年第 3 期。

[111] 卢祖国、陈雪梅：《论我国流域管理碎片化治理之策》，载《生态经济》2009 年第 4 期。

[112] Garis Y B：《泰晤士河下游水环境治理》，杨曦绯译，载《水利水电快报》2005 年第 4 期。

[113] 汪秀丽：《国外典型河流湖泊水污染治理概述》，载《水利电力科技》2005 年第 1 期。

[114] 梅雪芹：《"老父亲泰晤士"：一条河流的污染与治理》，载《经济社会史评论》2008 年第 0 期。

[115] 郑春宝、马水庆、沈平伟：《浅谈国外流域管理的成功经验及发展趋势》，载《人民黄河》1999 年第 1 期。

[116] 王友列：《泰晤士河水污染两次治理的比较研究》，载《佳木斯大学社会科学学报》2014 年第 2 期。

[117] 徐荟华、夏鹏飞：《国外流域管理对我国的启示》，载《水利发展研究》2006 年第 5 期。

[118] 许建萍、王友列、尹建龙：《英国泰晤士河污染治理的百年历程简论》，载《赤峰学院学报（汉文哲学社会科学版）》2013 年第 3 期。

[119] 李芳、徐祖信：《苏州河与世界著名河流的治理比较分析》，载《上海环境科学》2003 年第 C1 期。

[120] 苏颖等：《泰晤士河与淮河水污染治理比对分析》，载《水利科技与经济》2007 年第 8 期。

[121] 王勇：《澳大利亚流域治理的政府间横向协调机制探析——以墨累-达令流域为例》，载《天府新论》2010 年第 1 期。

[122] 王树义、吴宇：《中澳流域规划法律性质及其利益预分配功能之比较分析》，载《甘肃政法学院学报》2010 年第 4 期。

[123] 和夏冰、殷培红：《澳大利亚水管理法律规定及启示：基于〈水法〉》，载《国土资源情报》2017 年第 12 期。

[124] 胡德胜、左其亭：《澳大利亚河湖生态用水量的确定及其启示》，载《中国水利》2015 年第 17 期。

[125] 胡德胜等编译：《澳大利亚水资源法律与政策》，郑州大学出版社 2008 年版。

［126］王勇：《论流域水环境保护的府际治理协调机制》，载《社会科学》2009 年第 3 期。

［127］范仓海、周丽菁：《澳大利亚流域水环境网络治理模式及启示》，载《科技管理研究》2015 年第 22 期。

［128］陈慧：《澳大利亚的全流域管理》，载《环境导报》1997 年第 1 期。

［129］唐艳冬等：《借鉴国际经验推动我国重点流域综合管理》，载《环境保护》2013 年第 13 期。

［130］［美］约翰·E. 托伯曼：《创新理念管理》，方海萍等译，电子工业出版社 2004 年版。

［131］何增科：《治理、善治与中国政治发展》，载《中共福建省委党校学报》2002 年第 3 期。

［132］［法］让-彼埃尔·戈丹：《现代的治理、昨天和今天：借重法国政府政策得以明确的几点认识》，陈思译，载《国际社会科学杂志》1999 年第 1 期。

［133］俞可平主编：《治理与善治》，社会科学文献出版社 2000 年版。

［134］俞可平：《治理和善治引论》，载《马克思主义与现实》1999 年第 5 期。

［135］［英］鲍勃·杰索普：《治理的兴起及其失败的风险：以经济发展为例的论述》，漆燕译，载《国际社会科学杂志》1999 年第 1 期。

［136］［英］格里·斯托克：《作为理论的治理：五个论点》，华夏风编译，载俞可平主编：《治理与善治》，社会科学文献出版社 2000 年版。

［137］刘熙瑞：《服务型政府——经济全球化背景下中国政府改革的目标选择》，载《中国行政管理》2002 年第 7 期。

［138］方盛举：《国家治理现代化进程中的政府与社会》，载《哈尔滨工业大学学报（社会科学版）》2017 年第 1 版。

［139］铁锴：《"善治"视野下构建和谐社会中的政府治理》，载《宝鸡文理学院学报（社会科学版）》2007 年第 1 期。

［140］国际行动援助中国办公室编译：《善治：以民众为中心的治理》，知识产权出版社 2007 年版。

［141］俞可平主编：《中国治理变迁 30 年》，社会科学文献出版社 2008 年版。

［142］胡德胜：《市场全球化下的战略性自然资源国家治理》，载《重庆大学学报（社会科学版）》2016 年第 3 期。

［143］陈家刚选编：《协商民主》，上海三联书店 2004 年版。

［144］王秀波、曹宝、郑伟：《流域水环境资源公平与效益协调发展模式探讨》，载《环境科技》2010 年第 3 期。

［145］世界环境与发展委员会：《我们共同的未来》，王之佳等译，吉林人民出版社 1997 年版。

［146］方子云：《提供水安全是 21 世纪现代水利的主要目标——兼介斯德哥尔摩千年国际水会议及海牙部长级会议宣言》，载《水利水电科技进展》2001 年第 1 期。

［147］康绍忠：《水安全与粮食安全》，载《中国生态农业学报》2014 年第 8 期。

［148］全球水伙伴技术顾问委员会：《水资源综合管理》，全球水伙伴中国委员会译，中国水利水电出版社 2016 年版。

［149］杨雪冬：《全球化进程与中国的国家治理现代化》，载《当代世界与社会主义》2014 年第 1 期。

［150］卢洪友：《从建立现代财政制度入手推进国家治理体系和治理能力现代化》，载《地方财政研究》2014 年第 1 期。

［151］［古希腊］亚里士多德：《政治学》，吴寿彭译，商务印书馆 1965 年版。

［152］郑永流：《法治四章——英德渊源、国际标准和中国问题》，中国政法大学出版社 2002 年版。

［153］何均平：《英国法学家戴雪法治思想探析》，载《武汉理工大学学报（社会科学版）》2017 年第 6 期。

［154］［英］弗里德里希·奥古斯特·哈耶克：《通往奴役之路》，王明毅等译，中国社会科学出版社 1997 年版。

［155］郭道晖：《法治国家与法治社会》，载《政治与法律》1995 年第 1 期。

［156］胡伟：《政府过程》，浙江人民出版社 1998 年版。

［157］王勇：《论流域水环境治理的科层型协调机制》，载《陕西行政学院学报》2009 年第 3 期。

［158］［美］约翰·罗尔斯：《正义论》，何怀宏、何包钢、廖申白译，中国社会科学文献出版社 1999 年版。

［159］蔡守秋：《环境公平与环境民主——三论环境资源法学的基本理念》，载《河海大学学报（哲学社会科学版）》2005 年第 3 期。

［160］傅尔林、曾建生：《流域内区域协调发展的效率与公平关系研究》，载《广东水利水电》2002 年第 S3 期。

［161］傅尔林、陈鸿宇、曾建生：《论流域可持续发展中的效率与公平关系》，载《生态经济》2001 年第 3 期。

［162］李燕凌、贺林波：《公共服务视野下的政府责任法治》，人民出版社 2015 年版。

［163］侯保龙：《法治政府建设理念创新探究》，载《陕西行政学院学报》2009 年第 3 期。

[164] 李国英:《黄河答问录》,黄河水利出版社 2009 年版。

[165] 赵春光:《我国流域水资源可持续利用的法律问题及对策》,载《法学论坛》2007年第 6 期。

[166] 朱艳丽:《我国流域立法的困境分析及对策研究》,载《华北水利水电大学学报（自然科学版）》2017 年第 2 期。

[167] 张康之、张乾友:《合理性与合法性视角中的近代社会治理》,载《河北学刊》2009年第 4 期。

[168] 马波:《论我国环境法治的基本路径选择》,载《成都理工大学学报（社会科学版）》2009 年第 3 期。

[169] 袁署宏、韩春晖:《社会转型时期的法治发展规律研究》,载《法学研究》2006 年第 4 期。

[170] 郑晓剑:《比例原则在民法上的适用及展开》,载《中国法学》2016 年第 2 期。

[171] [美] 弗里德曼:《法律制度》,李琼英、林欣译,中国政法大学出版社 1994 年版。

[172] 陈泉生:《可持续发展与法律变革》,法律出版社 2000 年版。

[173] 范可旭、李可可:《长江流域初始水权分配的初步研究》,载《人民长江》2007 年第 11 期。

[174] 胡德胜:《论我国生态用水保障制度的完善》,载《河北法学》2016 年第 7 期。

[175] 林凌:《基于社会公平原则的流域生态补偿标准计算案例研究》,载《内蒙古农业大学学报（社会科学版）》2010 年第 2 期。

[176] 吕忠梅:《论水污染的流域控制立法》,出自 2005 年全国环境资源法学研讨会,2005 年。

[177] 余富基:《对长江流域规划生态问题的法律思考》,载《水利规划与设计》2006 年第 5 期。

[178] 王树义:《流域管理体制研究》,载《长江流域资源与环境》2000 年第 4 期。

[179] 胡熠:《我国流域治理机制创新的目标模式与政策含义——以闽江流域为例》,载《学术研究》2012 年第 1 期。

[180] 程娟、吴凤平:《流域治理投资战略控制初探》,载《人民黄河》2004 年第 6 期。

[181] 王念彪:《新形势下流域机构的预算管理》,载《中国水利》2008 年第 6 期。

[182] 胡鞍钢、王亚华、过勇:《新的流域治理观:从"控制"到"良治"》,载《经济研究参考》2002 年第 20 期。

[183] 李传军:《管理主义的终结——服务型政府兴起的历史与逻辑》,中国人民大学出版社 2007 年版。

［184］李挚萍：《美国〈国家环境政策法〉的实施效果与历史局限性》，载《中国地质大学学报（社会科学版）》2009 年第 3 期。

［185］曾水英：《完善地方政府生态文明建设绩效考核制度》，载 http://theory. worker-cn. cn/c/2012/12/31/121231100522791867218. html，2018 年 7 月 21 日访问。

［186］汪锦军：《政府责任、合作提供与混合竞争——现代公共服务体系构建中的组织与机制》，中国社会科学出版社 2015 年版。

［187］周国雄：《博弈：公共政策执行力与利益主体》，华东师范大学出版社 2008 年版。

［188］谢庆奎：《中国政府的府际关系研究》，载《北京大学学报（哲学社会科学版）》2000 年第 1 期。

［189］王佃利、史越：《跨域治理视角下的中国式流域治理》，载《新视野》2013 年第 5 期。

［190］金乐琴、张红霞：《可持续发展战略实施中中央与地方政府的博弈分析》，载《经济理论与经济管理》2005 年第 12 期。

［191］马波：《区域经济一体化背景下政府环境责任法制化问题探析》，载《理论月刊》2014 年第 2 期。

［192］许源源、尹葭凡：《流域治理中的社会组织：角色定位与行动原则》，载《天府新论》2013 年第 6 期。

［193］肖盼晴：《理性一致：公共水资源的协商治理规则及逻辑——以云南省大具乡的"轮水班"为个案》，载《山东社会科学》2019 年第 1 期。

［194］杜辉：《环境私主体治理的运行逻辑及其法律规制》，载《中国地质大学学报（社会科学版）》2017 年第 1 期。

［195］胡德胜、刘志仁：《市场经济条件下杜绝滥伐林木犯罪善治机制之构建》，载《环境保护》2017 年第 10 期。

［196］胡德胜等：《我国可交易水权制度的构建》，载《环境保护》2014 年第 4 期。

［197］沈满洪：《水权交易与政府创新——以东阳义乌水权交易案为例》，载《管理世界》2005 年第 6 期。

［198］沈满洪：《水权交易制度研究——中国的案例分析》，浙江大学出版社 2006 年版。

［199］王守坤、常云昆：《我国水权交易制度变迁及交易市场中政府的角色定位》，载《经济问题探索》2006 年第 3 期。

［200］陈晓华、张红宇主编：《中国农村劳动力的转移与就业》，中国农业出版社 2005 年版。

［201］葛颜祥等：《流域生态补偿：政府补偿与市场补偿比较与选择》，载《山东农业大学

学报（社会科学版）》2007 年第 4 期。

[202] 闫彦：《建立和完善水资源补偿机制》，载《浙江经济》2006 年第 4 期。

[203] 江激宇、孙军：《"成本–效益"法核算生态补偿额度——基于流域上下游产业间视角》，载《东北农业大学学报（社会科学版）》2014 年第 5 期。

[204] 安晓明、郭志远：《跨省域生态补偿的政府作为研究》，载《广西社会科学》2012年第 7 期。

[205] 肖加元、席鹏辉：《跨省流域水资源生态补偿：政府主导到市场调节》，载《贵州财经大学学报》2013 年第 2 期。

[206] ［美］罗伯特·D. 帕特南：《使民主运转起来——现代意大利的公民传统》，王列、赖海榕译，中国人民大学出版社 2015 年版。

[207] 胡德胜：《"公众参与"概念辨析》，载《贵州大学学报（社会科学版）》2016 年第 5 期。

[208] 孟雷：《山东农村的新合作化波澜》，载《经济观察报》2003 年 3 月 8 日。

[209] 刘志仁、严乐：《当前西北内陆河流域农民用水者协会健全法制路径探析》，载《宁夏社会科学》2013 年第 1 期。

[210] ［美］罗纳德·J. 奥克森：《治理地方公共经济》，万鹏飞译，北京大学出版社 2005年版。

[211] 赵景来：《关于治理理论若干问题讨论综述》，载《世界经济与政治》2002 年第 3 期。

[212] 胡德胜：《论我国环境违法行为责任追究机制的完善——基于涉水违法行为"违法成本>守法成本"的考察》，载《甘肃政法学院学报》2016 年第 2 期。

[213] 韩叶：《非政府组织、地方治理与海外投资风险——以湄公河下游水电开发为例》，载《外交评论（外交学院学报）》2019 年第 1 期。

[214] 刘秀娟、董谦：《白洋淀流域水资源管理模式选择与创新体制构建》，载《生态经济》2011 年第 10 期。

[215] 石秋池：《关于水功能区划》，载《水资源保护》2002 年第 3 期。

[216] 欧阳志云等：《水生态服务功能分析及其间接价值评价》，载《生态学报》2004 年第 10 期。

[217] 阳平坚等：《水功能区划的问题识别及相应对策》，载《中国环境科学》2007 年第 3 期。

[218] 穆宏强、汪洁：《长江流域水功能区分级管理制度建设探讨》，载《人民长江》2008年第 23 期。

## 二、英文文献

［1］ Downs P W, Gregory K J, Brookes A. , "How integrated is river basin management?", *Environmental management*, 1991, 15.

［2］ Schulz A. , "Creating a Legal Framework for Good Transboundary Water Governance in the Zambezi and Incomati River Basins", *Geo. intl Envtl. l. rev*, 2007 (2): 117-183.

［3］ Gleick PH. , "Water in Crisis: Paths to Sustainable Water Use", *Ecological Applications*, 2008, 8 (3).

［4］ Molle F. , "River-basin planning and management: The social life of a concept", *Geoforum*, 2009, 40 (3).

［5］ Lankford B, Hepworth N, Butterworth J, et al. , "The cathedral and the bazaar: monocentric and polycentric river basin management", *Water Alternatives*, 2010, 3 (1).

［6］ Akamani K, Wilson P I. , "Toward the adaptive governance of transboundary water resources", *Conservation Letters*, 2011, 4 (6).

［7］ Vanden Brandeler F, Gupta J, Hordijk M. , "Megacities and rivers: Scalar mismatches between urban water management and river basin management", *Journal of Hydrology*, 2019, 573.

［8］ Jennifer Murphy , Lori Sprague, "Water-quality trends in US rivers: Exploring effects from streamflow trends and changes in watershed management", *Science of The Total Environment*, 2019, 656.

［9］ Daniel Connell, "Catchment management across borders in the Murray-Darling Basin", *International Journal of River Basin Management*, 2012, 11 (2).

［10］ A Dinar A, Kemper K, Blomquist W, et al. , "Whitewater: Decentralization of river basin water resource management", *Journal of Policy Modeling*, 2007, 29 (6).

［11］ Xia C. , "The Development of Water Allocation Management in The Yellow River Basin", *Water Resources Management*, 2012, 26 (12).

［12］ Thompson R M, Bond N, Poff N L, et al. , "Towards a systems approach for river basin management—Lessons from A ustralia's largest river", *River Research and Applications*, 2019, 35 (5).

［13］ Skoulikaris C, Zafirakou A. , "River Basin Management Plans as a tool for sustainable transboundary river basins' management", *Environmental Science and Pollution Research*, 2019, 26.

［14］ Ngene B U, Nwafor C O, Bamigboye G O, et al. , "Assessment of water resources development and exploitation in Nigeria: A review of integrated water resources management approach", *Heliyon*, 2021, 7 (1).

［15］ Almaden C R C. , "Management Regimes of River Basin Organisations", *Environmental Policy & Law*, 2016, 45 (3).

［16］ Jaspers F G W. , "Institutional Arrangements for Integrated River Basin Management", *Water Policy*, 2003, 5 (1).

［17］ Van der Zaag, "Integrated Water Resources Management: Relevant concept or irrelevant buzzword? A capacity building and research agenda for Southern Africa", *Physics & Chemistry of the Earth*, 2005, 30 (11).

［18］ Al-Jawad J Y, Alsaffar H M, Bertram D, et al. , "A comprehensive optimum integrated water resources management approach for multidisciplinary water resources management problems", *Journal of environmental management*, 2019, 239 (JUN.1).

［19］ KatusiimeJ, Schütt B. , "Integrated water resources management approaches to improve water resources governance", *Water*, 2020, 12 (12).

［20］ Mathenge JM, Luwesi CN, Shisanya CA, et al. , "Community Participation in Water Sector Governance in Kenya: A Performance Based Appraisal of Community Water Management Systems in Ngaciuma-Kinyaritha Catchment, Tana Basin, Mount Kenya Region", *International Journal of Innovative Research & Development*, 2014, 3 (5).

［21］ Roumeau S, Seifelislam A, Jameson S, et al. , "Water Governance and Climate Change Issues in Chennai", USR 3330 *"Savoirs et Mondes Indiens" Working papers series no.* 8, 2015.

［22］ Callicott J B. Introduction, *Zimmerman M E. Environmental Philosophy: From Animal Rights to Radical Ecology*. New Jersey: Prentice-Hall, 1993: 10.

［23］ Barrow C J. , "River basin development planning and management: A critical review", *World Development*, 1998, 26 (1).

［24］ Wolf, Aaron T. , "Shira B. Yoffe, and Mark Giordano. International waters: identifying basins at risk", *Water Policy*, 2017, 5 (1).

［25］ Hughes R, Whittier T, Rohm C, et al, "A regional framework for establishing recovery criteria", *Environ Manage*, 1990, 14 (5).

［26］ Bailey R G. , "Identifying ecoregion boundaries", *Environ Manage*, 2004, 34 (S1).

［27］ Bailey R G, Zoltai S, Wiken E. , "Ecological regionalization in Canada and the United States", *Geoforum*, 1985, 16 (3).

［28］ Omenik J M. , "The misuse of hydrologic unit maps for extrapolation, reporting, and eco-system management", *Journal of the American Water Resources Association*, 2003, 39 (3).

［29］ Krutilla J V, Eckstein O. , *Multiple Purpose River Basin Development*, *Soil Science*, 1958, 86 (3): 166.

［30］ River basin development: policies and planning, "United Nations Interregional Seminar on River Basin and Inter basin Development", *United Nations*, 1976.

［31］ Thorpe, B. R. , "Comprehensive basin management in England and Wales", *Water Supply*, 1986, 4 (Z).

［32］ Falkenmark M. , "Integration in the River-Basin Context", *Ambio*, 1985, 14 (2).

［33］ Phillips, D. C. , *Holistic Thought in Social Science*, Stanford University Press, Stanford. 1976.

［34］ M. D. Newson, "Applied physical geography: The opportunities and constraints of environ-mental issues revealed by river basin management", *Scottish Geographical Journal*, 1988, 104 (2).

［35］ Fritz Morstein Marx, *Public management in the new democracy*, New York: Harper & Brother, 1940.

［36］ Michael M. Harmon, *Action theory for public administration*, NewYork: Longman, 1981.

［37］ Teclaff L A. , "The River Basin in History and Law", *American Journal of International Law*, 1967, 63 (1).

［38］ Reuss M. , "Reshaping national water politics: the emergence of the Water Resources De-velopment Act of 1986", *Legislation*, 1991, 3 (9).

［39］ Kenney, Douglas S. , "Resource management at the watershed level: An assessment of the changing federal role in the emerging era of community - based watershed management", *1Natural Resources Law Center*, University of Colorado, School of Law. 1997.

［40］ Newson, M. , *Land Water and Development: Sustainable Management of River Basin Systems (second ed)*, Routledge, New York, USA. 1997.

［41］ Kinnersley, D. , *Troubled Water: Rivers Politics and Pollution*, Shipman, London, 1988.

［42］ Wood L B, Ager D V. , *The restoration of the tidal Thames*, Hilger, 1982.

［43］ Stephen Halliday, *The Great Stink of London: SirJoseph Bazalgette and the Cleansing of the Victorian Metropolis*, *Thrupp*, *Stround*, *Gloucestershire*, Sutton Publishing Limited, 1999.

［44］ Charles A. R. Webster, *Environmental health law*, Sweet & Maxwell, 1981.

［45］ Rodasevich, G. E. and Douglas C. Olson, Existing and emerging basin arrangement in Asia:

the tarim basin water resources commission and the mekong river commission, *Third Workshop on River Basin Institution Development*, Washington, The World Bank, 1999.

[46] Thampapij. Ai V. , "the Murray – Darling Basin – Sustainable Development and Water Trade", *Environmental Policy and Law*, 2006, 36 (1).

[47] Connell D, Grafton R Q. , "Water reform in the Murray−Darling Basin", *Centre for Water Economics Environment & Policy Papers*, 2010, 47 (12).

[48] Pittock J, Finlayson C M. , "Australia's Murray−Darling Basin: freshwater ecosystem conservation options in an era of climate change", *Marine & Freshwater Research*, 2011, 62 (3).

[49] Papas, Maureen, "The proposed governance framework for the Murray – Darling Basin", *Macquarie J. Int'l & Comp. Envtl. L.* 2006 (4): 88.

[50] The Murray−Darling Basin Commission, http://www. mdbc. gov. au/, 2018 −1−19.

[51] Dameron G. , "Environmental Water Governance in Federal Rivers: Opportunities and Limits of the Subsidiarity Principle in Australia's Murray−Darling River", *Water Policy*, 2012, 33 (2).

[52] Roberts A M, Seymour E J, Pannell D J. , "The Role of Regional Organizations in Managing Environmental Water in the Murray – Darling Basin, Australia", *Economic Papers A Journal of Applied Economics & Policy*, 2011, 30 (2).

[53] Connell D, Grafton R Q. , *Basin Futures: Water reform in the Murray−Darling Basin*, ANU E Press, 2011.

[54] Robinson I. , "Environmental water management in Australia: experience from the Murray−Darling Basin", *International Journal of Water Resources Development*, 2014, 30 (1).

[55] Stoker G. , "Governance as Theory: Five Propositions", *International Social Science Journal*, 1998, 50 (155).

[56] Sudders M, Nahem J. , *Governance indicators: a users' guide (2nd Edition)*, United Nations Development Programme, 2007.

[57] Soroos M S, Dryzek J S. , "Rational Ecology: Environment and Political Economy", *American Political Science Review*, 1989, 83 (2).

[58] Allan C, Curtis A. , "Nipped in the bud: why regional scale adaptive management is not blooming", *Environmental Management*, 2005, 36 (3).

[59] Kemp R, Parto S, Gibson R B. , "Governance for sustainable development: moving from theory to practice", *International Journal of Sustainable Development*, 2005, 8 (1−2).

[60] Renner G T. , "Natural Resources in the Post-War World", *American Journal ofSociology*, 1944, 49 (5).

[61] Bernstein S. , "Legitimacy in Global Environmental Governance", *International Journal of Comparative Labour Law & Industrial Relations*, 2005, 1 (1-2).

[62] Boedeltje M, Cornips J. , "Input and output legitimacy in interactive governance", *Public Performance & Management Review*, 2004 (NIG2-01).

[63] Selman P. , "Social Capital, Sustainability and Environmental Planning", *Planning Theory & Practice*, 2001, 2 (1).

[64] DavidsonJ, Stratford E. , "The Social and Institutional Dimensions of Natural Resource Management-Building the Knowledge Base: Final Report", *Research*, 2000.

[65] Rockloff S F. , "Organizing regionally for natural resource management in Australia: Reflections onagency and government", *Journal of Environmental Policy & Planning*, 2006, 8 (3).

[66] Dovers S. , *Environment and Sustainability Policy: Creation, Implementation and Evaluation*, Federation Press, 2005.

[67] Berkes F, Colding J, Folke C. , "Rediscovery of traditionalecological knowledge as adaptive management", *Ecological Applications*, 2000, 10 (5).

[68] Ruggero Schleicher-Tappeser, Filippo Strati, "Structural funds and sustainable development the SQM approach", *Innovation the European Journal of Social Science Research*, 2004, 17 (1).

[69] Loucks D P. , "Sustainable water resources management", *Water International*, 2000, 25 (1).

[70] Raz, Joseph, *The Authority of Law: Essays on Law and Morality*, Clarendon press, 1979.

[71] Ebbesson, Jonas, "The rule of law in governance of complex socio-ecological changes", *Global Environmental Change*, 2010, 20 (3).

[72] Craig R K, "Stationarity is Dead'-Long Live Transformation: Five Principles for Climate Change Adaptation Law", *Social Science Electronic Publishing*, 2009 (1).

[73] Garmestani A S, Allen C R, Cabezas H. Panarchy, "Adaptive Management and Governance: Policy Options for Building Resilience", *Nebraska Law Review*, 2008, 87 (4).

[74] Verschuuren J M. , "Adaptation to Climate Change: Opportunities and Barriers", *Ssrn Electronic Journal*, 2008.

[75] Steel B S, Davidson D J, Lamb B L. , "Break Through: From the Death of Environmental-

ism to the Politics of Responsibility", *Proquest*, 2014, 5 (1).

[76] Barnes R A. , "The capacity of property rights to accommodate social – ecological resilience", 2013.

[77] Chapin III F S, Folke C, Kofinas G P. , *A framework for understanding change*, Principles of ecosystem stewardship, Springer New York, 2009.

[78] Ostrom E. , "Understanding institutional diversity", *Comparative Economic Studies*, 2005, 49 (3).

[79] Cohen-Eliya M, Porat I. , *Proportionality and constitutional culture*, Cambridge University press, 2013.

[80] Omernik J M, Bailey R G. , "Distinguishing Between Watersheds and Ecoregions", *Jawra Journal of the American Water Resources Association*, 1997, 33 (5).

[81] Reisner M. , "Cadillac Desert: The American West and Its Disappearing Water", *Quarterly Review of Biology*, 1993, 30 (2).

[82] Environmental Protection Agency, *What are the Major Effects of Common Atmospheric Pollutants on Water Quality*, *Ecosystems*, *and Human Health*, http://www.epa.gov/owow/oceans/airdep/air3.html.

[83] Cannon, Jon, "Choices and Institutions in Watershread Management", Wm. & Mary Envtl. L. & Pol'y Rev. 2000 (25).

[84] Ruhl J B, Lant C, Loftus T, et al. , "Proposal for a Model State Watershed Management Act", *Environmental Law*, 2003, 33 (10).

[85] Bagi, Faquir Singh, "Small Rural Communities' Quest for Safe Drinking Water", *Rural America*, 2003, 17 (3).

[86] Davidson J H. , "Protecting the Still Functioning Ecosystem: The Case of the Prairie Pothole Wetlands", *Journal of Chromatography A*, 2002, 494 (1).

[87] Mccorvie M R, Lant C L. , "Drainage District Formation and the Loss of Midwestern Wetlands, 1850-1930", *Agricultural History*, 1993, 67 (4).

[88] Davidson J H. , "Commentary: Using Special Water Districts to Control Nonpoint ; Sources of Water Pollution", 1989 (2).

[89] Catterall C P. , *Ecological Restoration*, Island Press/Center for Resource Economics, 2013.

[90] Janssen M, Anderies J, "Elinor Ostrom. Robustness of Social-Ecological Systems to Spatial and Temporal Variability", *Society & Natural Resources*, 2007, 20 (4).

[91] North, Douglass Cecil, *Structure and change in economic history*, Norton, 1981.

[92] Denhardt R B, Denhardt J V. , "The New Public Service: Serving Rather than Steering", *Public AdministrationReview*, 2010, 60 (6).

[93] Bardach E. , "Getting Agencies To Work Together: The Practice and Theory Of Managerial Craftsmanship", *Journal of Politics*, 2000, 28 (6).

[94] Flournoy A C, Driesen D M. , *Beyond environmental law: policy proposals for a better environmental future*, Cambridge University Press, 2010.

[95] Oates, Wallace E. , and Paul R. Portney, *The political economy of environmental policy*, Elsevier, 2003.

[96] National Water Commission, "Australian Water Markets: trends and drivers 2007 – 08 to 2011–12", *National Water Commission, Canberra*, 2013.

[97] Grafton, R. Quentin, et al. , "An integrated assessment of water markets: a cross–country comparison", *Review of Environmental Economics and Policy*, 2011, 5 (2).

[98] Wittwer, Glyn, and Janine Dixon, "Effective use of public funding in the Murray–Darling Basin: a comparison of buybacks and infrastructure upgrades", *Australian Journal of Agricultural and Resource Economics*, 2013, 57 (3).

[99] Mayrand K, Paquin M. , "Payment for Environmental Services: a survey and assessment of current schemes", *Journal of Helminthology*, 2004, 1 (2).

[100] Perrotmaître D, Davis P. , "Case Studies of Markets and Innovative Financial Mechanisms for Water Services from Forests", *American Journal of Human Biology*, 2001, 1 (2).

[101] Chen X D, Lupi F, Viña A, et al. , "Using cost–effective targeting to enhance the efficiency of conservation investments in payments for ecosystem services", *Conservation Biology*, 2010, 24 (6).

[102] Groot R B A D, Hermans L M. , "Broadening the picture: negotiating payment schemes for water–related environmental services in the Netherlands", *Ecological Economics*, 2009, 68 (11).

[103] Bellamy J A, Johnson A K. , "Integrated Resource Management: Moving from Rhetoric to Practice in Australian Agriculture", *Environmental Management*, 2000, 25 (3).

[104] World Bank Environment Department, *Environmentalassessment sourcebook update: public involvement in environmental assessment: requirements, opportunities and issues*, World Bank, Washington, DC. 1993

[105] Sherry R. Arnstein, "A Ladder Of Citizen Participation", *Journal of the American Institute of Planners*, 1969, 35 (4).

［106］ Massey S J. "The Public Involvement Manual", *Journal of Policy Analysis & Management*, 1981, 1 (4).

［107］ N. Gregory Mankiw, *Principles of economics* (6th ed.), South-Western Cengage Learning, 2012.

［108］ Shaw D J., "International Conference on Water and the Environment, 1992", *World Food Security*, Palgrave Macmillan UK, 2007.

［109］ Utton, Albert E., "Water Law in Historical Perspective", *Natural Resources Journal*, 1988: 885.

［110］ Hofwegen P V, Jaspers F G W., "Analytical Framework for Integrated Water Resources Management", *Journal of Reliability Engineering Association of Japan*, 1999, 30 (2).

［111］ Tietenberg T, Lewis L., "Environmental Economics & Policy: Pearson New International Edition CourseSmart eTextbook", *Ambientalmente Sustentable*, 2006, 71 (6).

［112］ Perman, Roger, *Natural resource and environmental economics*, Pearson Education, 2003: 16.

［113］ Müller F, Hoffmann-Kroll R, Wiggering H., "Indicating ecosystem integrity —theoretical concepts and environmental requirements", *Ecological Modelling*, 2000, 130 (1).

［114］ Hooper B., *Integrated River Basin Governance: Learning from International Experience*, IWA Publishing, 2005.

# 后　记

　　著书之旅，漫长又奇妙，与纸笔相依为伴，是自我与心灵的对话。撰写本书，一是为了与读者分享研究心得，从中得到更多新的体会，二是系统梳理相关领域的理论，激励自己在环境法学领域继续专注前行。笔者从研究生时期便开始专注环境法学的研究，一些或是偶然或是必然的机会让我对流域治理及政府责任问题产生了浓厚的兴趣。近年来在相关领域取得了一些成果，但理论认知未形成体系。2024 年，本人获批了国家社科基金青年项目"小流域治理法治化赋能农村生态文明建设研究"（24CFX059），在对该课题进行研究的过程中，本人对流域治理问题又产生了新的认识和理解，因此，寄希望于以课题研究为契机撰写此书，用著作的形式对课题研究成果予以阶段性呈现。本书不仅思考了流域治理的相关理论，而且记录了那些努力学习与钻研的时光。

　　本书即将完成之际，心情总难平静，既感慨个人能力不及本领域知识的浩瀚，也期待与读者进行思维火花的碰撞。从着手研究到本书的顺利完成，受到了诸多师长与朋友的帮助，在此一并衷心感激。首先，感谢我的导师胡德胜教授对本书撰写及相关研究内容的指导，胡老师严肃的科研态度、严谨的治学精神、精益求精的工作作风，深深地感染和激励着我。能够在环境法学的学术之路上越走越远，胡老师是我的领航人，对我求学及工作之后的科研工作均有莫大的影响。其次，向给予我帮助的师长和同学致以诚挚的谢意。感谢我的同门师兄弟们，在撰写本书的过程中他们给予了我很多帮助和关心，点滴恩情终身难忘。再次，感谢出版社责任编辑丁春晖老师和其他认真校对与排版的老师，在多次沟通与交流中，他们始终专业、耐心、友好，使得本书最终能够与读者见面，一朝握手永恒朋友。最后，感谢一直以来默默支持我的家人。他们始终是我的坚强后盾，在我遇到困难与挫折时，默默支持与鼓励我，激发我一路前行。正是因为有了他们无条件的支持与呵护，才使得多年的研究与思考得以呈现，也才能有更多机会与相关领域学者进行交流。

时光静好，岁月可期。回顾过去，每一点成绩都浸满艰辛来之不易，拥抱未来，每一天于生活而言都难能可贵。携梦想入怀，向希望出发，愿用一如既往的学术热情与执着绘就钟爱的职业生涯底色。

朱艳丽

2025 年 4 月